D0925626

GRAMÁTICA, SEMÁNTICA, UNIVERSALES

BIBLIOTECA ROMÁNICA HISPÁNICA

DIRIGIDA POR DÁMASO ALONSO

II. ESTUDIOS Y ENSAYOS, 280

EUGENIO COSERIU

GRAMÁTICA, SEMÁNTICA, UNIVERSALES

ESTUDIOS DE LINGÜÍSTICA FUNCIONAL

BIBLIOTECA ROMÁNICA HISPÁNICA
EDITORIAL GREDOS
MADRID

Los estudios III, IV, V, VII y VIII han sido traducidos del alemán, y los estudios I y VI del francés, por *Marcos Martínez Hernández.* Las traducciones han sido revisadas por el autor especialmente para esta edición.

EDITORIAL GREDOS, S. A.

Sánchez Pacheco, 81, Madrid. España.

Depósito Legal: M. 18058-1978.

ISBN 84-249-0773-6 Rústica.

ISBN 84-249-0774-4 Tela.

Gráficas Cóndor, S. A., Sánchez Pacheco, 81, Madrid, 1978. — 4889.

A mis alumnos
de Montevideo
y de Tübingen

… τὰ ὄντα ὡς ἔστιν λέγειν
(cf. Platón, *Soph.*, 263 b)

El presente volumen contiene, reunidos por primera vez en un libro, ocho estudios estrechamente relacionados entre sí por los tres temas interdependientes que aparecen en el título, estudios escritos, con una excepción, a partir de 1969 y publicados entre 1969 y 1977 en revistas y en actas de congresos y coloquios internacionales. La excepción es el estudio núm. II, escrito en 1955, como parte de una *Teoría lingüística del nombre propio*, pero publicado sólo en 1972.

Por depender en gran parte unos de otros y por haberse publicado sus originales por separado, estos estudios presentan algunas repeticiones o cuasi-repeticiones (así, en el caso de la distinción entre los tres tipos fundamentales de contenido lingüístico y entre los varios tipos de significado, de la caracterización de los tres dominios de la gramática, de la determinación del lugar que corresponde a la gramática transformacional en el ámbito de la lingüística, y de algunos ejemplos). Estas repeticiones o cuasi-repeticiones no se han suprimido, pues tienen su función propia en los contextos en que figuran. Y, en general, los ocho estudios —traducidos al español los que se han publicado originariamente en alemán o en francés— se imprimen aquí sin modificaciones esenciales. Sólo en el estudio núm. II, ampliado en algunos párrafos, se ha introducido alguna modificación de cierta entidad, pero sin que con ello quedaran alterados su sentido y su planteamiento inicial. Por otra parte, sin embargo, todos los trabajos han sido cuidadosamente revisados y corregidos en los pormenores. Así, se han enmendado erratas y descuidos de los textos originales, se han añadido aclaraciones y ejemplos (sobre todo españoles) y, en varios casos, se ha ampliado o modificado la redacción para hacerla más explícita. En este sentido, las versiones que aquí se imprimen pueden considerarse como nuevos originales y son las que, como suele decirse, han de «hacer fe» de aquí en adelante.

Se trata, en todos los casos, de estudios de teoría (y metodología) lingüística, lo cual, a mi modo de ver, no excluye sino que implica la consideración e interpretación de hechos lingüísticos concretos. En efecto, la teoría efectivamente tal no es, como a veces se piensa (y se dice), construcción «in abstracto» de modelos arbitrarios. Y menos aún puede serlo en una ciencia del hombre como la lingüística, cuyo fundamento, en lo que concierne a lo universal del lenguaje y de las lenguas, es el saber originario de los hablantes (y del propio lingüista en cuanto hablante). La teoría, en su sentido primario y genuino, es aprehensión de lo universal en lo concreto, en los «hechos» mismos. No hay, por consiguiente, ni distancia ni conflicto entre «hechos» (o investigación «empírica») y teoría, sino que la investigación empírica y la teoría son dos formas complementarias de la misma actividad. Una presentación e interpretación racional de un hecho es al mismo tiempo una contribución a la teoría; y una teoría auténtica es al mismo tiempo interpretación racional de «hechos». Análogamente, no hay ni distancia ni conflicto entre lo que sabe el hablante y lo que sabe el lingüista. La diferencia es de nivel cognoscitivo. En la lingüística (descriptiva y teórica), como en las demás ciencias del hombre, se trata de trasladar al plano de la reflexividad —es decir, de lo justificado y fundamentado— aquello que se sabe ya de manera intuitiva: de transformar lo «conocido» en algo racionalmente «re-conocido», o sea, para decirlo con palabras de Leibniz, en conocimiento «distinto y adecuado».

Por ello, el término «funcional», en el subtítulo de este libro, es, en rigor, tautológico, puesto que —siendo el lenguaje esencialmente función y no pudiendo ser considerado *como lenguaje* fuera e independientemente de su funcionalidad— una lingüística consciente de su índole y de su cometido no puede ser de otro modo que funcional. Adoptar el punto de vista funcional en la lingüística significa, pues, simplemente, querer «decir las cosas como son». A primera vista, esto parece ser muy fácil: sólo habría que observar los «hechos» y consignarlos como tales. Pero en realidad es sumamente difícil, pues los llamados «hechos» (observables y no observables) sólo adquieren su pleno sentido en el conjunto de sus conexiones; y a menudo no se logra, o sólo se logra con mucho esfuerzo. Infinitamente más fácil es construir modelos arbitrarios y decir las cosas como no son (o como son sólo parcialmente, ocasionalmente o desde algún punto de vista particular). Además, esto ofrece mayores garantías de éxito inmediato, pues los planteamientos antojadizos se interpretan a menudo como «originalidad», mientras que, al tratar de decir las cosas como son, se corre el riesgo de dar la impresión de que sólo se dice lo que todos saben (lo cual, en la medida en que la lingüística es —como debe ser— desarrollo reflexivo y explícito del saber originario de todo hablante, es incluso verdad, aunque no se trata del mismo tipo de saber). De aquí el éxito de ciertas teorías que, a veces, se presentan hasta expresamente como modelos convencionales o de «simulación» de la actividad lingüística real.

Pero el hecho de que el éxito de todas esas «teorías»
suele ser efímero, las dificultades permanentes en que se
encuentran los constructores de modelos arbitrarios, el hecho de que éstos necesitan continuas correcciones, son señales de que el criterio implícito de la teoría lingüística es en
todo caso (aun cuando se afirme lo contrario) la realidad
del lenguaje y de que —queriéndolo o no— la exigencia inherente a toda investigación o interpretación de esta realidad
es siempre la de decir las cosas como son: τὰ ὄντα ὡς ἔστιν
λέγειν.

Tübingen, enero de 1978.

E. C.

ABREVIATURAS

AGI   = *Archivio Glottologico Italiano,* Florencia.
FL   = *Foundations of Language,* Dordrecht.
JP   = *Journal de Psychologie normale et pathologique,* París.
NRFH = *Nueva Revista de Filología Hispánica,* México.
PSE   = E. Coseriu, *Principios de semántica estructural,* Madrid, 1977
RJb   = *Romanistisches Jahrbuch,* Hamburgo.
RL   = *Ricerche Linguistiche,* Roma.
RLaRo = *Revue des Langues Romanes,* Montpellier.
TLL   = *Travaux de Linguistique et de Littérature,* Estrasburgo.
TLLG = E. Coseriu, *Teoría del lenguaje y lingüística general,* 3.ª ed., Madrid, 1973.

I

LÓGICA DEL LENGUAJE Y LÓGICA DE LA GRAMÁTICA

1. Cuando se habla de «lógica y gramática» se corre a menudo el riesgo de confundir dos planos: el plano del lenguaje y el de la lingüística, es decir, el plano del o b j e t o d e e s t u d i o y el plano de la c i e n c i a que lo estudia y lo describe. En efecto, independientemente de lo que se entienda por «lógica», se tiende, o bien a afirmar la naturaleza «lógica» tanto del lenguaje como de la gramática, o bien a atribuir una naturaleza «alógica» al lenguaje y, al mismo tiempo y en el mismo sentido, a la gramática (o a la lingüística). En nuestro estudio *Logicismo y antilogicismo en la gramática*[1], hemos sostenido que la gramática, en cuanto disciplina científica, d e b e ser «lógica». Ahora bien, esto ha sido interpretado, a veces, como adhesión al logicismo gramatical y lingüístico en lo que concierne al plano del objeto de estudio, lo que de ninguna manera estaba en nuestras intenciones: al contrario, la tesis misma de nuestro estudio era la de que hay que distinguir los dos planos y que, por

---

[1] Montevideo, 1957; reprod. en *TLLG*, págs. 235-260; en trad. fr. («Logicisme et antilogicisme en grammaire»), en *RLaRo*, LXXX, 1972, págs. 3-28.

no hacer esta distinción, el logicismo y el antilogicismo gramaticales son igualmente erróneos. Por lo demás, la misma distinción debe hacerse, no sólo para la lingüística, sino también para la lógica, así como para cualquier otra ciencia. Y, en lo que se refiere a la lógica, conviene, además, distinguir dos extensiones muy diferentes de esta noción, de suerte que el sentido del término «lógica» es al menos cuádruple.

2.1. En efecto, por «lógica» se puede entender:

a) el conjunto de principios y modalidades formales del pensamiento, a saber: de cualquier tipo de pensamiento («lógica en general» o LÓGICA$_{1a}$);

b) el conjunto de principios y modalidades formales del pensamiento racional u «objetual», es decir, que se refiere a la «realidad» considerada en su objetividad («lógica en particular» o LÓGICA$_{1b}$); y también, en ambos casos, las disciplinas que estudian estos principios y modalidades (LÓGICA$_{2a}$ y LÓGICA$_{2b}$). Todo pensamiento sensato de los seres humanos adultos obedece, en principio, a ciertas normas generales que pueden llamarse convencionalmente «normas de coherencia» (cf. 3. 1.), y ello es lo que constituye la LÓGICA$_{1a}$. El pensamiento racional u «objetual» implica, además, normas que le son particulares y que dependen de su relación con la noción de «verdad». Es decir que la LÓGICA$_{1b}$ abarca las normas generales de todo pensamiento y las normas del pensamiento racional considerado en su particularidad; y lo mismo cabe decir, en el plano de la ciencia, de la LÓGICA$_{2b}$ (o simplemente «lógica», en el sentido corriente de este término) [2]. Si, además, se considera el pensamiento como p e n -

---

[2] En rigor, se podría hablar también de una lógica particular del pensamiento práctico, así como de una lógica del pensamiento poético. Sin embargo, no existe, que sepamos, una LÓGICA$_2$ del pensamiento práctico. En cambio, se habla a menudo de una «lógica de la poesía»,

s a m i e n t o   e x p r e s a d o, esta LÓGICA$_{2b}$ se convierte en la disciplina que estudia los principios y modalidades formales del discurso que afirma o niega algo a propósito de una «realidad» cualquiera, es decir, del discurso que puede ser verdadero o falso y cuya unidad básica es la a s e r c i ó n (positiva o negativa) o, en términos de pensamiento, el «juicio» [3]: se trata del tipo de discurso al que Aristóteles llamó *logos apofántico* [4], de modo que la LÓGICA$_{2b}$, en cuanto estudio de este tipo de discurso, puede llamarse *lógica apofántica.* Por otra parte, esta disciplina puede considerar su objeto en el sentido deontológico y, en este caso, es la disciplina normativa que establece las condiciones del d i s c u r s o a p o f á n t i c o   a d e c u a d o. Adviértase, sin embargo, que en la lógica no se trata del discurso considerado como hecho de lenguaje, sino del pensamiento que por éste se expresa y, a la sumo, de la relación entre el pensamiento y la expresión lingüística [5].

---

siendo en este caso la LÓGICA$_2$ correspondiente la estética y, en particular, la poética.

[3] La aserción p u e d e ser verdadera o falsa (mientras que otras formas elementales del discurso, como la interrogación o el mandato, n o   p u e d e n   serlo), lo cual, sin embargo, no significa que lo sea en cada caso: en casos concretos, la aserción puede corresponder a valores intermedios entre el valor positivo y el valor negativo, es decir que los «hechos» que enuncia pueden ser «probables», «posibles», «dudosos», etc. Pero las aserciones que p r e s e n t a n los hechos como «probables», «posibles», «dudosos», etc., pueden, a su vez, ser verdaderas o falsas.

[4] *De interpretatione,* 17 a.

[5] Las lógicas que estudian otras formas elementales del discurso (como, por ejemplo, la interrogación) —en la medida en que no se trata simplemente de la semántica general de estas formas del discurso— son, en el fondo, derivaciones de la lógica apofántica. Lo mismo cabe decir, a nuestro parecer, de las lógicas que estudian formas intermedias o condicionadas del valor de verdad. Y también estas lógicas son siempre «objetuales», es decir que conciernen al «contenido designativo» (cf. 6.3.) de los tipos de discurso que estu-

2.2. La distinción entre la LÓGICA$_a$ y la LÓGICA$_b$ nos permite precisar mejor la posición del lenguaje con respecto a la lógica. Considerado como pensamiento lingüístico, el lenguaje tiene su propia lógica intrínseca, que coincide con la lógica general (LÓGICA$_{1a}$) de todo pensamiento expresado; y la LÓGICA$_2$, que estudia (o d e b e estudiar) esta LÓGICA$_1$, es simplemente la ciencia del lenguaje, es decir, la lingüística. En cambio, el lenguaje es indeterminado en relación con la LÓGICA$_b$ (lógica apofántica), puesto que, considerado en su esencia universal, no es «logos apofántico», no siendo éste más que una de sus posibilidades, modalidades o d e t e r-m i n a c i o n e s: en efecto, en cuanto logos simplemente *semántico*, el lenguaje es racionalmente anterior a la distinción misma entre lo verdadero y lo falso[6] y, por consiguiente, también a la distinción entre el logos «apofántico», el «pragmático» (o «práctico») y el «poético». Esto, sin embargo, concierne sólo al plano del lenguaje, y no al plano de la disciplina que lo estudia: la lingüística, en cuanto ciencia, es, por su misma naturaleza, una forma del «logos apo-

---

dian. De todos modos, la gramática logicista, tanto antigua como moderna, relaciona el lenguaje y las lenguas con la lógica apofántica («proposicional») en el sentido estricto de este término. Por ello, en la discusión de las relaciones entre lógica y gramática es lícito prescindir de otras formas de la lógica, que en esta discusión no se contemplan en absoluto. En cuanto a la relación entre la lógica apofántica y la noción de verdad, hay que observar que la lógica concierne a la manera de e x p o n e r, no a la manera de d e s c u b r i r la verdad. El descubrimiento de una verdad primaria es un acto de conocimiento que no depende de la técnica del pensamiento apofántico. Este pensamiento puede, sin embargo, d e d u c i r otras verdades de las verdades ya descubiertas o admitidas como tales; por consiguiente, la lógica apofántica es también teoría de la deducción. Asimismo, en cuanto lógica inductiva, es teoría de las condiciones y formas de la inferencia; pero la inferencia misma es un acto intuitivo que escapa a la lógica.

6 Cf. Aristóteles, *De interpr.*, 16 a, 17 a, y nuestro estudio *Logicismo y antilogicismo*, págs. 7-10 (en *TLLG*, págs. 238-242).

fántico» (ya que aspira a establecer la realidad objetiva del lenguaje) y, por consiguiente, está sometida a las normas de la LÓGICA$_{1b}$; normas eventualmente formuladas por una LÓGICA$_{2b}$ normativa para todo discurso de índole científica.

2.3. Así también, si, en lugar de considerar el lenguaje en general, se considera u n a l e n g u a en particular, habrá que distinguir, en el mismo sentido ya indicado, entre GRAMÁTICA$_1$ (estructura material y funcional de esa lengua) y GRAMÁTICA$_2$ (disciplina que estudia y describe tal estructura). La GRAMÁTICA$_1$ (= estructura gramatical) también es indeterminada desde el punto de vista de la LÓGICA$_{1b}$, pues no es siquiera discurso, sino una «técnica»: un conjunto de procedimientos para todo discurso posible. En cambio, la GRAMÁTICA$_2$ es «logos apofántico», ya que se propone establecer la realidad gramatical objetiva de la lengua estudiada; corresponde, pues, a la LÓGICA$_{1b}$ y, en sentido deontológico, d e b e ser «lógica» desde el punto de vista de la LÓGICA$_{2b}$ en cuanto disciplina normativa. En este sentido, su «logicidad» consiste en su carácter adecuado con respecto a su objeto (GRAMÁTICA$_1$); y la gramática como disciplina es «ilógica» (inadecuada) si atribuye una logicidad del tipo 1b a este objeto, es decir, si es «logicista». La gramática realmente «lógica» no es, por consiguiente, la gramática logicista, que es fundamentalmente falsa, sino la gramática descriptiva estructural o funcional (es decir, puramente lingüística), ya que sólo esta gramática considera su objeto en su realidad objetiva.

2.4. Sin embargo, todo esto no significa que no sea razonable examinar las relaciones posibles entre el lenguaje y la LÓGICA$_{1b}$ o comparar los correspondientes tipos de pensamiento. A este respecto, hay que distinguir, sin embargo, los tres planos del lenguaje —el plano universal, el plano histórico y el plano individual y particular, es decir, la actividad de hablar como tal, o simplemente *hablar* (= hablar e n g e n e r a l, no un hablar que realiza una lengua determinada), la *lengua* y el *discurso*—, ya que esas relaciones son totalmente diferentes según el plano que se considere. Para decirlo de antemano, en lo esencial: el *hablar* es determinado en relación con la «lógica general» (LÓGICA₁ₐ) e indeterminado en relación con la lógica apofántica; la *lengua* es indeterminada desde los dos puntos de vista; y el *discurso* es determinado en relación con la lógica general y p u e d e serlo también desde el punto de vista apofántico.

3.1.1. El hablar en general, es decir, la actividad de hablar considerada en el plano universal e independientemente de tal o cual lengua, se realiza comúnmente de acuerdo con una técnica universal que puede llamarse «saber elocucional». Esta técnica implica toda una serie de normas de conformidad de la expresión con ciertas normas lógicas de «coherencia» —en particular, normas de enlace apropiado, de no contradicción y de no tautología— que, en principio (es decir, salvo suspensión «histórica» o intencional: cf. 4. 3. y 5. 2.), son válidas para todo discurso en cualquier lengua[7]. Así, por ejemplo, expresiones como: *le jeune homme est professeur dans un collège dont le père dirige; un petit appartement a été le cadre du crime et il a eu lieu il y a trois mois; les cinq continents sont quatre: l'Europe, l'Asie et l'Afrique; dès qu'on traverse la frontière de son pays on se trouve à l'étranger; deux jours avant sa mort il était encore en vie* violan normas del «saber elocucional», y no simple-

---

[7] Cf. a este respecto E. Coseriu, *Die Lage in der Linguistik*, Innsbruck, 1973, pág. 6 (trad. esp. en *El hombre y su lenguaje*, Madrid, 1977, págs. 242-243).

mente normas sintácticas u otras de una lengua determinada (en este caso, de la lengua francesa). La existencia de tales normas universales está confirmada por el hecho de que su suspensión sin razón suficiente se percibe como imperfección o insuficiencia de la expresión en cualquier discurso y en cualquier lengua (hemos traducido literalmente las dos primeras expresiones del español y la tercera del rumano, y el efecto que producen en francés es exactamente el mismo).

3.1.2. Las normas lógicas del saber elocucional son muy mal conocidas porque, por lo común, se las confunde con las reglas de tal o cual lengua particular. A veces, por cierto, se las presenta también como normas universales, pero de una manera muy extraña, a saber, partiendo de lo particular histórico para dirigirse a lo universal, en lugar de reconocer su carácter universal primario. En efecto, se las encuentra en una lengua determinada, por ejemplo, en inglés, se comprueba luego que se presentan también en otras lenguas y se las atribuye «por inducción» a todas las lenguas, es decir, a la «lengua en general», en lugar de advertir que son universales por su naturaleza, que conciernen al «hablar en general» y que se aplican a todo discurso en cualquier lengua, no por pertenecer «a todas las lenguas», sino porque son racionalmente anteriores a las técnicas históricas del lenguaje que se llaman «lenguas». En otros términos, la manera adecuada de plantear el problema de estas normas no es la correspondiente al esquema número 1, sino la que representamos por medio del esquema número 2:

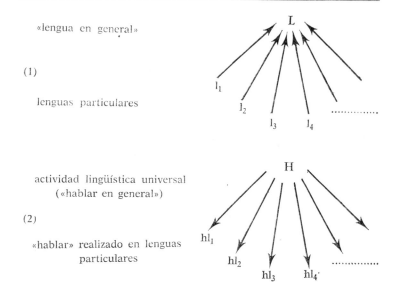

«lengua en general»

(1)

lenguas particulares

actividad lingüística universal
(«hablar en general»)

(2)

«hablar» realizado en lenguas
particulares

En tal o cual lengua particular se debería comprobar, por consiguiente, no la existencia de estas normas, que está dada de antemano, sino, al contrario, su eventual suspensión. Y cabe añadir que la suspensión de estas normas no afecta ni a su existencia ni a su carácter universal, puesto que, si no están suspendidas, se aplican espontáneamente a todo acto de hablar[8].

---

[8] La gramática transformacional podría contribuir de manera decisiva al conocimiento de las normas del «saber elocucional», si advirtiera que no es descripción de las lenguas, sino análisis del «hablar en general» y si los transformacionalistas se decidieran a aplicarla con coherencia, es decir, si no confundieran el plano universal y el plano histórico del lenguaje y no tuvieran la pretensión de describir *lenguas* al analizar, en realidad, el *hablar*. A propósito de la gramática transformacional como estudio del hablar en general, cf. *Die Lage in der Linguistik*, págs. 10-12 (en *El hombre y su lenguaje*, págs. 249-252).

3.2.   En cambio, el «hablar en general» es indeterminado desde el punto de vista de la lógica apofántica, dado que, considerado independientemente del *principium individuationis* de los discursos particulares, no es ni verdadero ni falso.

4.1.   Algo muy distinto ocurre respecto al plano histórico del lenguaje. Este plano es el plano del «saber idiomático», es decir, de las técnicas históricas del lenguaje a las que llamamos «lenguas». Ahora bien, éstas son enteramente indeterminadas desde el punto de vista lógico. En primer lugar, porque una lengua no es ni «hablar» ni «discurso»: en cuanto pura virtualidad, una lengua no es pensamiento lingüístico en acto, sino producto histórico y, al mismo tiempo, instrumento del pensamiento lingüístico. En segundo lugar, porque la motivación misma de las lenguas no es lógica, sino sólo histórica: las lenguas son motivadas en sus estructuras materiales y funcionales exclusivamente por el hecho de que están dadas históricamente. Por ello, las estructuras de las lenguas se c o m p r u e b a n, y no se j u s t i f i c a n desde el punto de vista lógico. Además, en el caso de una lengua, no se trata de una técnica inmediata del discurso, como en el caso de las normas universales de la actividad lingüística, sino, en realidad, de una técnica que concierne a los e l e m e n t o s de todo discurso posible. Los discursos mismos se construyen c o n estos elementos, de acuerdo con las normas universales del hablar y con un saber lingüístico que se refiere, precisamente, al plano mismo de los discursos y al que llamamos «saber expresivo», es decir, de acuerdo con normas propias de cada tipo de discurso; normas que, a su vez, pueden ser de naturaleza universal o de carácter histórico para tal o cual tipo de discurso, pero que en ambos casos son independientes de las lenguas.

4.2.0. Respecto a las lenguas, podemos más bien preguntarnos «a posteriori» —es decir, después de la simple comprobación de sus estructuras funcionales— si están «lógicamente» construidas: si, y en qué medida, son análogas a los lenguajes «lógicos», construidos por los lógicos como instrumentos de las matemáticas y de otras ciencias, inclusive de la lógica misma. Este problema ha sido muy mal planteado en los últimos tiempos, dado que se ha supuesto de antemano esta analogía y se ha intentado demostrarla por medio del análisis de ejemplos bastante extraños (del tipo *every man is a man*), ejemplos a los que se ha atribuido arbitrariamente, como significado lingüístico, precisamente un determinado contenido lógico, en lugar de comprobar en primer lugar y por separado su funcionamiento en las correspondientes lenguas y plantear previamente la cuestión preliminar de la existencia misma de la analogía supuesta. No es sorprendente, pues, que los análisis aludidos hayan confirmado aparentemente la hipótesis de la que partían: en realidad, esos análisis han hallado en las lenguas lo que habían puesto en ellas, ya que sus resultados estaban ya implicados en la manera misma de plantear los problemas y se trataba, en el fondo, de operaciones puramente tautológicas [9].

En realidad —aun dejando de lado el hecho esencial de que las lenguas históricas no se hacen de una vez por todas, sino que son continuamente creadas y re-creadas por los sujetos hablantes en sus actos de hablar, y considerándolas desde el punto de vista estático—, entre las lenguas histó-

---

[9] Prescindimos del hecho de que es también una arrogancia inaudita y una falta total de método, e incluso de espíritu científico, el postular simplemente, y de manera arbitraria, esa analogía ignorando el trabajo realizado por los lingüistas y teóricos del lenguaje y antes de haberse dedicado a estudiar la estructura efectiva de las lenguas.

ricas y los lenguajes lógicos hay al menos cuatro diferencias capitales.

4.2.1. En primer lugar, en las lenguas históricas hay diferencia de naturaleza entre s i g n i f i c a d o (valor o contenido de lengua) y d e s i g n a c i ó n (aplicación de los signos lingüísticos a la «realidad» extralingüística). Es cierto que la diferencia entre significado y designación existe como tal también en los lenguajes lógicos. Pero en estos lenguajes la designación es el hecho primario y el significado de un signo es en ellos, en cada caso, sólo un tipo determinado de designación (por ejemplo, «libro», para un tipo determinado de objetos), es decir que, en realidad, es sólo una designación generalizada. En otros términos, se trata simplemente de la diferencia entre la a p l i c a c i ó n de un signo (o de una expresión) y su a p l i c a b i l i d a d a una clase definida de objetos o «hechos». En estos lenguajes son, precisamente, los «objetos» que se pretenden designar los que constituyen el punto de partida; y los objetos son en estos lenguajes, desde el principio, objetos «existentes» o «inexistentes». En las lenguas históricas, en cambio, es el significado el que constituye el hecho primario, y la designación es un hecho secundario, que no tiene con el significado ninguna relación dada de antemano. Por lo mismo, desde el punto de vista de las lenguas, la existencia de los objetos es, a este respecto, indiferente, pues el significado es racionalmente anterior a la distinción entre la existencia y la inexistencia y a la constitución misma del «mundo de los objetos» (de la que el significado es fundamento e instrumento). En efecto, las palabras de las lenguas históricas —o, al menos, las palabras del léxico primario y puramente lingüístico [10]— no

---

[10] Por «léxico primario» entendemos el léxico no terminológico.

nombran (de una manera inmediata) «cosas», sino intuiciones, *quidditates* intuitivamente concebidas [11]. Toda expresión
primaria del lenguaje «natural» corresponde originariamente
a una νόησις τῶν ἀδιαιρέτων (*apprehensio simplex, indivisi-
bilium intelligentia*) [12], no a una clase delimitada de objetos
o hechos. En este lenguaje no se nombran objetos ya clasificados: al contrario, los objetos (y los «hechos») se clasifican
sobre la base de los significados. De aquí que el significado lingüístico pueda, en primer lugar, corresponder a varios tipos de designación, y esto es incluso lo normal en las
lenguas históricas. Así, fr. *table* se aplica tanto a los objetos que en alemán se llaman *Tafel* como a los objetos
cuyo nombre alemán es *Tisch*; alem. *Weg*, it. *via*, tienen
tanto el sentido llamado «concreto» (fr. «route» y «rue»,
«route», respectivamente) como el sentido llamado «abstracto» («manera de llegar o desembocar en alguna parte»).

Y lo mismo cabe decir de las funciones gramaticales y de
las oraciones, consideradas en cuanto hechos de lengua. Así,
las funciones españolas «presente» e «imperfecto» se aplican, cada una, a una multitud de tipos de designación; y
una oración, como hecho de lengua, puede aplicarse a toda
una serie de tipos diferentes de estados de «cosas» (cf. 6.3.2).
Ciertos tipos de designación correspondientes a un significado general pueden tener, a su vez, en la lengua su propio
nombre. Pero esto no es necesario ni se presenta normal-

---

[11] Cf. a este respecto, en particular, Hegel, *Enzyklopädie der phi-
losophischen Wissenschaften*, § 457.

[12] A propósito de esta noción, cf. Aristóteles, *De anima*, 430 a, y
Santo Tomás de Aquino, *In libros Peri Hermeneias expositio*, Prooe-
mium, 1, y Lect. III, 2-3. Cf. también Hegel, *Enzyklopädie*, § 459: «der
Name ist das einfache Zeichen für die eigentliche, d. i. *einfache*,
nicht in ihre Bestimmungen aufgelöste und aus ihnen zusammen-
gesetzte Vorstellung». En este pasaje Hegel se refiere implícitamente
a Aristóteles, *De interpretatione*, 16a, 10-17.

mente, en una misma lengua, en todos los casos lógicamente análogos; además, no hay, a este respecto, identidad entre lenguas diferentes. Así, por ejemplo, fr. *couverture* podría aplicarse, en virtud de su significado, a todo lo que cubre, pero en realidad se aplica sólo a las cubiertas de las camas y de los libros, mientras que para «lo que cubre» una casa se dice *toit* y hablando de una olla o de una caja, *couvercle*; alem. *Decke*, que corresponde más o menos a fr. «couverture», se aplica a las cubiertas de las camas, mientras que para una olla se dice *Deckel* y para libros, *Buchdeckel*; rum. *acoperiş*, que también corresponde más o menos a fr. «couverture», significa en particular «techo», mientras que para un libro se dice en rumano *scoarţă* o *copertă*, para las camas, *pătură* o *plapomă*, y para una olla o una caja, *capac*. Lo que desde este punto de vista se comprueba en las lenguas históricas corresponde aproximadamente al siguiente esquema:

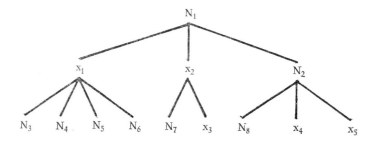

Es decir: al mismo nivel lógico, ciertos tipos de designación tienen sus propios nombres, mientras que otros tipos no los tienen, y todo tipo de designación que no tenga nombre se denomina con el nombre del tipo inmediatamente superior, si éste lo tiene. Así, en el caso hipotético representado en nuestro esquema, x_4 y x_5 serán nombrados por N_2, mientras que x₂ y x₃ lo serán únicamente por N₁. En otros términos, muchas «clases» del mismo nivel lógico no son tales desde el punto de vista de las lenguas, donde los hechos y objetos respectivos están clasificados sólo en clases de un nivel superior. En efecto, por el carácter «arbitrario» de los significados —es decir, por el hecho de que su alcance y sus límites no están originariamente motivados por la «realidad» designada—, la clasificación de la «realidad» que resulta del referir objetos y hechos a significados es, en principio, lógicamente heterogénea: es superabundante en ciertas secciones y, al contrario, presenta lagunas en otras secciones. Y no cabe esperar que las mismas distinciones y delimitaciones se presenten en todos los casos en que podrían hacerse. Así, en francés (como en las demás lenguas románicas literarias) encontramos *grand — petit, large — étroit, long — court*, etc., pero no hay una palabra para lo contrario de *profond*; en macedo-rumano existe *pul'* para «pájaro», «ave pequeña», pero no existe una palabra para «ave grande» ni para «ave en general». Por lo demás, debido al mismo carácter «arbitrario» de los significados y a la manera como se establecen en cuanto tradiciones, en las lenguas no se trata de una sola «clasificación» sino de varias clasificaciones simultáneas fundadas en criterios diferentes: no se trata de un «mosaico» que recubra exactamente la «realidad» designada, sino más bien de un conjunto de «redes» diversas que se entrecruzan y se superponen las unas a las otras[13]. Y, si los criterios del significar son diferentes, la coincidencia en la designación, aun con respecto a las «clases», no implica identidad en el significado. Así, gr. ἄνθρωπος y βροτός designan exactamente la misma clase (en ambos casos se trata

---

[13] Cf. E. Coseriu, «Les structures lexématiques», en *Probleme der Semantik*, publ. por W. Th. Elwert, Wiesbaden, 1968, pág. 10 (en la trad. esp., en *PSE:* págs. 174-175).

de los «seres humanos»), pero no significan lo mismo: ἄνθρωπος significa «hombre en cuanto no animal», mientras que
βροτός significa «hombre en cuanto mortal» (es decir, «en
cuanto no dios»). Por último, los signos de las lenguas históricas están a menudo gobernados por solidaridades sintagmáticas: en combinaciones léxicas diferentes, se presentan
significantes diversos para significados lógicamente análogos (cf. alem. *essen*, «comer», dicho de los seres humanos,
y *fressen*, «comer», dicho de los animales) y, al contrario,
significados diferentes con el mismo significante (cf. el significado de fr. *cher* en *la vie est chère* y en *un très cher
ami*)[14].

De aquí la «multivocidad», la «incoherencia» y la «redundancia» de las lenguas «naturales», tan a menudo señaladas
y deploradas por los lógicos, en particular por los constructores de lenguajes lógicos. Pero, en realidad, la mayoría
de las veces no se trata propiamente de «multivocidad», pues
los significados en cuestión, salvo los casos de homofonía y
polisemia efectiva, son perfectamente unitarios desde el punto de vista lingüístico. Y las pretendidas «incoherencia» y
«redundancia» son tales únicamente desde el punto de vista
de la lógica apofántica y de los lenguajes lógicos, lo que significa simplemente que el sentido propio del significar y de
sus relaciones con la designación no es el mismo en las lenguas llamadas «naturales» y en los lenguajes lógicos y que
estos dos tipos de sistemas de expresión son diferentes en
lo que concierne a su estructuración funcional[15].

---

14 Cf. nuestro estudio «Lexikalische Solidaritäten», *Poetica*, 1, 1967,
págs. 293-303 (trad. esp. en *PSE*, págs. 143-161).

15 Extrañamente, son a menudo los mismos gramáticos logicistas
quienes, por un lado, reconocen los «defectos» lógicos de las lenguas
«naturales» (es decir, la diferencia esencial entre las lenguas históricas y los lenguajes lógicos) y, por otro, están dispuestos a tratar
las lenguas históricas como si fueran lenguajes lógicos.

4.2.2. En segundo lugar, los significados lingüísticos se hallan a menudo en oposición «neutralizable». Es decir que su relación, como lo ha advertido el estructuralismo lingüístico europeo, corresponde a menudo a la fórmula *no-A / A,* en la que el término *A* está caracterizado como tal, mientras que el término *no-A* está caracterizado sólo negativamente respecto al término *A,* en cuanto «lo que no está determinado como *A*», de suerte que puede ser lo contrario propiamente dicho de *A,* pero puede también englobar a este término. Se trata, por consiguiente, en tales casos, de una relación que corresponde al siguiente esquema:

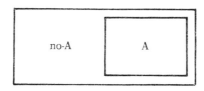

Esto implica que el término «negativo» (llamado también «neutro», «no marcado» o «extensivo») funciona concretamente como d o s significados de lengua: un significado que es el contrario del término «positivo» (llamado también «marcado» o «intensivo») y otro que corresponde al valor global de la oposición correspondiente y que abarca la zona de significado propia del término positivo, suspendiéndose en este caso la oposición entre los dos términos. Así, por ejemplo, esp. *noche* significa la parte del período de 24 horas durante la cual no hay luz natural (solar), mientras que *día* significa, o bien la otra parte de las 24 horas, (por ejemplo: *cuatro días y cuatro noches*), o bien las 24 horas enteras, es decir, «día» + «noche» (por ejemplo: *He estado cuatro días en Barcelona y dos días en Valencia*). Asimismo, *mujer,* en la oposición *hombre/mujer,* es el término positivamente marcado y, salvo metáfora, se aplica sólo a los seres humanos de sexo femenino, mientras que *hombre* es, en la misma oposición, el término neutro o extensivo, pudiéndose aplicar tanto a los seres humanos de sexo masculino (por ejemplo: *hombres y mujeres*) como a los seres humanos en general (por ejemplo: *¿qué es el hombre?*) [16]. En gramática, el singular es frecuentemente en nuestras lenguas término neutro en relación con el plural, pudiéndose aplicar también a una pluralidad (por ejemplo: *el francés es leal, el español es generoso*), y, de la misma manera, el masculino es extensivo en relación con el femenino: *la estudiante* se aplica exclusivamente a personas de sexo femenino, mientras que *el estudiante,* y más aún su plural *los estudiantes,* se aplican tanto a los estudiantes de sexo masculino como a los estudiantes en general. Es, éste, un principio muy característico del pensamiento lingüístico [17] y, al mismo tiempo, totalmente diferente de los principios de la lógica apofántica y, por consiguiente, también de los lenguajes construidos de acuerdo con esta lógica [18].

---

[16] Es interesante observar que, desde el punto de vista lingüístico, la neutralización tiene exactamente el mismo sentido en los casos en que los términos de la oposición correspondiente designan la misma «clase». Así, gr. ἄνθρωπος puede emplearse también para βροτός («hombre en cuanto no dios»), mientras que βροτός no puede emplearse para el significado propio de ἄνθρωπος («hombre en cuanto no animal»).

[17] No se trata simplemente de la diferencia entre lo general y lo particular, ya que el término «neutro» de una oposición de sólo dos términos es a la vez general y particular.

[18] La existencia de oposiciones neutralizables en las lenguas históricas implica también una diferencia esencial entre la estructura de las funciones lingüísticas en GRAMÁTICA$_1$ y la estructura del metalenguaje por medio del cual se designan estas funciones, ya que el metalenguaje (GRAMÁTICA$_2$), siendo un lenguaje científico, obedece necesariamente a las normas de la LÓGICA$_{1b}$. Es decir que no es nunca posible tener en GRAMÁTICA$_2$ la misma inclusión de términos que pue-

Hay que advertir, sin embargo, que la existencia de oposiciones y neutralizaciones análogas en lenguas diferentes no implica su funcionamiento idéntico en esas lenguas. Ello, o bien porque los términos «neutros», representados en ciertas lenguas por uno u otro de los términos opositivos mismos, pueden estar representados en otras lenguas por signos autónomos, o bien porque neutralizaciones admitidas en una lengua son excluidas por la «norma» en otra. Así, la posibilidad general de la neutralización entre el masculino y el femenino léxico-gramaticales es la misma, en principio, en español, francés, italiano, rumano y alemán. Sin embargo, en español tenemos *padres* tanto para fr. «pères» como para fr. «parents» («père[s] + mère[s]»), mientras que en las otras lenguas mencionadas tenemos, en el segundo caso, términos autónomos (*parents, genitori, părinţi, Eltern*); esp. *hijos* e it. *figli* pueden designar los «hijos» o bien los «hijos y las hijas», mientras que en francés, rumano y alemán se emplea, en el segundo caso, como término neutro un lexema tomado de otro campo léxico (*enfants, copii, Kinder*); esp. *hermanos* e it. *fratelli* pueden asumir el sentido neutro de «hermanos y hermanas», mientras que en alemán se tiene, en este caso, *Geschwister*. En cuanto a los hechos de «norma», cf. el § siguiente.

4.2.3. En tercer lugar, en los lenguajes lógicos no hay diferencia entre «sistema» y «norma»: se trata de «lenguas» de un solo plano, o sea, de sistemas de designación que se

---

de darse en GRAMÁTICA₁. Así, *masculino* y *femenino* son en GRAMÁTICA₂ términos discretos y exclusivos, que no se engloban el uno al otro: en GRAMÁTICA₂ es «masculino» lo que no es femenino, y «femenino» lo que no es «masculino», mientras que los hechos de GRAMÁTICA₁ que estos términos designan pueden muy bien hallarse en la relación de inclusión que se acaba de describir.

realizan de manera inmediata en «discursos». En las lenguas históricas, en cambio, pueden (y deben) distinguirse el plano del s i s t e m a f u n c i o n a l, que es al mismo tiempo sistema de posibilidades, y el plano de la n o r m a d e r e a l i z a c i ó n, que representa una selección dentro de las posibilidades ofrecidas por el sistema[19]. Así, el significado genérico de alem. *Hauptstadt, Hauptmann,* dado por el sistema de la lengua alemana, es «ciudad principal», «hombre principal» (cf. *Hauptsache,* «cosa principal»; *Hauptgrund,* «razón principal»; *Haupteingang,* «entrada principal»), pero su significado específico, fijado por la norma, es, respectivamente, «capital» y «capitán» (Bonn es la *Hauptstadt* de la Alemania Federal, aun no siendo en otros sentidos su «ciudad principal»). En el sistema de la lengua francesa, la posibilidad de las perífrasis verbales del tipo *aller faire,* «ir a hacer», es la misma que en español; sin embargo, en francés estas perífrasis están limitadas por la norma al presente y al imperfecto de indicativo (*je vais faire, j'allais faire*), limitación que no se da en español. Asimismo, en lo que concierne a las neutralizaciones señaladas más arriba, las posibilidades sistemáticas son análogas en español, italiano y francés, pero, mientras que esp. *hermanos* e it. *fratelli* se emplean también para el sentido «neutro», en francés la oposición correspondiente no es, en la mayoría de los casos, neutralizable, de manera que se debe decir *frères et sœurs,* «hermanos y hermanas». Los hechos determinados por la norma tradicional de realización constituyen otro aspecto de la supuesta «incoherencia» de las lenguas históricas frente a los lenguajes lógicos, ya que una multitud de expresiones de estas lenguas no tienen en el uso efectivo el significado

---

[19] A propósito de la distinción entre «sistema» y «norma» de la lengua, cf. nuestro estudio *Sistema, norma y habla,* Montevideo, 1952, reimpr. en *TLLG,* págs. 11-113.

que p o d r í a n tener de acuerdo con los respectivos sistemas [20].

4.2.4. En cuarto lugar, los actos de hablar correspondientes a los lenguajes lógicos se basan —en cuanto al valor de los medios de expresión que emplean— sólo en los sistemas que realizan, mientras que los actos de hablar correspondientes a las lenguas históricas se fundan también en el
conocimiento de las «cosas» extralingüísticas. En rigor, esto
no concierne a la estructura funcional de las lenguas, sino a
su funcionamiento en los discursos (cf. 6.2.). Sin embargo,
se trata de un hecho que tiene consecuencias para las lenguas mismas, sobre todo en lo que atañe a la fijación de
los significados en la norma. Así, fr. *pommier, chevalier* podrían significar «alguien que fabrica manzanas», «alguien que
fabrica caballos», pero estos significados quedan excluidos
por el conocimiento de las «cosas». Asimismo, fr. *moulin à
café*, alem. *Kaffeemühle* podrían significar «molino en el que
se utiliza como combustible el café», pero esto no se presenta en la norma, ya que no se conocen tales molinos [21].

---

[20] Si en el uso de un lenguaje lógico se observan hechos análogos a los «hechos de norma», es señal de que está convirtiéndose,
al menos desde este punto de vista, en una tradición histórica, es
decir, en una lengua «natural».

[21] En lo que concierne a la contribución del conocimiento de las
«cosas» al funcionamiento del lenguaje, cf. nuestros estudios «Determinación y entorno», en *RJb*, VII, 1955-56, págs. 29-54 (reimpr. en
TLLG, págs. 282-323), y «Bedeutung und Bezeichnung im Lichte der
strukturellen Semantik», en *Sprachwissenschaft und Übersetzen*, publ.
por P. Hartmann y H. Vernay, Munich, 1970, págs. 104-121, en particular, págs. 106-115 (trad. esp. en *PSE*, págs. 185-209, en part., págs. 188-
202), así como nuestra ponencia «Structure lexicale et enseignement
du vocabulaire», en *Actes du premier colloque international de linguistique appliquée*, Nancy, 1966, págs. 175-217, en particular, págs. 189-
190 (trad. esp. en *PSE*, págs. 87-142, en part., págs. 105-107).

4.2.5. Es cierto que los signos lingüísticos pueden también corresponder a tipos de designación únicos y homogéneos y ser, por lo tanto, «unívocos», en el sentido lógico del término. Pero esto no es lo común en las lenguas; al contrario: en lo que concierne al léxico primario y exclusivamente idiomático (no técnico; cf. n. 10), se trata incluso de un caso más bien marginal. Tal es, en cambio, el principio mismo de estructuración de las terminologías y nomenclaturas, en las que, en efecto, «significado» y «designación» (de clases) coinciden. En este sentido, el léxico de los lenguajes lógicos tiene exactamente el «status» que en las lenguas históricas tienen las terminologías [22]. Y lo que caracteriza propiamente a esos lenguajes es que extienden el mismo principio también al campo de la gramática. No es, por consiguiente, la lengua lingüística la que podría considerarse como una especie del género «lenguaje lógico», sino al contrario: son los lenguajes lógicos los que constituyen sólo un caso particular y límite con respecto a la noción de «lengua» a secas, ya que esos lenguajes adoptan como principio general de estructuración lo que en las lenguas propiamente dichas no es sino una posibilidad particular.

4.3. A todo esto hay que añadir que una lengua histórica puede suspender en ciertos casos las normas universales del «saber elocucional». Así, es cierto que, desde el punto de vista universal, dos negaciones se excluyen recíprocamente y que, por lo tanto, la doble negación debería significar, en principio, una afirmación. Sin embargo, en muchas lenguas esta norma resulta suspendida por la tradición lingüística, de suerte que la doble negación —con sentido no positivo, sino

---

[22] A propósito del sentido lingüístico de las terminologías, cf. «Structure lexicale et enseignement du vocabulaire», págs. 181-185 (en *PSE*, págs. 96-100).

negativo— puede incluso ser obligatoria, como lo es casi siempre en francés (*Je* NE *sais* PAS, *je* NE *sais* RIEN) y, en casos determinados por la norma, en griego, italiano y español (οὐδεὶς ἦλθε, pero οὐκ ἦλθεν οὐδείς; *nessuno è venuto*, pero NON *è venuto* NESSUNO; *nadie vino*, pero NO *vino* NADIE). Asimismo, la designación de la pluralidad por el plural (salvo los casos de neutralización) corresponde a una norma universal de coherencia entre la expresión lingüística y la realidad designada, por lo cual cabría esperar que esta norma se aplicara estrictamente en todas las lenguas que hacen la distinción entre el singular y el plural; no obstante, tal norma queda suspendida, en casos particulares, en muchas lenguas que, sin embargo, conocen esa distinción (cf., por ejemplo, it. *qualche libro* [que puede ser más de uno], fr. *maint livre*, alem. *manches Buch*, it. *mille e una notte*, alem. *Tausendundeine Nacht*, etc.). Y hay tautologías que no se perciben como tales porque están justificadas y hasta impuestas por la tradición lingüística. Así, no se puede ver de otro modo que con los propios ojos; sin embargo, las expresiones del tipo fr. *je l'ai vu de mes* (*propres*) *yeux*, it. *l'ho visto coi miei* (*propri*) *occhi*, esp. *lo he visto con mis* (*propios*) *ojos*, aun siendo en rigor tautológicas, son corrientes y perfectamente normales en muchas lenguas. Es cierto que, hoy por hoy, sabemos muy poco e, incluso, no tenemos criterios seguros a este respecto, ya que, hasta ahora, los lingüistas se han conformado, por lo común, con observar los hechos propios de cada lengua y prácticamente no han planteado el problema de estos hechos desde el punto de vista de la suspensión histórica de las normas elocucionales. Como ejemplos del mismo fenómeno podrían considerarse quizás también la no correspondencia entre género lingüístico y género natural (sexo), que se presenta en muchas lenguas (cf., por ejemplo, los neutros alemanes *das Weib*, «la mujer», *das Mädchen,* «la muchacha»), la expresión de la negación por medio de un verbo especial (como en finlandés), la expresión de ciertas relaciones puras por medio de sustantivos declinados (si se trata de lenguas que poseen la declinación) o por sustantivos con preposición (en lenguas en que la función de los casos la desempeñan las preposiciones)[23], etc. De todas formas, en todos los casos en que existen reglas «de lengua», es a éstas a las que corresponde la primacía; de otro modo, se aplican directamente las normas elocucionales de carácter universal.

5.1. El plano del discurso es el plano de la realización individual y ocasional del lenguaje. El discurso —siendo un acto o una serie de actos de hablar— sigue, en principio, las normas universales «de coherencia» del hablar en general,

---

[23] En la gramática corriente del finlandés, *edessä, eteen, edestä,* «delante», *päällä, päälle, päältä,* «sobre», *luona, luokse, luota,* aproxim. fr. «chez», se consideran como «posposiciones con el genitivo». Pero en realidad se trata de sustantivos en los casos inesivo, ilativo y elativo: el finlandés no dice «delante de la casa», sino, literalmente, «en el delante de la casa» (*talon edessä*) y, del mismo modo, «hacia el delante de la casa», «del delante de la casa» (*talon eteen, talon edestä*). Por lo demás, los hechos de este tipo no se desconocen tampoco en las lenguas románicas. Así, rum. *înainte,* «delante», *îndărăt,* «detrás», son en realidad sustantivos (*-ainte, -dărăt*) con la preposición *în,* y, efectivamente, en la construcción con otro sustantivo, estas formas toman el artículo definido de los sustantivos (*înaintea casei,* «delante de la casa», *îndărătul casei,* «detrás de la casa»). E incluso en francés encontramos, frente a preposiciones alemanas como *über, unter, um*: *au-dessus de, au-dessous de, autour de,* que, en rigor, son sustantivos (*dessus, dessous, tour*) con el artículo y con las preposiciones *à* y *de.* En rumano estas supuestas preposiciones se construyen incluso, como cualquier sustantivo, con los adjetivos posesivos, si la noción sustantiva a la que se refieren está representada en la intención significativa por un pronombre personal (así: *înaintea mea,* «delante de mí», pero literalmente «en mi delante»). Lo mismo sucede en el español popular, en particular en América, donde encontramos, por ejemplo, *delante mío, arriba suyo,* etc.

salvo en los casos en que estas normas están suspendidas por la lengua en la que el discurso mismo se realiza.

5.2.1. Pero el discurso puede suspender, a su vez, otras normas con vistas a la finalidad expresiva que le es particular. Las discusiones a este respecto no han comenzado, como algunos creen, por la que se ha entablado a propósito del ejemplo de Chomsky, hoy día tan frecuentemente invocado, *colorless green ideas sleep furiously.* Ya Steinthal utilizaba el ejemplo «esta tabla [o mesa] redonda es cuadrada» (*diese runde Tafel ist viereckig*) para sostener la autonomía de la gramática frente a la lógica [24]; y Vossler citaba los versos de Goethe *Grau, teurer Freund, ist alle Theorie, / Doch grün des Lebens goldner Baum* («Gris, querido amigo, es toda teoría, / Pero es verde el árbol dorado de la vida»), para afirmar el carácter no lógico de la gramática [25]. Ante tales ejemplos, escribía Steinthal, el gramático calla, no teniendo nada que objetar, mientras que el lógico protesta. El gramático calla porque no se trata de la violación de las reglas de una lengua particular (pues los ejemplos citados serían válidos en el mismo sentido y producirían el mismo efecto en cualquier lengua) [26]. Sin embargo, si es al mismo tiempo lingüista y se interesa también por el «saber elocucional» y la lingüística del texto, el gramático protestará, desde su

---

[24] *Grammatik, Logik und Psychologie, ihre Principien und ihr Verhältniss zu einander*, Berlín, 1855, pág. 220. Cf. B. Croce, «Questa tavola rotonda è quadrata», en *Problemi di estetica*[4], Bari, 1949, páginas 173-177.

[25] *Gesammelte Aufsätze zur Sprachphilosophie*, Munich, 1923, página 1.

[26] Esto no implica, sin embargo, el carácter «asemántico» o «no lógico» de la gramática. La gramática (GRAMÁTICA$_2$) es siempre «semántica» (se refiere a la semántica de las funciones gramaticales) y tiene, como hemos visto, su propia logicidad (cf. 2.3.).

punto de vista, exactamente igual que el lógico, con tal que tenga razones para pensar que la incoherencia no es intencional, ya que la incoherencia no intencional constituye una insuficiencia del habla. Si, en este caso, también el gramático lingüista calla, es porque percibe una suspensión intencional y motivada de las normas de «coherencia» [27] y sabe que la finalidad particular del discurso prevalece sobre las normas del saber elocucional (como, por lo demás, prevalece también sobre las reglas de las lenguas; cf. n. 27), es decir, porque hay razones para admitir que la incoherencia al nivel de la designación queda anulada por una coherencia a otro nivel.

5.2.2. En efecto, existen al menos tres tipos de suspensión de las normas de «coherencia» en el discurso que son perfectamente legítimas desde el punto de vista lingüístico: la suspensión *metafórica*, la suspensión *metalingüística* y la suspensión que puede llamarse *extravagante*.

En el primer caso, los significados lingüísticos «contradictorios» (y sus *designata*) son, en rigor, sólo significantes simbólicos para un contenido de orden superior, que es el s e n t i d o del discurso (o «texto») considerado: es, justamente, lo que se llama empleo «metafórico» del lenguaje, propio tanto de la poesía como de ciertos tipos de chistes y juegos de palabras. Así, *grau, grün* y *golden*, en los versos de Goethe, en cuanto signos de lengua, significan ciertamente «gris», «verde» y «dorado». Pero estos significados y sus

---

[27] Pero, en este caso, el gramático de Steinthal debería callar aun cuando se tratara de las reglas de una lengua particular. En efecto, el discurso se realiza siempre en una lengua (o en varias lenguas), pero puede suspender las reglas de las lenguas en razón de sus propios fines expresivos. Cf., por ejemplo, incluso en el uso cotidiano del lenguaje, la manera como se habla a un extranjero que no conoce bien nuestra lengua (o al querer imitar a este mismo extranjero).

designata son, a su vez, significantes simbólicos a nivel del
s e n t i d o   d e l   t e x t o ; y a este nivel s u s «significados»
no son de ningún modo contradictorios, puesto que estos
«significados de texto» no son los significados de lengua
«gris», «verde», «dorado» —empleados como simples significantes—, sino los simbolizados por estos significados de lengua. Goethe no dice que lo dorado es verde, sino que lo sim-
bolizado por «dorado» tiene las cualidades de lo simboli-
zado por «verde» (y por el color verde como tal). No habla
d e l o s colores de la realidad, sino p o r m e d i o d e l o s
colores empleados como símbolos: la coherencia poética
concierne al nivel del «sentido», no al nivel del significado
y de la designación [28].

En el segundo caso, la incoherencia pertenece a la «realidad» designada que es, a su vez, un discurso. Es el caso de
un discurso absurdo citado como tal en o t r o discurso,
como, por ejemplo, *Juan afirma que los objetos redondos
son cuadrados.* En este caso, lo absurdo del discurso$_1$ citado
no afecta en modo alguno al discurso$_2$, en que se lo cita. Al
contrario: la coherencia designativa del discurso metalingüístico exige que la «realidad» de la que habla (= el discurso citado) sea presentada tal como se da, es decir, con
su carácter absurdo.

Finalmente, en el tercer caso, la suspensión intencional
de las normas de «coherencia» se produce porque, simplemente y fuera de todo sentido metafórico, se q u i e r e expresar precisamente algo absurdo.

---

[28] Se podría interpretar de manera análoga el ejemplo *colorless
green ideas sleep furiously,* si fuera un verso en un poema, e incluso
el ejemplo *esta mesa redonda es cuadrada,* si fuera, por ejemplo, un
chiste acerca de una discusión «en mesa redonda» en la que participa-
ran cuatro personas. Obsérvese, asimismo, que es una posibilidad
propia del lenguaje la de emplear como símbolos, no las «realidades»
como tales, sino «realidades nombradas».

5.2.3. Por otra parte, el lógico auténtico (que no es quizá el lógico en el que pensaba Steinthal) tampoco protestaría en los casos primero y segundo, en los que la coherencia a cierto nivel anula (o incluso exige) la incoherencia a otro nivel. La única diferencia entre el lingüista y el lógico, desde este punto de vista, es que el lingüista admite también la suspensión «extravagante»: puesto que lo absurdo es pensable, es también expresable; y el lingüista lo acepta, siempre y cuando haya coherencia entre el pensamiento absurdo y su expresión. El lingüista, en cuanto lingüista, no exige la c o h e r e n c i a d e l p e n s a m i e n t o c o n s u o b j e t o , sino la c o h e r e n c i a d e l a e x p r e s i ó n c o n e l p e n s a m i e n t o .

6.1. Sólo a nivel del discurso es posible una relación inmediata entre el lenguaje y la lógica apofántica. Esta relación está sometida, sin embargo, a una serie de restricciones.

6.2. En primer lugar, debe tratarse de un d i s c u r s o a s e r t i v o o, al menos, reducible a a s e r c i o n e s . Ya los estoicos distinguían a este respecto [29] la aserción (ἀξίωμα), es decir, aquella forma elemental del discurso que puede ser verdadera o falsa, de otras formas —como la interrogación, el mandato, la súplica, la exhortación, la expresión del deseo, la imprecación—, que no pueden serlo [30]. En segundo lugar, la relación aludida es posible únicamente en los discursos asertivos pertenecientes al u n i v e r s o d e d i s -

---

[29] Cf. H. Steinthal, *Geschichte der Sprachwissenschaft bei den Griechen und Römern*, I², Berlín, 1890, págs. 317-318, e I. M. Bocheński, *Ancient Formal Logic*, Amsterdam, 1951, pág. 85.

[30] Lo cual no excluye que las p r e s u p o s i c i o n e s de las interrogaciones, súplicas, etc., puedan, a su vez, ser verdaderas o falsas, precisamente en la medida en que son reducibles a aserciones.

c u r s o «o b j e t u a l»[31], es decir, en los discursos que se
refieren a una realidad considerada como dada fuera y antes
de los discursos mismos, y no en los discursos por medio
de los cuales se construye o se supone una realidad. Así, la
Odisea no es ni verdadera ni falsa desde el punto de vista
de la lógica apofántica, puesto que —en cuanto discurso poético— no es un discurso en el que se hable de una realidad
ya dada, y exterior al discurso mismo, sino, precisamente,
un discurso en el que se construye una realidad: la *Odisea*
n o s e r e f i e r e a una realidad, sino que E S una realidad.
Lo mismo puede decirse, *mutatis mutandis*, de los discursos
que hacen surgir p o r h i p ó t e s i s una «realidad» cualquiera (del tipo: «Supongamos una realidad en la que...»):
una realidad supuesta puede ser imposible o absurda, pero
el hecho mismo de suponerla no es ni verdadero ni falso[32].
Finalmente, el discurso apofántico adecuado «habla» únicamente por medio del sistema de expresión al que corresponde, mientras que los discursos asertivos en lenguaje «natural» utilizan al mismo tiempo la referencia implícita a la
situación y a las «cosas» que se suponen conocidas y son,
por ello, esencialmente «elípticos», desde el punto de vista
de la posible verbalización total de aquellos contenidos a
los que, sin embargo, expresan[33].

---

[31] A propósito de los «universos de discurso», cf. «Determinación
y entorno», pág. 51 (en *TLLG*, págs. 318-319).

[32] Es verdad, sin embargo, que, si se acepta —aun de manera
provisional y condicionada— una realidad supuesta, las aserciones
que a esta realidad se refieran podrán ser, a su vez, verdaderas o
falsas, en virtud de las implicaciones de la hipótesis aceptada. Lo
mismo cabe decir del discurso poético: las aserciones que se refieren a la realidad construida en la *Odisea* se verifican en y por la
Odisea misma, y pueden ser verdaderas o falsas respecto a la realidad que en ella se presenta.

[33] Cf. J. B. Rosser y A. R. Turquette, *Many-valued Logics*, Amsterdam, 1958, pág. 3: «Mr. Rossette: It is raining. / Mr. Turquer: You

6.3.1. El análisis apofántico de los hechos de lenguaje —análisis que se refiere, directa o indirectamente, a la noción de verdad y utiliza, precisamente, la propiedad de «verdadero» o «falso», o bien sus implicaciones, como criterio de identificación funcional— sólo puede aplicarse, por consiguiente, al discurso asertivo en el sentido que se acaba de precisar; además, no puede, por supuesto, aplicarse a todo un discurso complejo, sino que debe hacerse por separado para cada una de las aserciones que el discurso contenga. Con estas restricciones dicho análisis es perfectamente legítimo, y puede ser una ayuda preciosa para el análisis lingüístico.

6.3.2. A este respecto, sin embargo, hay que cuidarse mucho de confundir análisis lógico y análisis lingüístico, valor lógico y significado lingüístico, la a s e r c i ó n en cuanto hecho de pensamiento («juicio») expresado lingüísticamente y la o r a c i ó n a s e r t i v a en cuanto hecho de lenguaje. Leemos, por ejemplo, en un artículo de orientación logicista, que la expresión *Pedro duerme* implica «ahora», pero no «aquí». Ahora bien, en un sentido, esta afirmación no expresa más que una perogrullada, a saber, que el verbo *duerme* (en cuanto v e r b o) implica y expresa el tiempo (en este caso, el presente), pero no el espacio. En otro sentido, esta misma afirmación trasluce, precisamente, la confusión entre la aserción (o el juicio) y la frase asertiva, y, en particular, entre el presente lingüístico y el presente lógico («ahora»). En realidad, *Pedro duerme* no implica de ninguna manera que Pedro duerma en este momento. Cf., por ejemplo: *¿Qué hacen sus muchachos? — Ya lo sabe: Juan trabaja y Pedro duerme*; o

---

mean it is raining in Ithaca, New York, at 2 p. m., July 14, 1950, for you do not know whether or not it is now raining in El Paso, Texas».

bien (al mostrar a alguien las habitaciones de un piso): *Este es el dormitorio de Juan. — ¿Y Pedro dónde duerme? — Pedro duerme en la habitación de al lado.* Y la oración asertiva *Pedro duerme* es una «aserción», en el sentido estricto de este término (= «oración asertiva que expresa un juicio»), y es verdadera o falsa, sólo si se aplica concretamente a Pedro que duerme (o que no duerme), y no en cuanto oración de la lengua española [34]. En efecto, como hecho de lengua, una oración asertiva no es una aserción determinada, sino sólo la posibilidad de varias aserciones e incluso de aserciones lógicamente diferentes. Así, por ejemplo, la oración *Juan escribe*, considerada como hecho virtual de la lengua española, tiene, ciertamente, un «significado de lengua», pero, en cuanto virtualidad (pura posibilidad), no es ni verdadera ni falsa, y sólo podrá serlo si se emplea en un —o en cuanto— discurso aplicado a una realidad determinada. En efecto, como posibilidad de la lengua, esta oración puede asumir toda una serie de «significados de habla», puesto que puede aplicarse, no sólo a diferentes ejemplos del mismo tipo designativo, sino también a varios tipos designativos. Así, puede significar que «Juan escribe en este momento», o que «tiene la costumbre de escribir», que «es escritor» (por ejemplo: *¿De qué viven los hermanos Pérez? — Pablo enseña y Juan escribe*), o, también, que «ha escrito una carta cuyo contenido se conoce» (*Juan escribe de Badajoz que...*), etc., y sólo por uno u otro de esos significados de habla esta oración podrá ser verdadera o falsa (y, en cada caso, a condición

---

[34] Ya Platón (*Soph.*, 263a-b) señalaba que las afirmaciones del tipo «Teeteto está sentado», «Teeteto vuela» (hablaba, por supuesto, de las oraciones griegas correspondientes) no son verdaderas o falsas en cuanto posibilidades del lenguaje, sino sólo en cuanto oraciones aplicadas a situaciones reales y concretas, en las que Teeteto está sentado o está de pie, vuela o no vuela.

de que se emplee en el universo de discurso «objetual»).
Esto, en lo que toca a la lingüística. Al mismo tiempo, hay
que señalar, por lo que toca a la lógica, que, en realidad, en
el análisis apofántico no se trata siquiera de las oraciones
asertivas realizadas en los discursos, o como discursos, ni
de las aserciones en cuanto tales, sino, hablando con propiedad, de los j u i c i o s que éstas expresan. Los lógicos dicen que la verdad es una propiedad de las «proposiciones»,
y los lingüistas, debido a una antigua confusión de la gramática logicista, entienden a menudo que se trata de las proposiciones lingüísticas, es decir, de las o r a c i o n e s o, al
menos, de las oraciones asertivas, mientras que, en realidad,
los lógicos han entendido siempre por «proposición», no
la oración asertiva lingüística, ni la aserción como tal (contenido + expresión), sino sólo y exclusivamente el contenido designativo de una aserción concretamente empleada [35];
contenido que, en cada caso, podría expresarse también por
otras oraciones de la misma lengua y, en principio, en cualquier lengua. La oración *Juan escribe*, aun como oración
realizada en el discurso, es siempre una oración española,
mientras que la verdad «de las cosas», que los juicios comprueban y las aserciones expresan, no es «verdad en español», «verdad en inglés», etc. Por otra parte, la oración asertiva es un hecho formal de lengua: es una oración que f o r -
m a l m e n t e afirma o niega. Pero una oración asertiva no
es necesariamente «aserción», es decir, expresión de un juicio: puede expresar también otros contenidos de discurso,
por ejemplo, el mandato (*Le dirá usted que...*). Y los juicios

---

[35] En efecto, los estoicos consideraban el ἀξίωμα y, del mismo
modo, la súplica, la interrogación y los otros tipos de discurso que
distinguían, no propiamente como tipos del discurso como tal (λόγος),
sino como tipos del λεκτόν (*dicibile*): de lo d i c h o en el discurso.

pueden expresarse también por otros tipos de oraciones; por ejemplo, por las así llamadas preguntas «retóricas». Finalmente, una sola oración asertiva puede expresar varios juicios, y varias oraciones asertivas pueden expresar un solo juicio. Así, se ha observado hace ya mucho tiempo que *Dios, invisible, ha creado el mundo visible* contiene tres juicios («Dios es invisible», «Dios ha creado el mundo». «El mundo es visible»), lo cual es cierto, aunque los que lo han señalado se hallaran muy a menudo en contradicción consigo mismo, puesto que, al mismo tiempo, tendían a identificar la oración asertiva con el juicio (cf. n. 36). Y, viceversa, una expresión como *Afirmo que el cielo es azul* (o, mejor aún, *Afirmo: el cielo es azul*) contiene dos oraciones asertivas, pero un solo juicio [36].

---

[36] La confusión de la oración asertiva con la aserción y, en consecuencia, con el juicio, procede, como es sabido, de la *Grammaire générale et raisonnée* de Port-Royal (1660). En efecto, Arnauld y Lancelot identifican, por un lado, explícitamente, la oración asertiva con el juicio (*Gramm. gén.*, II, 1) —aun reconociendo (II, 9) que ciertas oraciones asertivas contienen más de un juicio (lo cual implica el paralogismo: «un juicio son varios juicios»)— y, por otro lado, consideran incluso la oración asertiva como *la* oración por excelencia (aunque reconocen que hay también otros tipos). Esto ha sido señalado en nuestros días como un mérito particular de la *Grammaire générale*, ya que esa identificación ha estimulado y renovado los estudios sintácticos. Esta última observación no es falsa, dado que los estudios sintácticos han sacado efectivamente provecho de esta manera de plantear el problema de la oración. Pero hay que distinguir el valor pragmático del valor de verdad. Desde el punto de vista pragmático, los efectos del error de la *Grammaire générale* han sido, en parte al menos, positivos. En la historia de las ciencias, los errores tienen a menudo efectos positivos porque estimulan la investigación: también la investigación que debe eliminarlos (lo que, en el caso de la lingüística, se aplica, no sólo a la *Grammaire générale*, sino, asimismo, a varias formas de la lingüística actual, perfectamente erróneas desde el punto de vista teórico, pero, por cierto, muy «estimulantes»). Sin embargo, desde el punto de vista del valor de verdad, el error de la *Grammaire générale* no deja, por ello, de ser un error,

6.3.3. Por todas estas razones, los intentos actuales de analizar discursos desde el punto de vista lógico, intentos emprendidos con la esperanza de llegar por esta única vía a la identificación y descripción de las funciones lingüísticas, son ejercicios desplazados e inútiles si se comprende que las lenguas son sistemas de significación, no sistemas de designación; y son ejercicios absurdos y erróneos si esto no se comprende, si las lenguas históricas se consideran como lenguajes puramente designativos y se confunden el plano de la lengua y el plano del discurso, el contenido lingüístico y el contenido lógico [37].

7.1. Todo esto no significa, claro está, que la lógica debiera excluirse de la lingüística. Al contrario. Pero hay que entender bien en qué sentido la lógica puede contribuir realmente al progreso de la lingüística. Según nosotros —y de acuerdo con lo que se ha venido diciendo— hay dos usos razonables de la lógica en el campo de la lingüística: un uso al que llamaremos uso n e c e s a r i o y otro al que llamaremos uso l í c i t o. El uso «necesario» es el uso que concierne a la estructura y la estructuración de la lingüística

---

y hasta un error muy grave, puesto que la identificación de la oración asertiva con el juicio es, como se ha visto, radicalmente falsa e implica toda una serie de confusiones.

[37] Así, no existe una «lógica», sino sólo una *semántica* de los tiempos verbales de una lengua. Y esta semántica no se descubre si sólo se comprueban los contenidos designativos de los discursos particulares y se relacionan esos contenidos con los valores de verdad. De tal modo se hace lógica, pero no lingüística, ya que este punto de vista elimina de antemano la consideración del plano de la lengua y de las funciones lingüísticas como tales. El error no está, por supuesto, en hacer lógica. La lógica tiene su propia razón de ser y se la puede hacer también a propósito de los discursos en lenguas históricas. El error está en pretender y creer que se hace lingüística y se describen lenguas, aun haciendo en realidad lógica, lo cual significa también que, además, se hace mala lógica.

misma, incluida la gramática: como discurso científico, la lingüística debe seguir las normas establecidas y formuladas por la lógica para todo discurso apofántico; y como metalenguaje científico, debe corresponder a las normas de los lenguajes científicos en general [38]. El uso «lícito» (pero no necesario) es el empleo de un lenguaje lógico (puramente designativo) en cuanto término de comparación en el tratamiento de las lenguas históricas, y, precisamente, tanto con vistas a la descripción como —y sobre todo— con vistas a la comparación coherente y homogénea de estas lenguas. En este segundo sentido, una lingüística «lógica» no sería, sin embargo, sino una forma refinada del método onomasiológico [39].

7.2. Ciertamente, se podría constituir también una «lógica formal de la significación» o «de los significados lingüísticos». Esta lógica sería, en un sentido, diferente para cada lengua; y las condiciones concernientes a s u estructuración pertenecerían a una metalógica válida, en principio, para toda lengua «natural» posible. Pero cabe preguntarse si esta lógica múltiple —con la correspondiente tipología lógica— y esta metalógica de toda lógica de los significados podrían justificarse por una razón suficiente.

En realidad, una lógica de los significados no sería, en su s u s t a n c i a, sino la semántica funcional de cada lengua,

---

[38] Aun cuando esto —por razones que conciernen, en particular, a la función de la lingüística en el mundo actual y, en general, a su función en el marco de la cultura humanista— no implica necesariamente la utilización de una notación simbólica o matemática.

[39] Las «estructuras lógicas» de las oraciones de que se habla en cierto tipo de análisis gramatical muy de moda hoy en día no son *las* estructuras lingüísticas a un nivel más «profundo», sino estructuras con las que p u e d e n c o m p a r a r s e las estructuras efectivamente lingüísticas: la estructura profunda lingüística es la estructura lingüísticamente funcional.

la «tipología» aludida coincidiría con la tipología lingüística en el dominio semántico y la metalógica de las lógicas de los significados no sería otra cosa que la teoría (epistemología) de la descripción semántica funcional. De todos modos, si se deciden a desarrollar de una manera coherente y fundada estas disciplinas, los lingüistas necesitarán una vez más de la lógica y de la colaboración de los lógicos. Pero los lógicos deberían, por su parte, esforzarse por comprender de qué se trata propiamente en la lingüística y acostumbrarse a distinguir las funciones lingüísticas de los contenidos lógicos y a no considerar las lenguas históricas —sistemas de significación— como si fueran sistemas de designación.

(*Modèles logiques et niveaux d'analyse linguistique* [actas de un coloquio realizado en la Universidad de Metz, del 7 al 9 de noviembre de 1974], publ. por J. David y R. Martin, París, 1976, páginas 15-30.)

II

SOBRE LAS CATEGORÍAS VERBALES
(«PARTES DE LA ORACIÓN»)

1.1. En este ensayo nos proponemos contribuir, mediante una serie de distinciones, al planteamiento correcto del problema de las categorías verbales o «partes de la oración». Como es sabido, la teoría concerniente a tales categorías presenta numerosas dificultades y constituye uno de los aspectos más discutidos de la llamada «gramática general»[1]. Para establecer en qué sentido el problema de las «categorías» propiamente dichas (sustantivo, adjetivo, verbo, adverbio) puede plantearse de manera racionalmente aceptable, es, por ello, necesario enfrentarse con los fundamentos mismos de esa teoría.

---

[1] Acerca de los varios criterios de «clasificación» y deslinde que se adoptan a este propósito, cf. H. Paul, *Prinzipien der Sprachgeschichte*[5], Halle, 1920, págs. 352 y sigs.; V. Brøndal, *Ordklasserne. Partes Orationis. Studier over de sproglige Kategorier*, Copenhague, 1928, págs. 9-62; L. J. Piccardo, *El concepto de «Partes de la oración»*, Montevideo, 1952; E. Otto, *Stand und Aufgabe der allgemeinen Sprachwissenschaft*, Berlín, 1954, págs. 25 y sigs., 31-37. En particular acerca del criterio semántico, cf. H. Kronasser, *Handbuch der Semasiologie*, Heidelberg, 1952, págs. 86 y sigs.

1.2. La mayoría de las dificultades aludidas se deben a las confusiones de orden general entre *objetos* y *conceptos* y entre *palabras significativas* y meras *formas*. Eliminadas tales confusiones, queda establecido, en primer lugar, que lo que debe y puede definirse es, en cada caso, un concepto, y no los «objetos» correspondientes a tal o cual categoría. *Un* sustantivo (*este* sustantivo) es un «objeto» (una palabra) mas 'sustantivo' es un concepto. Un objeto no puede definirse, sino sólo atribuirse («subsumirse») a un concepto: es, justamente, lo que se hace cuando se dice de una palabra que es un sustantivo. Lo que se define es el concepto de 'sustantivo' o, mejor, la *sustantividad*, el *'ser sustantivo'*. Y, en segundo lugar, resulta evidente que la definición de las categorías sólo puede ser semántica y debe referirse a rasgos que se comprueban en *palabras significativas*. En efecto, el 'ser sustantivo' —considerado en el plano de las existencias— no puede pertenecer más que a palabras significativas, comprobadas o pensadas como tales. Una mera «forma» no puede ser sustantivo, adjetivo, etc. O bien se dice que lo es sólo con respecto a su *función*, al modo significativo que representa materialmente, es decir, transformándola de puro «significante» en significante + significado. Pero como mera «forma» no es nada más que un hecho físico, o un esquema de hechos físicos: no pertenece siquiera al lenguaje en su integridad, sino sólo a su faz material, al *lenguaje como fenómeno de la naturaleza*. Con esto no se niega la necesidad de considerar los esquemas formales, sino que sólo se distingue el *plano de la teoría* y definición de las categorías del *plano de la descripción* de los esquemas que las representan materialmente. La gramática, como *descripción* de un sistema lingüístico, puede y a veces debe partir de las formas, que, en realidad, en este caso, constituyen su único objeto. Pero, mientras ignore el significado, sólo puede comprobar esquemas, y llamarlos, eventualmente, con nombres convencionales, por ej., *A, B, C, D...* [2]. Hasta este punto, a pesar de las dificultades que suele encontrar (cf. 3.3., 3.4.), el formalismo se justifica. Mas en el momento en que se trata de establecer qué función tiene un esquema, es ineludible hacer referencia a categorías semánticas (sustantivo, adjetivo, etc.) ya definidas o, por lo menos, intuitivamente conocidas. Y la definición de éstas, contrariamente a lo que afirma el mismo formalismo [3], no coincide con la comprobación de los esquemas formales y no se agota en ella, simplemente porque no se trata de «formas» ni de aspectos comprobables como fisicidad. Para demostrarlo empíricamente basta con observar que la misma categoría del adjetivo existe en latín, en español y en alemán, pero que los esquemas formales que la representan en las tres lenguas son netamente diversos.

2.1.1. Otras dificultades se deben al hecho de que no se distinguen con claridad y coherencia los varios planos de abstracción en que se puede considerar el objeto lenguaje [4]. El error principal en que aquí se incurre (y que se debe también a las dos confusiones ya eliminadas) es el de concebir y tratar de definir las categorías verbales como «clases»

---

[2] Cf. B. Bloch y G. L. Trager, *Outline of Linguistic Analysis*, Baltimore, 1942, pág. 60.

[3] Eid., *ibid.*, págs. 68-69.

[4] Cabe señalar que tales dificultades no se daban en igual medida para los fundadores de la doctrina de las categorías verbales, porque los antiguos no consideraban las palabras como significantes fuera del empleo y no tenían el concepto moderno de 'lengua' como sistema deducido del hablar y luego artificialmente «aislado» o, peor, como existente 'fuera e independientemente de los individuos hablantes'. Cf. a este propósito J. Lohmann, «Das Verhältnis des abendländischen Menschen zur Sprache», en *Lexis*, III, 1, 1952, págs. 11 y siguientes.

léxicas, como conjuntos a los que pertenecerían «naturalmente» tales y tales palabras del diccionario de una lengua.
El error es triple: porque las categorías verbales no son
«clases» de palabras; porque las clases que se pueden constituir sobre la base de las categorías no son clases «léxicas»;
y porque las categorías no pueden definirse en el plano de
la «lengua». La categoría del sustantivo no es la clase de los
sustantivos; esta clase no es una clase del diccionario; y,
con respecto a una lengua determinada, no se puede decir
qué es el sustantivo, sino sólo si tiene o no tiene sustantivos
y, si los tiene, *cómo es* el esquema formal que les corresponde. No hay que confundir la definición —operación que se
refiere a conceptos— con la clasificación, que es siempre
una operación de tipo existencial, aun cuando se cumpla
con objetos que son producto de una abstracción. En efecto,
las categorías pueden justificar la constitución de clases,
pero no pueden definirse como clases. Podemos constituir
la clase de los objetos triangulares, pero esto no significa
definir la «triangularidad», que no es la clase de esos objetos, sino, al contrario, la razón por la que se constituye la
clase, puesto que corresponde a un *modo de ser* de los
objetos que en ella se incluyen. Análogamente, las categorías verbales corresponden a *modos de ser de las palabras.*
Pero la analogía vale sólo hasta cierto punto, porque las
palabras no son «cosas» sino «acontecimientos» y el carácter categorial de ellas no es algo físicamente observable, sino
una *función significativa* y, como tal, sólo pensable. Además,
el carácter categorial no es un rasgo constante en la misma
forma. Por todo esto, las «clases» de palabras son necesariamente clases de palabras abstractas y su extensión e índole
dependen del sentido en que se haya realizado la abstracción. En cambio, las categorías son *partes orationis,* es de-

cir que se dan concretamente como modos de ser de las palabras *en el discurso,* como funciones semánticas.

2.1.2. Hay que observar, asimismo, que las categorías verbales no son clases de palabras, entre otras cosas, también porque los valores categoriales no se dan sólo en las palabras como tales; así, grupos de palabras pueden ser nombres propios únicos (*Alcalá de Henares, Ciudad Real, Antonio Martínez García*) y expresiones enteras pueden «sustantivarse», es decir, funcionar como sustantivos. En lo que sigue nos concentramos, sin embargo, en la problemática de los valores categoriales que funcionan en palabras.

2.2. Lo dicho en 2.1.1. significa, ante todo, que las «clases» que eventualmente se constituyan sobre la base de rasgos categoriales no pueden ser clases de «meras» palabras, de «formas», porque éstas no tienen ningún significado y sólo pueden clasificarse por características físicas (por ej., como *agudas, llanas* y *esdrújulas*; como *monosílabas, bisílabas, trisílabas,* etc.). Y, naturalmente, la identidad física no implica ninguna identidad funcional: en el plano de las meras palabras, hay una sola forma «*amo*» (*amo,* 'quiero', y *amo,* 'dueño') y una sola forma «*casa*» («la *casa* de mi amigo» y «María se *casa* mañana»).

2.3.1.1. Pero las «clases» verbales no pueden tampoco ser clases de palabras significativas, así y simplemente, sino sólo clases constituidas en un determinado sentido.

Con frecuencia se encuentra en obras y artículos gramaticales la afirmación de que en inglés «no se distinguen» los nombres de los verbos, seguida sin más por la observación de que una palabra *es* nombre o verbo según esté precedi-

da por *a, the,* o por *to,* por ej., *a, the fire / to fire*[5]. Lo que
se dice con esto es que en inglés (y lo mismo podría decirse
del chino) los nombres se distinguen perfectamente de los
verbos *como palabras concretas,* que en la lengua inglesa
existe un modo de ser nombre y otro de ser verbo, y que
la diferencia se revela de inmediato al colocar las palabras
en la oración[6], o sea, al comprobar la función que desempeñan en el hablar: es, justamente, lo que hace el gramático
al pensar las palabras como significativas, que ya es un modo
de emplearlas, de darles sentido[7].

Sin embargo, la identificación entre (*the*) *fire* y (*to*) *fire*
no equivale a la identificación entre las meras palabras
«*amo*» y «*amo*», pues se puede afirmar que *fire* y *fire* se
identifican como «palabras abstractas significativas». Sólo
que esto no ocurre en base a aquel significado por el cual
una palabra corresponde a una categoría verbal. Hay que
introducir aquí una nueva distinción, entre dos tipos de
significado: el *significado léxico* y el *significado categorial*[8].
En inglés (*the*) *fire* y (*to*) *fire* son la misma palabra abstracta
desde el punto de vista del significado léxico, pero no desde
el punto de vista del significado categorial. La diferencia

---

[5] Cf., por ejemplo, A. Rosetti, «Nom et verbe en roumain», en
Grammaire et Psychologie (= *JP,* XLIII), París, 1950, pág. 138.

[6] Cf. J. Vendryes, *Le Langage. Introduction linguistique à l'histoi-
re,* nueva ed., París, 1950, págs. 141-143; A. Meillet, *Linguistique histo-
rique et linguistique générale,* I, reimpr., París, 1948, págs. 176-177.

[7] Cf. G. Bertoni, en G. B. y M. Bartoli, *Breviario di neolinguisti-
ca,* Módena, 1928, pág. 25.

[8] Con respecto al significado hay que hacer, en el campo de la
teoría gramatical, otras varias distinciones. Así, hay que distinguir
el *significado gramatical,* propio de las categorías gramaticales (por
ejemplo, *agente, paciente, determinado, indeterminado,* etc.), y el
significado instrumental, propio de los morfemas (por ejemplo, *de-
terminador, indeterminador,* etc.). Pero estos tipos de significado no
conciernen directamente al problema de los «categorías», aunque sí
al problema de las «clases» verbales.

puede verse mejor aún oponiendo dos casos distintos; así
por ej., la relación entre ingl. (*a*) *fire* — (*to*) *fire*, (*a*) *wire* —
(*to*) *wire*, no es la misma que entre *a bear* y *to bear* [9]: en el
primer caso, las palabras se distinguen sólo por el significado
categorial; en el segundo, también por el significado léxico.
En español, entre *amo* ('quiero') y *amo* ('dueño') hay diferencia de significado léxico y categorial; entre *verde* (adj.),
en «el árbol verde», y *verde* (sust.), en «el verde es una especie de color», sólo de significado categorial [10]. El significado
léxico se refiere a lo organizado por el lenguaje; el categorial, al modo de organizarlo: el significado léxico corresponde a *qué significa* una palabra; el categorial, al *cómo*
de la significación. Así, el hecho de que a esp. *verde* y *azul*
(o a *bosque* y *selva*) corresponda, en otra lengua, una sola
palabra, es algo que pertenece al ámbito del significado léxico; el hecho de que el mismo significado léxico 'verde'
pueda ser intuido y expresado como «cualidad» o como «sustancia», pertenece al ámbito del significado categorial.

2.3.1.2. Las categorías verbales son, sin duda, categorías semánticas, pero no son significados léxicos sino significados categoriales: moldes en que se organiza en el hablar el significado léxico. Ahora bien, en dos sentidos los
significados léxicos son radicalmente diferentes de los signi-

---

[9] Cf. J. Vergote, *Onderzoek naar de grondslagen van de algemene
grammatica. De rededelen* (= *Med. Kon. Vl. Acad. Wet.*, Kl. der Lette-
ren, XIII, 2), Bruselas, 1951, págs. 27-28.

[10] Contrariamente a lo que parece pensar A. Pfänder, *Lógica*,
trad. esp.[2], Buenos Aires-México, 1940, pág. 198, no se da aquí ninguna
oposición entre el «concepto sustantivo» y el «nombre sustantivo»:
lo que ocurre es que (en alemán) la sustantividad no se manifiesta, en este caso, en el esquema formal que le corresponde comúnmente. Cf. lo que se dice más adelante (n. 28) acerca del ejemplo de
Paul, *grün ist die Farbe der Hoffnung*.

ficados categoriales. Por un lado, los significados léxicos no pueden, en rigor, hacerse corresponder a «categorías» (modos de ser universales), sino sólo a «familias», mejor dicho, a «campos» semánticos; campos, en principio, diferentes en las varias lenguas, puesto que cada lengua delimita y estructura de una manera peculiar la realidad conocida (y «organizada» lingüísticamente mediante las palabras)[11]. Y, en cuanto pertenecientes, en cada caso, a tal o cual lengua, o sea, a un objeto histórico, los significados léxicos —y los «campos» correspondientes— son, ellos mismos, «objetos» (partes de un objeto); por consiguiente, pueden ser señalados, delimitados, descritos, analizados (y, eventualmente, comparados con los de otras lenguas), pero no pueden propiamente «definirse»: se define la *noción* de 'campo', no tal campo determinado de tal lengua determinada. Por otro lado, las «cosas» designadas por los significados léxicos (salvo que se trate de términos del metalenguaje) son extralingüísticas; por lo tanto, los conceptos correspondientes a las mismas no pueden ser definidos por la lingüística. Con respecto a lo designado por los significados léxicos, el lingüista sólo puede registrar y exponer sistemáticamente «usos»; su tarea no puede ser, por ej., la de definir el concepto de 'virtud' —que, como tal, pertenece a la filosofía moral, y no a la lingüística—, sino sólo la de comprobar cómo se emplea la palabra *virtud*. En cambio, los significados categoriales no pertenecen a las lenguas como tales, sino al lenguaje en general (pueden presentarse en varias lenguas): son —por lo menos potencialmente— universales y, por lo tanto, pueden definirse. Por otro lado, estos significados no designan otras

---

[11] Esto ya lo había visto Humboldt y lo han puesto de manifiesto, sobre todo, los estudiosos neohumboldtianos, que han desarrollado la doctrina del «campo» semántico, en particular J. Trier y L. Weisgerber.

«cosas», sino que —considerados en una relación análoga a la que se ha tenido en cuenta para los significados léxicos— son las «cosas» mismas (propiedades objetivas del hablar que pueden designarse léxicamente mediante palabras como *sustantivo, verbo,* etc.) y, como «cosas», son «cosas del lenguaje», hechos lingüísticos (*sprachlich*); en consecuencia, los conceptos correspondientes son, a su vez, conceptos «lingüísticos» (*sprachwissenschaftlich*) y sólo pueden definirse por la lingüística. Aquí el lingüista no puede conformarse con ser el lexicógrafo o historiador que comprueba los empleos de la palabra *sustantivo,* sino que debe ser también teórico y determinar qué es el 'sustantivo', ya que se trata de un término perteneciente al «metalenguaje» propio de la ciencia del lenguaje. Y en esto no hay nada «metafísico» ni «logicista», pues el definir los conceptos no implica, de por sí, ninguna metafísica, y el sustantivo es una realidad del lenguaje, y no del pensamiento lógico [12].

---

[12] En este sentido, la actitud de la escuela bloomfieldiana con respecto al significado presenta al mismo tiempo un acierto y dos errores. El acierto consiste en considerar el estudio de lo designado por los significados y la definición de los correspondientes conceptos como tareas de las ciencias no lingüísticas, es decir, de las ciencias de las «cosas» mismas. Los dos errores son: a) el considerar que esto exime totalmente del estudio del significado léxico y que también su descripción como *uso lingüístico* podría dejarse a las ciencias que se ocupan de las «cosas» designadas por las palabras (cf. las observaciones de P. Meriggi, en *NRFH,* VI, págs. 78-79); b) el considerar que lo que vale para el significado léxico se aplica también al significado categorial —y, por consiguiente, el renunciar, también a este respecto, a las definiciones propiamente dichas y el creer que la definición de las categorías podría reducirse a la comprobación de los esquemas materiales que las manifiestan en una lengua determinada—, mientras que en este caso (como en el de los significados gramaticales e instrumentales) los significados pertenecen al nivel de las «cosas» y la ciencia de estas «cosas» es, precisamente, la lingüística. No hay, desde este punto de vista, diferencia entre los significados categoriales y los procedimientos materiales (desinencias, in-

2.3.2. Ahora bien, las «clases» correspondientes a las categorías verbales no pueden, evidentemente, constituirse sobre la base del significado léxico, sino sólo sobre la base del significado categorial. Es decir que sólo pueden estructurarse con palabras abstractas de cierto tipo. En efecto, si indicamos con F la forma física, con L el significado léxico, y con C el significado categorial, las palabras abstractas pueden constituirse: a) como puras «formas» (F), por ej., *«amo»* en esp. o *«bear»* en inglés; b) como «formas léxicas» o «semantemas» (FL), por ej., *fire, wire* en inglés y *verde* en español, independientemente de los distintos significados categoriales; c) como «formas categoriales» o «categoremas» (FC), por ej., *cuadro, papel,* como sustantivos, independientes de los distintos significados léxicos (*«cuadro* de un pintor» — *«cuadro* de fútbol», «hoja de *papel»* — *«papel* de un actor»), y d) como palabras con significado léxico y categorial (FCL), por ej., *amo* 'dueño', sustantivo, y *amo,* 'quiero', verbo. Sólo las palabras abstractas constituidas como FC o como FCL pueden clasificarse categorialmente, y estas últimas sólo por el elemento C, lo cual quiere decir que la misma palabra FL figurará en clases distintas si presenta distin-

---

fijos, alternancias, etc.): los unos y los otros son modos universales del lenguaje que pueden, por lo tanto, definirse independientemente de tal o cual lengua (y sólo pueden definirse por la lingüística). La diferencia reside sólo en que los significados categoriales son modos del contenido, mientras que las desinencias, los infijos, etc., lo son de la expresión. Por lo demás, el propio Bloomfield habla constantemente de «class-meaning» (cf., por ejemplo, *Language,* N. York, 1933, págs. 202 y sigs.) y observa a menudo que, aun en la descripción formal, hay que tener en cuenta el significado, por lo menos hasta cierto punto (cf. también en B. Bloch y G. L. Trager, *ob. cit.,* págs. 68, 74). Entre algunos de sus discípulos, su cautela y perplejidad han sido interpretadas como dogma negativo y como exigencia de excluir toda referencia al significado. Pero, acerca de la verdadera actitud de Bloomfield, cf. el revelador artículo de Ch. C. Fries, «Meaning and Linguistic Analysis», en *Language,* XXX, 1954, págs. 58-60.

tos significados C [13]. Por consiguiente, no puede haber interferencia entre clases homogéneas, sino sólo entre clases heterogéneas: el mismo objeto no puede pertenecer a clases distintas constituidas con el mismo criterio, sino sólo a clases distintas constituidas con criterios distintos. Si se clasican, por la forma y el color, ciertos objetos triangulares y cuadrados de color azul, el mismo objeto triangular pertenecerá a la clase de los objetos triangulares y a la clase de los objetos azules. Pero un objeto cuadrado no podrá incluirse en la clase de los objetos triangulares sólo porque también es azul. Del mismo modo, no podemos pretender que la palabra *verde*, sustantivo, pertenezca a la clase de la palabra *verde*, adjetivo, sólo porque presenta el mismo significado léxico, es decir, un rasgo que nada tiene que ver con el criterio con el que se constituye la clase verbal. Las dificultades que se suelen invocar a este respecto se deben, pues, a interferencia de criterios por lo que concierne a la identidad de la palabra. En efecto, si la identidad de la palabra (abstracta) se establece como FL, entonces la misma palabra puede pertenecer a distintas clases de «categoremas» (FC); por ej., ingl. *shop* puede ser nombre y verbo. Si se establece como FC, entonces la misma palabra puede pertenecer a distintos grupos de «semantemas» (FL); por ej., esp. *cuadro, lengua*. Y si se establece como FCL, entonces dos palabras que se distinguen por el elemento C o por el

---

13 Hay que señalar también que, desde el punto de vista de los dos tipos de significado que aquí se consideran, existen palabras que sólo pueden ser F (pero tienen «significado instrumental», como los artículos y las preposiciones; u otros valores, como las interjecciones), v palabras que pueden ser sólo «categoremas», pues se refieren siempre a un significado léxico dado por la situación o por otras palabras del contexto (por ejemplo, los pronombres y los numerales). Esto revela aún más la no coincidencia entre «clases» y «categorías», y la diferencia entre significado léxico y significado categorial.

elemento L no son la «misma» palabra: así, no sólo *amo*, 'quiero' y *amo*, 'dueño', sino también (*the*) *fire* y (*to*) *fire*, *lengua* (puntiaguda) y *lengua* (española), son palabras distintas[14].

Lo que se dice, pues, cuando se afirma que en inglés o en chino la «misma» palabra puede ser sustantivo, adjetivo o verbo, es que para esas lenguas las palabras abstractas se suelen establecer como FL, o que así conviene hacerlo, también en casos en que, para otras lenguas, se prefiere, o conviene, establecerlas como FC. En efecto, esto se justifica, en parte (sobre todo, en lo que atañe a la oposición verbal-nominal), porque en inglés y en chino el significado léxico es más fácilmente aislable que en otras lenguas, por presentar una mayor autonomía con respecto al significado categorial: se dan hasta casos de palabras FL que pueden ser nombres propios y verbos (ingl. *Coventry* y *to coventry*, *Shanghai* y *to shanghai*; chino *chung*[1] *kuo*[2], 'China' y 'tratar a alguien como chino')[15]. En cambio, en las lenguas románicas, que presentan una mayor cohesión entre significado léxico y significado categorial, se suele más a menudo constituir las palabras abstractas como FC, pero este criterio no se aplica siempre para la oposición adjetivo / sustantivo, es decir, para palabras como *verde*, *blanco*, etc., que se constituyen como FL[16].

---

[14] La identidad formal —que, naturalmente, puede ser sólo temática (en palabras abstractas de segundo grado, como, por ej. «cantar», aplicado a todo el paradigma correspondiente, en empleos del tipo «la conjugación del verbo *cantar*», «formas del verbo *cantar*»)— se estima casi siempre como indispensable. Sin embargo, la gramática constituye a veces paradigmas de formas distintas, en consideración de una identidad LC (cf. lat. *bonus, melior, optimus*; ingl. *good, better*; serviocr. *čovjek*, «hombre», pl. *ljudi*).

[15] Cf. J. Vergote, *ob. cit.*, pág. 35.

[16] Además, por consideraciones etimológicas, o concernientes al significado gramatical, muchas palabras se constituyen siempre como

2.3.3. Todo esto pertenece al amplio y abigarrado reino de las convenciones que se adoptan en la investigación, y no ofrecería, en realidad, ningún inconveniente serio, si se mantuvieran distintos el plano del objeto y el plano del proceso investigativo, es decir, si se tuviera siempre la conciencia de que se está trabajando con productos de abstracciones efectuadas en varios sentidos y no se atribuyeran al objeto las dificultades que proceden sólo del manejo impropio de los criterios elegidos. Pero lo que ocurre es que estas distinciones no se hacen comúnmente, y ello es motivo de graves incoherencias en la práctica gramatical, como, para dar un solo ejemplo, la de hablar de «formas nominales del verbo» (lo cual —si se supone que la clase del nombre y la clase del verbo se constituyen con el mismo criterio categorial— es como hablar de «formas triangulares del cuadrado»). Y es también motivo de varios equívocos que se comprueban en la crítica y teoría de las categorías verbales, como los de afirmar que 'independientemente de la forma, palabras como *hambre, sueño, huida, conversación,* deberían considerarse como verbos, porque designan procesos'; que palabras como *rapidez, belleza, grandeza* «designan cualidades sin ser adjetivos», o que en *lumière du soleil* y *lumière solaire* se dice «lo mismo» con el nombre *soleil* y con el adjetivo *solaire;* que el sustantivo puede significar «cualidad», por ej., *belleza,* y «proceso», por ej., *llegada;* que *verdure-verdover marche-marcher* expresan «la misma noción», etc. [17].

FCL: así, nadie identifica esp. *papa* (patata) y *papa* (Pontífice); ital. *lira* (moneda) y *lira* (instrumento musical); fr. *sot* y *seau,* o riopl. *casa* y *caza, ciervo* y *siervo.*

[17] Así, por ejemplo, L. Hjelmslev, *Principes de grammaire générale,* Copenhague, 1928, pág. 30, y «Le verbe et la phrase nominale», en *Mélanges Marouzeau,* París, 1948, pág. 258; E. Buyssens, «La conception fonctionnelle des faits linguistiques», en *Grammaire et Psychologie,* págs. 39-40; H. Frei, *La Grammaire des fautes,* París-Ginebra-

En todas estas afirmaciones, que quisieran ser objeciones contra la índole semántica de las categorías verbales, se confunde, por un lado, el «significar» con el «designar» y, por otro, el significado léxico con el significado categorial, el *qué* con el *cómo* de la significación [18]. Y ellas carecen de fundamento, justamente porque las categorías verbales no corresponden a diferencias con respecto al *qué*, sino con respecto al *cómo*: a diferencias en el modo de la concepción, *in der Weise der Erfassung* [19]. Si así no fuera, habría que preguntarse seriamente si las palabras *acción* y *verbo* (que ciertamente significan 'acción' y 'verbo') deben considerarse como verbos, y por qué las palabras *cualidad* y *adjetivo* (que más que ninguna otra significan 'cualidad' y 'adjetivo') no son adjetivos.

2.3.4. Hay que subrayar aún que las categorías, y las «clases» que se constituyen sobre la base del criterio categorial, no son necesariamente coordinadas, como aparecen en las listas corrientes de «partes de la oración» (en las que, además, se confunden y se entremezclan criterios categoriales, morfológicos y sintácticos): una categoría puede presentar varios *modos categoriales* y, por consiguiente, la cla-

---

Leipizg, 1929, pág. 133; J. Larochette, «Les deux oppositions verbonominales», en *Grammaire et Psychologie*, pág. 108.

[18] La mayoría de las objeciones de este tipo valen, claro está, contra el llamado criterio «lógico-objetivo», o sea, contra la identificación de las categorías verbales con las supuestas «categorías de la realidad». En cambio —y a pesar de lo que tan a menudo se cree—, no valen contra la utilización lingüística del concepto aristotélico de 'sustancia'. Cf. E. Coseriu, *Logicismo y antilogicismo en la gramática*, Montevideo, 1957 (reimpr. en *TLLG*), págs. 19-21 (en *TLLG*: 256-258), de donde se reproducen aquí algunos breves pasajes y las notas 17 y 19.

[19] E. Husserl, *Erfahrung und Urteil. Untersuchungen zur Genealogie der Logik*, ed. L. Landgrebe, Hamburgo, 1948, pág. 249.

se que le corresponde comprenderá, como miembros, varias clases[20]. Así, a la categoría del sustantivo corresponden los modos del pronombre sustantivo, del nombre común y del nombre propio.

2.4.   Las categorías verbales, entendidas en el sentido que se ha tratado de aclarar, son, pues, *categorías del hablar*, modos significativos «universales» que se comprueban en la actividad lingüística concreta y se definen sin referencia necesaria a una lengua determinada. Ellas no pueden de ninguna manera coincidir con las llamadas «clases verbales» porque éstas se establecen para lenguas determinadas y no son realidades concretas, sino estructuraciones convencionales; porque hay palabras que no corresponden a categorías (cf. n. 13) y que, por lo tanto, en una clasificación categorial, deben incluirse en clases no categoremáticas, establecidas sobre otras bases; y porque las clases pueden constituirse también con otros criterios, igualmente convencionales e igualmente válidos, bajo el aspecto teórico. Las clasificaciones (la categorial no menos que otras) son operaciones prácticas y, si se realizan con absoluta coherencia, sólo pueden criticarse desde el punto de vista de su utilidad.

3.1.   No es posible, por consiguiente, partir de las «clases» para definir las categorías. Las categorías son funciones que se dan en el hablar y sólo pueden definirse como tales. Asimismo, sólo con respecto al hablar, es decir, a determinados empleos concretos (o pensados como tales), se puede afirmar de una palabra que corresponde a tal o cual categoría.

En cambio, esto no puede hacerse en el plano de la «lengua» como *sistema*, porque la «lengua» no comprende nin-

---

[20] Cf., sobre todo, H. Paul, *Prinzipien*, págs. 352-353, y L. Bloomfield, *Language*, pág. 249.

guna palabra real, sino sólo *esquemas funcionales.* Con respecto a una lengua determinada, sólo se puede decir cuál es su *sistema peculiar de categorías* y cuál es la *expresión formal* de cada una de ellas. En efecto, en el hablar correspondiente a una lengua se comprueban sólo determinados modos significativos, que constituyen su sistema categorial, y a cada modo significativo corresponde un *modo formal;* de otra manera, la lengua no podría funcionar como técnica de la que todo hablante histórico dispone para la realización de su libertad expresiva [21]. Estos *esquemas formales,* que también pueden consentir la constitución de «clases», pueden llamarse *categorías idiomáticas.*

3.2. Tales esquemas se comprueban para cada lengua en particular y, como lo han subrayado sobre todo los estructuralistas norteamericanos (que, sin embargo, no hacen los deslindes que aquí se han hecho), se establecen, según los casos, a veces con respecto al eje paradigmático (flexión, en sentido amplio), y otras veces con respecto al eje sintagmático (posibilidades de distribución y enlace entre palabras en el enunciado) [22]. A este propósito no se puede adoptar ningún principio *a priori:* los esquemas son los que se comprueban, y son distintos en las varias lenguas. Sin embargo,

---

[21] Acerca de la lengua como «técnica» que no limita la libertad expresiva sino sólo determina los modos de su realización, cf. A. Pagliaro, *Il linguaggio come conoscenza,* Roma, 1951 (1952), en partic., págs. 56 y sigs. Véase también nuestro estudio *Sistema, norma y habla,* Montevideo, 1952 (reimpr. en *TLLG*), pág. 59 (en *TLLG:* pág. 98), donde se sostiene que la lengua como sistema no se *impone* al hablante, sino que, al contrario, el hablante *dispone* de ella. Acerca de todo el problema de la libertad lingüística, cf., además, B. Terracini, «Lingua libera e libertà linguistica», en *AGI,* XXXV, 1950, págs. 99-117; XXXVI, 1951, págs. 121-152; XXXVIII, 1953, págs. 1-35, 123-189.

[22] Cf. L. Bloomfield, *Language,* pág. 198 y sigs., 268 y sigs.; B. Bloch y G. L. Trager, *ob. cit.,* págs. 60-61, 68-70.

puesto que la flexión no es un hecho empíricamente universal, el criterio de las relaciones sintagmáticas es a menudo preferible, y a veces el único posible [23].

3.3. Pero el establecer las «categorías idiomáticas» no tiene, naturalmente, carácter definitorio con respecto a las «categorías verbales»: tiene sólo carácter descriptivo con respecto a los modos de materialización de las categorías semánticas, en tal o cual lengua (cf. 1.2.). Desde el punto de vista formal no se puede decir —y, en realidad, no se dice— *qué es el sustantivo* (concepto) o el verbo, sino sólo *cómo son los sustantivos* (objetos) o los verbos, en una lengua. Las que en este plano se presentan como «definiciones» no son sino caracterizaciones o descripciones de los modos materiales en que suelen manifestarse las categorías significativas. Mas una palabra no es, evidentemente, sustantivo o verbo porque obedece a un determinado esquema formal, sino, al contrario, se expresa en un determinado esquema formal porque es sustantivo o verbo [24]; y se dan casos en que

---

[23] La importancia de las relaciones sintagmáticas para el deslinde y reconocimiento de las categorías idiomáticas, así como para la constitución del «sentimiento lingüístico» acerca de las categorías verbales, ha sido oportunamente subrayada por L. J. Piccardo, *ob. cit.*, págs. 13-16.

[24] Así, para referirnos a una caracterización morfológica, una palabra no es en latín nombre o adjetivo porque se declina, sino que se declina porque es nombre o adjetivo: la misma forma *adversus* se declina cuando es adjetivo y no se declina cuando es adverbio o preposición. Pero *instar* no se declina nunca, y a pesar de esto puede tener valor sustantivo. Lo mismo cabe decir de las caracterizaciones sintácticas, perfectamente legítimas, a pesar de las críticas de V. Brøndal, «L'autonomie de la syntaxe», en sus *Essais de linguistique générale*, Copenhague, 1943, págs. 9-10. Así, es indudable que sólo una expresión sustantiva (nominal o pronominal) puede ser sujeto (v. F. Slotty, «Das Wesen der Wortart», en *Donum Natalicium Schrijnen*, Nimega-Utrecht, 1929, pág. 140). Pero se trata de un indicio, no de

un categorema no obedece al esquema formal correspondiente, en general, a su categoría. Claro que, para evitar el error logicista de atribuir a una lengua categorías que ella simplemente no conoce, es siempre indispensable, en la descripción de un sistema lingüístico, tener en cuenta sus esquemas formales [25]. Pero descripción no es lo mismo que teoría. Además, tampoco en la descripción es posible considerar *sólo* los esquemas, porque ellos pueden no ser evidentes (por ej., una categoría idiomática puede estar caracterizada por un rasgo negativo); porque entre los esquemas formales se dan a menudo *interferencias* (la misma forma admite esquemas distintos, por corresponder a distintos significados C) y *sobreposiciones* (dos o más categorías tienen modos formales parcialmente comunes) [26]; y porque, en ciertos casos, los esquemas simplemente no funcionan. En realidad, son siempre las categorías semánticas las que justifican los esquemas, y no viceversa (cf. 1.2.). Las «categorías» de la gramática descriptiva son necesariamente formales; pero no porque las categorías semánticas sean indefinibles, sino porque la gramática, como descripción de un sistema, no puede definir, sino sólo comprobar y describir.

---

una definición. No es que una palabra sea sustantivo porque es o pueda ser sujeto; al contrario: puede ser sujeto porque es sustantivo, y sólo cuando lo es. En efecto, todas las palabras pueden oficiar de sujeto, justamente porque todas pueden asumir valor sustantivo. Tampoco hay que pretender que las clases constituidas con criterios morfológicos o sintácticos coincidan con las clases categoriales, pues lo que con ellos se clasifica no son modos categoriales, sino modos flexionales y funcionales: en una clasificación morfológica, lat. *frugi* debe figurar necesariamente entre las «partículas», por ser indeclinable.

[25] Cf. E. Sapir, *Language. An Introduction to the Study of Speech*, N. York, 1921, págs. 125; B. Bloch y G. L. Trager, *ob. cit.*, pág. 61.

[26] Cf. lo que dice el mismo L. Bloomfield, *Language*, págs. 196, 269.

3.4. A este propósito se ha observado que una definición del nombre como «a noun is a word used as the name
of a living being or a lifeless thing» es inútil, porque 'no nos
dice nada acerca de la estructura del inglés y no nos permite reconocer un nombre cuando lo encontramos' [27]. En
efecto, la definición citada es indefendible, mas no por las
razones indicadas. La definición de una categoría verbal tiene interés teórico, para el conocimiento del lenguaje en general, y no interés instrumental, para la descripción exterior de una lengua determinada. Tal definición, por otra
parte, no puede decirnos nada acerca de la estructura material de una lengua, ni hacernos reconocer «un nombre»,
como hecho físico, pero no por ser inadecuada, sino porque
se refiere a otra cosa enteramente distinta: a un modo significativo, es decir, a una forma mental que pertenece sólo a
la interioridad de la conciencia, y que no puede comprobarse como fisicidad. El cometido de hacer reconocer las estructuras físicas como manifestación de determinados modos
significativos lo tienen, justamente, las descripciones. Pero
en ciertos casos las estructuras no pueden proporcionarnos
ningún indicio, y ello constituye la prueba empírica de que
las categorías verbales no son los esquemas en que se expresan y no pueden definirse como tales [28].

---

[27] B. Bloch y G. L. Trager, *ob. cit.*, pág. 69.

[28] Es lo que ocurre cuando se dan al mismo tiempo «interferencia» y «sobreposición» de esquemas. Así, en esp. *el sabio alemán*,
ningún rasgo formal indica si hay que entender *sabio* como sustantivo y *alemán* como adjetivo, o viceversa. Más interesante aún es
uno de los ejemplos que H. Paul, *Prinzipien*, pág. 354, aduce para
señalar que 'el adjetivo puede ser sujeto': *grün ist die Farbe der
Hoffnung*. Aquí *grün* tiene en realidad valor sustantivo si es el sujeto de la oración (es decir, si ésta significa 'el verde es el color de
la esperanza'). Pero la misma estructura puede mantenerse con *grün*
como predicado ('verde es el color de la esperanza'). Se podría observar que, en tal caso, la entonación y el acento de insistencia en

4.1. Las categorías verbales, entendidas como *categorías del hablar,* no pueden definirse con respecto a una lengua determinada, ya que, a diferencia de las *categorías idiomáticas,* peculiares de tal o cual lengua, son «universales» [29]. Pero se trata de una universalidad conceptual, que no implica ninguna generalidad histórica. Las lenguas históricas presentan, no sólo sistemas formales, sino también sistemas conceptuales distintos, tanto por el número de las categorías como por su extensión con respecto a los valores léxicos.

4.2. Es, sin duda, interesante comprobar qué categorías tienen universalidad histórica, si es que hay alguna que la tenga (tal parece ser el caso del sustantivo en general y del nombre propio en particular). Pero no es posible constituir una «gramática general» sobre la base de las categorías comunes a todas las lenguas, como quisiera H. Delacroix [30], pues ésta sería una comprobación de orden histórico, y no teórica o gramatical.

4.3.1. En principio, tampoco puede haber nada en contrario a que se trate de caracterizar gramaticalmente, no el

---

grün indicarían la función predicativa y, por consiguiente, el valor adjetivo de esta palabra. Sin embargo, la entonación y el acento de insistencia serían idénticos en la misma frase dicha, por ejemplo, para negar y corregir una afirmación como *gelb* (suj.) *ist die Farbe der Hoffnung,* o sea, con *grün* nuevamente en función de sujeto y con valor sustantivo.

[29] Cf. la distinción de L. Hjelmslev, *Principes,* págs. 270 y sigs., entre «categorías concretas» (tal categoría en tal lengua) y «categorías abstractas» (tal categoría en general). Sólo que las «categorías concretas» de Hjelmslev son, en realidad, abstractas, y sus «categorías abstractas», si no se entienden en sentido formalista, son las categorías concretas del hablar.

[30] *Le langage et la pensée,* París, 1924, pág. 232. Cf. las críticas de L. Hjelmslev, *Principes,* págs. 272 y sigs.

verbo o el sustantivo en tal lengua, como categorías idiomáticas, sino el verbo y el sustantivo en general, como *categorías interidiomáticas*. Esto puede hacerse en un plano de abstracción ulterior a la «lengua»: en lugar de indicar los
morfemas específicos de la expresión de una categoría en una
lengua determinada, se indicarían las «categorías morfemáticas» que caracterizan la expresión de la misma categoría en
general. Es éste el criterio de la «gramática general» de Hjelmslev [31]. Pero hay que observar, por un lado, que es harto difícil encontrar categorías morfemáticas al mismo tiempo generales y exclusivas de una «categoría interidiomática», y,
por otro lado, que también en este caso se trata sólo de caracterizaciones, aunque más abstractas, y no de definiciones.
Un semantema no es verbo *porque*, por ej., se combina con
morfemas de tiempo y persona, sino, al contrario, se combina con tales morfemas *para* ser verbo, y porque se piensa con significado verbal. Por otra parte, el significado categorial no es un simple producto de la combinación entre un
significado «léxico» y un significado «instrumental» (mor-
femático). Hjelmslev observa, justamente, que no hay que
separar la expresión de la significación, pero luego afirma
que no debe tomarse como punto de partida la significación [32]. Mas esto depende de la finalidad que nos propongamos: si se trata de *describir*, de decir *cómo es* la materialización de una categoría, tenemos que atender a la expresión;
si se trata de *definir*, de decir *qué es* una categoría, sólo
podemos basarnos en la función significativa. En este sentido, y no en sentido formalista, las categorías verbales son
«categorías funcionales».

---

[31] Acerca de ésta, puede verse en español la exposición de A. Llo-
rente Maldonado de Guevara, *Los «Principios de Gramática General»
de Hjelmslev y la lingüística*, Granada, 1953.

[32] *Principes*, págs. 66, 88.

4.3.2. Existe también una tercera posibilidad, y es la de *llamar*, por ej., «verbo» a un semantema que se combina con un determinado morfema, sin comprobar si tal combinación tiene generalidad histórica. Pero en tal caso se trataría de una simple convención semántica, mediante la que una descripción formalista se transformaría en una «definición formal». Y, como ya advertía Kant, de las cosas reales no se pueden dar definiciones formales. Si las categorías interidiomáticas no son inductivas, el referirse a ellas ya no es un referirse al lenguaje, sino un hablar acerca del metalenguaje, de lo que en una convención se ha llamado «verbo» o «sustantivo»; es decir que es un hablar sobre gramática [33].

5.1. Las confusiones entre «clases» y «categorías» (cf. 2.1.) y entre «significado léxico» y «significado categorial» (cf. 2.3.1.) no son, con todo, simples errores, ya que también ellas tienen su justificación en el «saber originario» acerca del lenguaje. Es indudable que existe el sentimiento de que las palabras de una lengua pertenecen a determinadas «clases» (o «tipos»): probablemente, la mayoría de los hablantes españoles piensan la palabra «Juan» como nombre (es decir, como nombre propio) y la palabra «verde» por lo menos como distinta de las palabras como *mesa, casa, jardín,* etc., y clasificable entre palabras como *rojo, pobre,* etc.

5.2.1. Esto ocurre, en primer lugar, porque a menudo las categorías del lenguaje parecen coincidir con las «categorías de la realidad», lo cual hace que no sea absurdo hablar de «nombres de objetos» («naturales»), o, viceversa, de un «pro-

---

[33] En este sentido parece acertada la observación de G. Devoto, *I frondamenti della storia lingüistica,* Florencia, 1951, pág. 22, de que una gramática «general» sólo puede subsistir como «esquema general de gramática».

ceso visto como sustancia». Sólo que habría que decir «nombres de objetos naturales concebidos como objetos», y «proceso real nombrado como sustancia conceptual», y no olvidar que la realidad se concibe mediante el lenguaje y no es toda «realidad natural».

5.2.2. En segundo lugar, es muy frecuente que haya una estrecha vinculación entre significados categoriales y significados léxicos. Es lo que ocurre en la mayoría de las lenguas indoeuropeas, en las que ciertos semantemas son típicamente nominales y otros semantemas son típicamente verbales. De aquí que no sea simplemente sin sentido el hablar de «formas nominales del verbo» (cf. 2.3.3.): lo que se dice con esta expresión es que ciertas formas comprobadas con valor categorial de «nombres» coinciden, como palabras FL (cf. 2.3.2.), con semantemas conocidos como «típicamente (aunque no exclusivamente) verbales». Por otra parte, las «formas» de una lengua no pueden corresponder indiferentemente a cualquier categoría verbal: suelen corresponder sólo a determinadas categorías, y a menudo a una sola categoría. Así, es verdad que 'todas las palabras de una lengua pueden ser nombres (comunes)' —aunque la mayoría de ellas sólo en el metalenguaje (como nombres de sí mismas), o, tratándose de formas que comúnmente son puros categoremas, sólo adquiriendo significado léxico (por ej., *el yo*)—; pero no es verdad lo contrario: no todas las formas que normalmente son sustantivos pueden ser también verbos o adjetivos [34]. Del mismo modo, todas las palabras que son nombres propios pueden emplearse también como nombres comunes, pero lo contrario ocurre sólo en casos históricamente determinados. Finalmente, para cada palabra léxica

---

[34] Ni siquiera en inglés: cf. J. Vergote, *ob. cit.*, págs. 27-28.

(FL) susceptible de funcionar con más de un significado categorial, una categoría suele ser «primaria» (aun en sentido sincrónico): no tenemos, en nuestras lenguas, significados léxicos puros (independientes) y que puedan aparecer en el habla, indiferentemente, con valor adjetivo, sustantivo, verbal o adverbial, sino que siempre uno u otro de estos valores está dado «originariamente». Así, por ejemplo, es evidente que para esp. *verde* el significado categorial 'adjetivo' es primario y que *verde*, sustantivo, «procede» de *verde*, adjetivo (mediante «sustantivación»), no al revés.

5.2.3. En tercer lugar, y es lo más importante, la «lengua» no es, para los hablantes, sólo «sistema funcional», o mera técnica vacía, sino que es también un «saber» acerca de los materiales con los que esa técnica se emplea tradicionalmente por la comunidad [35]. El individuo crea su expresión y estructura *su* lengua, pero no crea *la* lengua [36], que no sólo se le ofrece como *sistema*, sino que también se le «impone» como *norma*, como realización tradicional del sistema [37]. Ahora bien, la norma no realiza íntegramente el sis-

[35] Sobre la lengua como «saber», cf. A. H. Gardiner, *The Theory of Speech and Language*[2], Oxford, 1951, págs. 68-93.

[36] Cf., a este propósito, N. Hartmann, *Das Problem des geistigen Seins*[2], Berlín, 1949, págs. 213 y sigs.; H. Pos, «The Foundations of Word-Meanings. Different Approaches», en *Lingua*, I, 3, págs. 281 y siguientes; A. Pagliaro, «Logica e grammatica», en *Ricerche linguistiche*, I, 1, 1950, pág. 19, e *Il linguaggio come conoscenza*; págs. 62, 65, 85; *Sistema, norma y habla*, págs. 58-59 (en *TLLG*: 98-99).

[37] No se trata, tampoco en este caso, de una verdadera «imposición», pues el hablante, en cuanto individuo histórico, es él mismo elemento de una comunidad y agente de una tradición, que son *su* comunidad y *su* tradición: es decir que la determinación del hablar por la norma coincide con la determinación del individuo histórico como tal. Cf. G. Gentile, *Sommario di pedagogia come scienza filosofica*[5], I, Florencia, 1954, pág. 65: «E allora invece di tavolino potrei dir penna! — In astratto, certamente; ma in concreto no, per-

tema, lo realiza en un sentido determinado y, al mismo tiempo, mantiene elementos de sistemas anteriores [38]. Esto quiere decir que, en un estado de lengua, ciertos modos formales y ciertos valores semánticos se reconocen como «típicos», «usuales» o «normales». Estos modos formales y valores semánticos «usuales» pueden llamarse *categorías de la norma*, y son los que justifican la constitución de las «clases de la norma» o «del diccionario». Se trata, sin duda, de «clases» ambiguas por la elasticidad misma de la norma (que admite varias realizaciones igualmente «normales»), por el equilibrio inestable de la «lengua», así como por el hecho de que una lengua establecida histórica y culturalmente (*idioma*) abarca varias normas y varios sistemas [39] y por la «fecunda ambigüedad» del lenguaje, gracias a la cual «un signo puede apuntar a una cosa sin dejar de apuntar a otra» [40]. Así, un «verbo» de la norma admite también «formas nominales», y un «nombre propio» de la norma puede ser nombre común, en determinados empleos concretos. Por todo esto, las «categorías de la norma» no pueden ni definirse, como las categorías concretas del hablar, ni describirse

---

ché io che parlo ho una storia dietro a me, o meglio dentro di me, e sono questa storia: e però sono tale che dico e devo dir tavolino, e non altrimenti».

[38] Así, en inglés, desde el punto de vista del sistema, a cualquier adjetivo podría corresponder un verbo formalmente idéntico. Y, en efecto, para limitarnos a un solo campo, a *black, yellow, blue*, corresponden *to black, to yellow, to blue*; pero a *white* corresponden *to white* y *to whiten*; y a *red* no corresponde una verbo *to red*, sino sólo *to redden*, y otro verbo formalmente distinto: *to blush*. Varios ejemplos pueden verse en *Sistema, norma y habla*, págs. 42 y siguientes (en *TLLG*, 71 y sigs.).

[39] Cf. nuestro trabajo *Forma y sustancia en los sonidos del lenguaje*, Montevideo, 1954 [reimpr. en *TLLG*], págs. 28-29, 70-71 (en *TLLG*: 157-159, 226-227).

[40] W. M. Urban, *Language and Reality*, trad. esp. *Lenguaje y realidad*, México, 1952, pág. 89.

sistemáticamente, como las «categorías idiomáticas», sino sólo comprobarse como modos y valores «más frecuentes». Y tampoco se puede pretender que coincidan con las categorías reales, puesto que se establecen en un plano enteramente distinto, de abstracción estadística [41]. Pero, naturalmente, las «categorías normales» no pueden ignorarse, porque representan un aspecto importante del equilibrio precario de la «lengua» y actúan tanto en la conciencia de los hablantes como en la de los estudiosos que se ocupan del problema de las categorías verbales, constituyendo el fundamento de muchas de las actitudes que se adoptan a este respecto.

5.2.4. Además, las «categorías de la norma» —junto con otros factores, como las asociaciones que se dan en los acervos lingüísticos individuales, el conocimiento de las posibilidades del sistema, el saber acerca de la realidad de que se habla, la cultura lingüística y gramatical de los hablantes, etc.—, justifican las llamadas *categorías psicológicas*. Éstas no pertenecen propiamente al lenguaje, sino al sentimiento del hablante acerca del lenguaje. No se refieren a lo dicho *en* las palabras, sino a lo dicho *con* las palabras (para el hablante) y a lo dicho *por* las palabras (para el oyente). En otros términos, ellas no tienen de por sí validez intersubjetiva, sino sólo subjetiva (en el sentido corriente de esta

---

[41] Tales pretensiones las puede tener justificadamente, y con respecto a textos futuros, sólo la *gramática normativa*, la cual no es ni teoría, ni descripción, ni estadística, sino un cuerpo de recomendaciones, pues, como decía Campanella, 'constat ex autoritate usuque clarorum scriptorum' (cit. por A. Pagliaro, *Sommario di linguistica arioeuropea*, I, Roma, 1930, pág. 36). En el mismo sentido, B. Croce, «Il concetto della grammatica», en *Conversazioni critiche*, I², Bari, 1924, págs. 97-105, señala que la gramática normativa es la 'afirmación de una o más tendencias artísticas, el programa de un modo de hablar o escribir, propio o ajeno'.

palabra); no atañen a lo que propiamente se comunica, sino a lo que se sugiere mediante el lenguaje. Por lo tanto, tales «categorías» no pueden reducirse a ningún sistema, no se las puede ni definir, ni describir, ni comprobar «estadísticamente». A este propósito sólo cabe registrar «declaraciones». Pero tampoco las «categorías psicológicas» pueden ignorarse. En primer lugar, porque, en casos concretos, ellas pueden adquirir valor intersubjetivo, gracias a la situación, al contexto y al universo de discurso [42]. Y, en segundo lugar, porque el lenguaje no significa *para* el científico que lo estudia objetivamente, sino para los hablantes y oyentes, y todo lo que los hablantes piensan, creen o sienten acerca del lenguaje constituye objeto de la lingüística tanto como el lenguaje mismo [43]. Todas las «declaraciones» que se registren merecen, pues, atención. Si se refieren a palabras concretas, su misma variedad revela indirectamente el poder sugestivo del texto considerado. Y si son de índole general, ellas adquieren el carácter de «descripciones psicológicas» y pueden contener intuiciones importantes acerca de aspectos esenciales.

5.3. Finalmente, las confusiones más arriba señaladas se deben en buena parte a nuestra tradición gramatical. En efecto, las «categorías» de la gramática empírica tradicional son *categorías convencionales*, que se confunden con las clases de palabras y se establecen sobre bases heterogéneas, con la aplicación simultánea de varios criterios. En el mismo sistema se suelen coordinar las «categorías» (o clases) del

---

[42] Acerca de estos conceptos, cf. nuestro estudio «Determinación y entorno. Dos problemas de una lingüística del hablar», en *RJb*, VII, 1955-56 [reimpr. en *TLLG*], págs. 46-51 (en *TLLG*: 310-319).

[43] Cf. *Forma y sustancia en los sonidos del lenguaje*, págs. 58-59 (en *TLLG*: 206-207).

sustantivo y del verbo, establecidas sobre bases semánticas, y la del adverbio, establecida sobre bases «funcionales» (sintácticas). Además, la cópula (que, desde el punto de vista semántico, debería corresponder a una categoría autónoma) se incluye entre los verbos por razones morfológicas (flexión) y la clase del adjetivo se constituye con criterios al mismo tiempo semánticos y «funcionales» (incluyendo los llamados «adjetivos demostrativos» y «posesivos» —que son «pronombres adjetivos»—, y hasta los numerales). Tales «categorías» son, evidentemente, arbitrarias e híbridas. Sin embargo, también ellas se justifican plenamente en el plano que les es propio. En realidad, el criticarlas desde el punto de vista teórico o científico es absurdo y equivale, *mutatis mutandis*, a criticar a un maestro de música porque desconoce la estética o a un jardinero porque desconoce las clasificaciones de la botánica. Esto porque la gramática empírica no se propone fines teóricos o científicos sino eminentemente prácticos y utilitarios y, por lo tanto, sólo puede criticarse desde el punto de vista de su utilidad, la cual, contrariamente a lo que a menudo se afirma [44], no queda de ningún modo afectada por la arbitrariedad e «irracionalidad» de sus categorías. Es, sin duda, erróneo tomar a esta gramática como pauta para la teoría o para la descripción científica. Pero en tal caso el error no está en la gramática empírica, sino en quienes la adoptan como modelo para tareas esencialmente distintas, es decir, en quienes confunden —en un sentido o en otro— el conocimiento práctico con el conocimiento teórico.

---

[44] Cf., por ejemplo, R. A. Hall jr., «Science Comes to Languages», en *Symposium*, I, 1, págs. 40-50, y la réplica, en este aspecto acertada, de M. A. Pei, «...Or does it?», *ibid.*, págs. 51-59.

6.1. Así, pues, lejos de estar equivocados «todos menos uno», los varios enfoques que se adoptan con respecto a las categorías verbales son, en realidad, complementarios y son todos legítimos, dentro de determinados límites y según las finalidades que nos propongamos. En efecto, los diversos criterios de deslinde tienen todos su justificación, aunque en planos distintos y desde distintos puntos de vista. Además, las varias posiciones aparentemente antitéticas representan todas desarrollos y modificaciones unilaterales del mismo «saber originario». Por lo tanto, los conflictos que a este propósito se registran —salvo los casos de evidente arbitrariedad— son a menudo más bien aparentes que reales: los teóricos adversarios no expresan opiniones diferentes acerca de las mismas cosas, sino que hablan de cosas distintas o, por lo menos, de aspectos diversos de las mismas cosas.

Lo que no se justifica, en cambio, es que se confundan los varios puntos de vista y los varios planos de investigación, o que un enfoque se considere como exclusivo y se adopte también para finalidades que quedan totalmente fuera de su alcance, como se hace cuando se pretende «definir» lo semántico en términos formales o psicológicos. En efecto, las categorías «idiomáticas», «normales», «psicológicas», etc., pertenecen todas al ámbito de las categorías verbales, pero no son *las* categorías verbales.

6.2. El dato fundamental que nos ofrece el «saber originario» acerca del lenguaje —y que aquí se ha tratado de poner de manifiesto y trasladar al plano del «conocimiento distinto»— es que las categorías verbales son *modos significativos* de las palabras en la actividad lingüística concreta. A estos modos significativos corresponden, en lenguas determinadas, determinados esquemas formales; y, en la «norma» de una lengua, ellos pueden comprobarse como «va-

lores más frecuentes» atribuidos a ciertas formas. Por lo
tanto, la definición de las categorías sólo puede ser semántica. Pero los esquemas formales pueden, naturalmente, des-
lindarse y describirse, y los valores «más frecuentes» pueden
registrarse, para cada lengua en particular. Por otra parte
—acerca de las palabras que corresponden a una categoría—,
pueden hacerse «comprobaciones» de orden histórico y «declaraciones» de orden psicológico. Todos estos enfoques son
útiles y necesarios y pueden arrojar luz sobre el problema
de las categorías, mas no coinciden con su definición. Además, hay que tener presente que las categorías verbales no
coinciden con las «clases» de palabras y que el significado
«categorial» no se identifica con el significado «léxico».

[1955].

(*Revista de Lingüística Aplicada,* 10, Concepción,
Chile, 1972, págs. 7-25.)

III

ALCANCES Y LÍMITES DE LA GRAMÁTICA CONTRASTIVA

0.1. Esta ponencia podrá, sin duda, parecer demasiado crítica, escéptica y orientada en sentido negativo, puesto que en ella, especialmente en la primera parte, se destacan ante todo ciertos puntos débiles y ciertas deficiencias de la gramática contrastiva corriente. Para evitar malentendidos, será bueno, pues, dejar sentado desde el comienzo que, en efecto, se ha elegido de propósito este planteamiento negativo, entre otros planteamientos posibles, pero no para rechazar la gramática contrastiva, sino sólo como punto de partida de la interpretación y como marco de la discusión. Por un lado, este planteamiento negativo debe actuar como estímulo, para que ciertos puntos cuestionables puedan ser aclarados o matizados en la discusión. Por otro lado, al destacarse los aspectos negativos, los límites de la gramática contrastiva podrán ser trazados de forma más clara de lo que se ha hecho hasta ahora en la práctica usual de este tipo de gramática, pero, con esto, podrá, al mismo tiempo, establecerse más estrictamente su sentido propio y se podrán determinar con mayor exactitud sus alcances y sus posibilidades positivas.

0.2. Para ello debemos, sin embargo, distinguir desde el comienzo y ante todo, por lo menos en principio, entre la gramática contrastiva tal como hoy se practica y una gramática contrastiva plenamente consciente de sus principios, tareas y posibilidades.

1.1. La gramática contrastiva usual es, como es sabido, eminentemente práctica, o sea que está encauzada hacia el aprendizaje de lenguas extranjeras, precisamente, a partir de la correspondiente lengua materna. De aquí que esta gramática plantee casi exclusivamente problemas del siguiente tipo: «¿Qué hay en la lengua B (la lengua que se pretende aprender, 'lengua de llegada') para la sección x de la lengua A ('lengua de partida', o lengua materna), y viceversa?». Y —también por razones puramente prácticas— se consideran sobre todo, y hasta exclusivamente, aquellos casos en los que en la lengua de llegada aparece algo que, desde el punto de vista de la lengua de partida, 'no se espera', es decir, los casos en los que las secciones x_1 y x_2 de las dos lenguas, que en cierto sentido se corresponden, no presentan estructuración análoga. La pregunta típica de la gramática contrastiva es, por tanto: «¿Qué es aquello que no coincide en las dos lenguas?». Esta gramática investiga en primer lugar c o n t r a s t e s interidiomáticos, mejor dicho, comprueba simplemente, con fines prácticos, tales contrastes.

1.2. Pero, para poder considerar las secciones x_1 y x_2 como correspondiéndose desde el punto de vista práctico (o sea, en su realización en el hablar) y como, en este sentido, comparables, hay que suponer un t e r t i u m c o m p a r a-t i o n i s idéntico para ambas lenguas. Este 'tertium comparationis' es en la gramática contrastiva usual —aun cuando ello no se diga expresamente— lo e n t e n d i d o en y por

las oraciones, es decir, el «significado de habla» de las oraciones, o incluso la designación («referencia») oracional. Es
decir que la cuestión que en realidad se plantea es —como,
tácitamente, también en la práctica de la traducción—:
«¿Con qué medios lingüísticos no análogos pueden tales y
cuales oraciones de la lengua A y de la lengua B expresar
los mismos contenidos de pensamiento?». O bien, de forma
más general: «¿Cuáles son los tipos de oraciones de la lengua A y de la lengua B que, siendo estructuradas de manera distinta, «dicen» sin embargo «lo mismo», o sea, designan
los mismos hechos extralingüísticos?».

1.3.1. Ahora bien, suponer cierta identidad ideal de los
contenidos de pensamiento no carece de justificación y es incluso necesario, pero no sin limitaciones, pues no todos los
contenidos de pensamiento pueden separarse de la estructuración lingüística (idiomática) de la experiencia. Además, tal
separación presupone, precisamente, la estructuración lingüística: la designación, la referencia a lo extralingüístico,
depende, en efecto, de los significados lingüísticos (no a la inversa) y es, con respecto a éstos, algo secundario. La designación puede h a c e r s e independiente de los significados de
lengua —lo que, en el fondo, ocurre en los lenguajes construidos por la lógica, en los lenguajes técnicos, y también en las
secciones técnicas de las lenguas históricas mismas—, pero
sólo a través de una operación secundaria a la que las estructuraciones idiomáticas (dadas por las lenguas) necesariamente
preceden. De aquí que el planteamiento aludido pueda implicar peligros, desde el punto de vista práctico y científico, si
se acepta que la lengua de llegada dice realmente «lo mismo»
que la lengua de partida, pues esto puede aceptarse sin reparos sólo para aquellos contenidos de pensamiento que son
efectivamente separables de la estructuración idiomática.

1.3.2. Pero la identificación de los contenidos de pensamiento, en este sentido, «separables» o «no separables» constituye uno de los problemas más difíciles de la lingüística, quizás el más difícil, y que, por otra parte, tampoco ha sido investigado suficientemente hasta ahora. En el estado actual de la investigación sólo se puede decir que debemos, en principio, distinguir dos estratos de contenidos de pensamiento: un estrato estrechamente conexo con las respectivas lenguas, en cuanto configuraciones primarias del mundo, y un estrato que corresponde más bien al hablar por medio de las lenguas sobre un mundo ya configurado lingüísticamente. Los contenidos de pensamiento «no separables» de las lenguas pertenecen al primer estrato; los separables, al segundo. Se puede también decir que los dos estratos corresponden, aunque sólo de un modo muy aproximado, a los dos dominios del significado léxico y del significado oracional o gramatical. Así, por ejemplo, es lícito afirmar que oraciones como alem. *Das gefällt mir*, ingl. *I like this*, fr. *Cela me plaît* ~ *J'aime cela*, it. *Questo mi piace*, esp. *Esto me gusta*, port. *Gosto disso*, expresan sustancialmente el mismo contenido de pensamiento, lo que, en cambio, no ocurre, naturalmente, con *gefallen, to like, plaire* o *aimer, piacere, gustar* y *gostar*. Pero el léxico de las lenguas abarca también vocabulario técnico y, por tanto, contenidos de pensamiento independientes (o que se han hecho independientes), y, por otra parte, las oraciones pueden ser, por ejemplo, clasificatorias, es decir que pueden referirse precisamente a la estructuración lingüística, y, en tal caso, corresponden, desde luego, al estrato de contenidos de pensamiento no separable de la lengua respectiva (así, por ejemplo, *Esto es negro, esto es pardo*, frente a una lengua que no distinga entre «negro» y «pardo»).

1.3.3. Y, en lo que concierne a los contenidos de pensamiento no separables de las lenguas, hay que hacer ulteriores distinciones. En este caso, una lengua B p u e d e pero no d e b e decir «lo mismo» que una lengua A; y aun ese 'poder decir' está sometido al menos a una limitación muy importante, a saber: la lengua B puede decir lo mismo si sus propios contenidos son más generales que los de la lengua A, pero no si sus contenidos son menos generales, más específicos que los de la lengua A. Así, por ejemplo, al contenido más general de esp. *negro* se pueden añadir las determinaciones complementarias *con luminosidad, sin luminosidad* (o bien: *brillante, opaco*), para expresar de este modo los contenidos de lat. *niger* y *ater*, respectivamente, pero lo contrario no puede hacerse: en latín no se puede decir simplemente «negro», sin ninguna referencia a la luz. Así pues, si en una lengua debe hacerse una distinción más específica, no es posible renunciar a ella; si, en cambio, tal distinción más específica no se hace primariamente en una lengua, ella puede, en principio, expresarse también en esta lengua. Lo cual no significa de ningún modo que se exprese efectivamente en cada caso, pues esto depende de la decisión ocasional del hablante. Por lo demás, también por otras razones —por ejemplo, debido a las fijaciones idiomáticas o a determinados hábitos del hablar característicos para las varias comunidades lingüísticas—, en las lenguas, a menudo, no se dice todo lo que podría decirse.

1.3.4. Por ello, también la cuestión que estamos discutiendo debe, en parte, formularse de otra manera: no «¿Cómo se dice 'lo mismo' en la lengua B?», sino más bien «¿Qué se dice efectivamente en la lengua B en una situación análoga o con referencia al mismo hecho?» (lo que, en rigor, ocurre de hecho en la praxis de la gramática contrastiva, así como en la praxis de la traducción, aunque la mayoría de las veces tácitamente y con fundamentación sólo intuitiva). En efecto, si se compara el hablar por medio de lenguas diferentes, se comprueba que en situaciones análogas se dice también algo totalmente distinto de lo que se podría decir, y hasta que no se dice nada, aunque algo podría decirse (y en otras lenguas se dice).

1.4. En este mismo planteamiento se procede, además, como si las diferencias que se esperan fueran exclusivamente lingüísticas; es decir que se admite tácitamente que con las dos lenguas se habla sobre la misma experiencia del «mundo» y que la aportación del conocimiento de las «cosas» extralingüísticas al hablar es en ambas lenguas la misma o, al menos, aproximadamente la misma, lo que, sin duda, para las grandes lenguas investigadas contrastivamente hasta ahora, es en muchos sentidos cierto. Pero tal supuesto no es cierto en todo sentido —tampoco para las grandes lenguas del mundo—, ni mucho menos en general, es decir, para todas las lenguas pasadas, existentes y posibles, pues la experiencia misma del mundo a la que el hablar por medio de distintas lenguas se refiere es en parte diferente. Ello se comprueba ya en el caso de las grandes lenguas internacionales, sobre todo en lo que concierne al mundo de la tradición cultural, aunque no tanto en lo que concierne a la experiencia corriente (o de la «naturaleza»). Pero desde un punto de vista más general hay que contar también con la posibilidad de experiencias corrientes radicalmente distintas. En una comunidad de caníbales se habla de la carne de otro modo que entre nosotros, y en el país de los tuertos se hablará de otro modo de los ojos (ahí «Me gusta mucho tu ojo oscuro» sonará totalmente normal). Al referirnos a nuestras posibilidades, hablamos de lo «humanamente posible», pero Polifemo habría podido decir que ha hecho lo «ciclópeamente posible» (como, en efecto, dice en un cuento de Moravia, en *I sogni del pigro*).

1.5.1. En lo que atañe a la relación entre el hablar y las lenguas a las que éste corresponde, se admite, en el planteamiento que estamos discutiendo, que en las lenguas contrastadas los mismos significados de habla, o las mismas designaciones oracionales, se expresan o pueden expresarse por medio de «categorías» (significados de lengua) diferentes; sin embargo, para los fines prácticos que persigue la gramática contrastiva, las categorías (las funciones de lengua) no necesitan ser definidas e interpretadas con exactitud. Basta con que se las «señale» unívocamente en el plano de la expresión, lo cual puede lograrse también por la mera indicación de sus nombres (si son unívocos; por ejemplo: 'imperfecto', 'passé défini', etc.), o por la indicación y enumeración de las formas correspondientes (por ejemplo, en el caso de un sistema pronominal).

1.5.2. De aquí, también, que sea en el fondo indiferente qué tipo de gramática descriptiva se sigue en cada caso. Descripciones tradicionales, estructurales o transformacionales pueden, en principio, prestar el mismo servicio con tal que sean lo suficientemente explícitas (sin que, por otra parte, lo explícito para la comprensión humana tenga de algún modo que coincidir con lo explícito para una máquina generadora de oraciones). Con todo, la descripción estructural y funcional parece ser la más apropiada para los fines de la comparación contrastiva, ya que tal descripción permite o facilita el paso de los significados de habla a las funciones lingüísticas propiamente dichas y favorece con ello la comprensión interna de la lengua de llegada; la menos apropiada parece ser la gramática transformacional, que impide precisamente este paso. La gramática tradicional, si bien nos dice c u á n d o (es decir, para qué fines expresivos) se dice esto o aquello, permanece, sin embargo, en el plano de los tipos de significados de habla («acepciones»), con lo cual la justificación de esos significados por medio de las correspondientes funciones idiomáticas se le escapa. La gramática transformacional —puesto que, en realidad, es g r a m á t i c a d e l h a b l a r por medio de las lenguas (y no gramática de las lenguas en cuanto tales, como tan a menudo —y tan erróneamente— se piensa)— parecería a primera vista, por así decir, como hecha expresamente para los fines prácticos de la gramática contrastiva, es decir, para el aprendizaje de las lenguas. Pero ello no es así por una razón fundamental, a saber, porque la gramática transformacional no sólo descuida, sino que incluso ignora deliberadamente el eje paradigmático de las lenguas, es decir, las unidades funcionales de cada lengua que justifican las posibilidades de empleo de las formas correspondientes. Tal gramática nos señala, por cierto, si esto o aquello se dice o puede decirse —o sea, cuáles son las oraciones que en el hablar por medio de una lengua pueden considerarse como «gramaticales» o «correctamente generadas»—, pero, a diferencia de la gramática tradicional, no nos dice c u á n d o , para qué funciones, han de emplearse las oraciones mismas. El que, con todo, los transformacionalistas lo digan a veces no tiene nada que ver con los p r i n c i p i o s de la gramática transformacional, ya que en el marco de estos principios no hay ningún lugar para los paradigmas idiomáticos como tales. Para suplir tal falla no sirve, por supuesto, el que se aluda a las funciones por medio de símbolos motivados funcionalmente, como *SN* ('sintagma nominal'), *SV* ('sintagma verbal'), *Aux* ('verbo auxiliar'), etc., pues con ello se tienen nombres, no funciones. Y tampoco sirve el que el eje paradigmático se reduzca al eje sintagmático, por ejemplo, por medio de las llamadas «restricciones semánticas», pues de este modo se

justifican las combinaciones, pero no la elección paradigmática: se dice, por ejemplo, si es lícita o ilícita una combinación *xy*, cuando ya se ha elegido *x* o *y*, pero no para qué fin o
con qué fundamento se elige primero paradigmáticamente *x*
o *y*. Peor aún es cuando se llega a identificar la llamada «estructura profunda» con la designación de los «estados de
cosas» extralingüísticos —tendencia, ésta, que resulta cada vez
más clara en la praxis de la gramática transformacional—,
o sea, cuando, por ejemplo, las expresiones activas y pasivas
que se refieren a los mismos hechos, o expresiones como *con
el cuchillo — utilizando un cuchillo — para ello utilizo un cuchillo*, etc., se interpretan, en cada caso, como 'de igual significado', pues con ello se justifican, sin duda, las paráfrasis
en una misma lengua y las traducciones a otras lenguas de
los significados de habla, pero, al mismo tiempo, se ignoran
tanto más radicalmente las funciones de lengua como tales.
Así, en el caso del segundo ejemplo que se acaba de mencio-
nar, se justifican las distintas paráfrasis posibles dentro del
español para el significado de habla «instrumental» de *con
el cuchillo*, así como las correspondencias en otros idiomas
(por ej., ingl. *with a knife*, it. *col coltello*, lat. *cultrō*, rus.
nožom, etc.), pero, al mismo tiempo, se desatiende necesariamente la unidad funcional de la construcción *con x* en la
lengua española misma, es decir, la conexión entre el significado de habla supuesto para *con el cuchillo* y otros significados de habla que pueden comprobarse para la misma construcción *con x* en otros casos (por ejemplo: *con miel, con
este punto, con ternura, con María*, etc.) y, en parte, incluso
en la construcción *con el cuchillo* (por ejemplo, *con el cuchillo pongo también el tenedor, empiezo con el cuchillo, el hombre con el cuchillo*, etc.). El hecho de que la condición de que
las transformaciones ocurran «sin cambio del significado»
(*meaning*) se interpreta tan a menudo en el sentido de que

tengan que ocurrir «sin cambio de la designación» admite, por otra parte, todo tipo de arbitrios (el parafrasear puede ser, en efecto, casi ilimitado) y borra las fronteras entre las transformaciones convencionales y las transformaciones r e a - l e s , es decir, justificadas por el significado de lengua en cuanto tal (como, por ejemplo, it. *mi trovavo vicino* → *poiché mi trovavo vicino* → *trovandomi vicino*).

1.6.   Hay que observar, además, que en la elaboración de gramáticas contrastivas —como en la descripción idiomática— se parte por lo común de una lengua ya codificada y «normalizada». De aquí que en la gramática contrastiva se consideren muy poco, o casi no se consideren, la posibilidad de utilizar en la actividad de hablar la variedad de la lengua histórica (por ejemplo, las diferencias sociales o regionales) y el grado de tal utilización en las diversas comunidades lingüísticas.

1.7.   Finalmente, en la gramática contrastiva corriente —al igual que en las gramáticas descriptivas en que se funda—, no se distinguen, o, al menos, no se distinguen suficiente ni expresamente, los estratos gramaticales, los dominios de la gramática y los planos de estructuración de la técnica gramatical (y, por ende, de gramaticalidad objetiva). Esto se advierte muy en particular —y, precisamente, también desde el punto de vista práctico— por lo que concierne a la distinción entre s i s t e m a de la lengua y n o r m a de la lengua. He aquí algunos ejemplos tomados de una gramática contrastiva anglo-italiana (F. B. Agard y R. J. Di Pietro, *The Grammatical Structure of English and Italian,* Chicago-Londres, 1965). Las construcciones ahí aducidas *ci vi rechiamo, ci vi vediamo* («nos trasladamos allí», «nos vemos allí») son, como la construcción normal *mi ci reco* («me traslado allí»), posibles en el sistema de la lengua italiana, pero, a diferencia de *mi ci reco*, no pertenecen, sin embargo, a la norma de la lengua, pues simplemente no se dicen; y tampoco pertenece a la norma italiana la construcción, posible en el sistema de la lengua, *lo (la, le li) ne tolgo*. Asimismo, es cierto que en las construcciones con verbos modales, en el caso de los verbos que se conjugan con el auxiliar *essere*, hay, en principio, «libre elección» entre *essere* y *avere* (por ejemplo, *siamo dovuti uscire* ∼ *abbiamo dovuto uscire*, «hemos debido salir»). Pero en la norma de la lengua, con *volere, dovere* y *potere* se prefiere el verbo auxiliar *essere*; con *sapere* se emplea más bien *avere*; y con *solere*, ninguno de los dos, ya que *solere* no tiene siquiera perfecto perifrástico (en *sono solito, solito* es adjetivo, y el tiempo de la construcción es el presente). Las construcciones del tipo *è stato studiando, dev'esser stato studiando* son totalmente correctas desde el punto de vista del sistema de la lengua, pero no son corrientes en el uso lingüístico; en lugar de *essendo qui vicino (volevo salutarla)*, se prefiere en el uso lingüístico normal *trovandomi qui vicino*, etc.

1.8.1.   De aquí que la gramática contrastiva corriente sea incompleta, y, ello, no sólo en sentido descriptivo, sino también en lo que concierne a sus mismos fines prácticos: en sentido descriptivo, porque insiste ante todo en los contrastes (lo que en las lenguas comparadas es igual o aproximadamente igual es poco interesante desde el punto de vista contrastivo), con lo cual, la mayoría de las veces, las conexiones entre los fenómenos contrastivos y los no contrastivos, dentro de cada una de las lenguas, pasan necesariamente inadvertidas; y en lo que concierne a sus fines prácticos, por los rasgos señalados en 1.4., 1.6. y 1.7.

1.8.2. Al mismo tiempo, la gramática contrastiva, tanto por sus fines prácticos como por el 'tertium comparationis' que tácitamente adopta (cf. 1.2.), es necesariamente incoherente e n c u a n t o g r a m á t i c a. Por un lado, debe contar también con correspondencias «vacías» o «correspondencias cero» (a un fenómeno *x* en el hablar por medio de la lengua A puede simplemente no corresponder nada en el hablar por medio de la lengua B); por otro lado, frente a ciertos hechos estructurados gramaticalmente en una lengua, debe admitir en la otra correspondencias en otros dominios de la estructuración lingüística (en el léxico y hasta en fonología). Así, para la muletilla corriente en francés *remarquez* (que al italiano puede a menudo «traducirse» por *guardi*), no se presentan en alemán, en la mayoría de los casos, sino 'correspondencias cero' (aunque a veces pueda emplearse un *wissen Sie,* o algo parecido); para port. *se Deus quiser,* por ejemplo, en *Até amanhã, se Deus quiser* («Hasta mañana, si Dios quiere»), no se dice normalmente nada en alemán, francés e italiano. La diferencia entre esp. *tenía un hijo* y *tuvo un hijo* puede hacerse léxicamente en alemán: *hatte einen Sohn — bekam einen Sohn* (pero cf. más abajo); esp. *¿tiene un lápiz?* corresponde a alem. *Haben Sie einen Bleistift?,* mientras que esp. *¿tiene lápices?* puede también ser algo así como *Sind Sie mit Bleistiften versorgt?;* it. *andava (spesso)* corresponde a ingl. *he used to go;* it. *vada pure, sarebbe andato* pueden, muchas veces, corresponder en inglés a (*he) may go, he was supposed to go;* esp. *debe hacerlo — no debe hacerlo,* fr. *il doit le faire — il ne doit pas le faire* corresponden en alemán a *er muss (soll) es machen — er braucht es nicht zu machen* y *er darf es nicht machen.* La diferencia alemana entre *er darf wissen* y *er dürfte wissen* puede hacerse fonológicamente en inglés: *he may know* puede corresponder a lo uno o a lo otro, pero con distinto acento oracional; las partículas alemanas (*zwar, wohl, ja,* etc.) tienen en las lenguas románicas, las más de las veces, correspondencias cero o correspondencias de entonación. Ahora bien, mediante la comprobación de tales correspondencias, se alcanza, sin duda, el objetivo práctico de la gramática contrastiva (en efecto, desde el punto de vista contrastivo es importante que una diferencia perteneciente a la gramática de una lengua pueda o deba hacerse en otro campo en otras lenguas), y a este respecto pueden hacerse observaciones aun teóricamente interesantes (por ejemplo, sobre la diversidad de los límites entre gramática, léxico y fonología en las diversas lenguas); pero para la comparación entre las estructuras puramente gramaticales, apenas si se logra algo con ello. Al contrario: esta comparación queda más bien dificultada por esas comprobaciones. Así, por ejemplo, en el caso de esp. *tenía/tuvo* frente a alem. *hatte/bekam,* ya que tal posibilidad de diferenciación léxica dista mucho de existir en alemán para todos los verbos españoles, e incluso en el caso de *tenía/tuvo* la correspondencia *hatte/bekam* no es en modo alguno constante (cf., por ejemplo, TUVO *un hijo y le perdió* — *er* HATTE *einmal einen Sohn und hat ihn verloren*).

2.0. Pero ¿cuál puede ser el valor de una gramática contrastiva considerada idealmente, e independientemente de la contingencia de la praxis actual?

2.1. Es evidente, ante todo, que la gramática contrastiva, aun una gramática contrastiva ideal, no puede tener valor metodológico independiente. En efecto, es necesario que exista ya algún método para la descripción e interpretación de los hechos lingüísticos, para que estos hechos puedan ser contrastados de manera adecuada (o sea, con criterios unitarios). De aquí que la gramática contrastiva como tal no pueda ser método de e x p o s i c i ó n de los hechos, sino sólo un tipo de a p l i c a c i ó n sobre la base de lo ya expuesto con otros medios: desde el punto de vista racional, la exposición precede siempre a la aplicación, aun cuando empíricamente se realicen o puedan realizarse ambas al mismo tiempo.

2.2. En segundo lugar, la gramática contrastiva no puede tener valor descriptivo propio, si se acepta el principio de que la descripción debe referirse en primer lugar, precisamente, a las funciones idiomáticas como tales, y no a los significados de habla o a las designaciones oracionales. Ahora bien, como ya se ha visto, dos lenguas diferentes pueden también decir «lo mismo» por medio de categorías totalmente diversas. De aquí que en la gramática contrastiva —si se le atribuye valor descriptivo— se presente más bien un serio peligro, a saber, el de equiparar entre sí funciones lingüísticas radicalmente diferentes de distintas lenguas sólo por su coincidencia en la designación o, al revés, el de considerar las funciones unitarias de una lengua como conglomerados casuales de diversas funciones, o sea, como casos de «polisemia», en vista de la multiplicidad de las correspondencias en otra lengua. Así, por ejemplo, en el caso anteriormente mencionado de al. *hatte/bekam* frente a esp. *tenía/ tuvo*, existe el peligro de equiparar sencillamente la oposición léxica del alemán con la oposición gramatical del español o, al revés, de interpretar como «polisémico» esp. *tener,* debido a la doble correspondencia alemana *haben-bekommen,* mientras que en realidad ello pertenece a la esperable «polivalencia» (= multiplicidad de significados de habla o «acepciones») del significado de lengua único y unitario de esp. *tener* y no tiene absolutamente nada que ver con la «polisemia» propiamente dicha (= igualdad de la expresión material para diversos significados de lengua, es decir, para diversas funciones unitarias dentro de la misma lengua).

2.3. En tercer lugar, y por último, la gramática contrastiva tampoco puede tener valor teórico propio en lo que concierne a la interpretación de las categorías idiomáticas. En efecto, también interpretaciones erróneas pueden permitir una aplicación contrastiva completamente correcta. La d e - f i n i c i ó n de las funciones no necesita ser exacta en esta aplicación; es suficiente que sea exacta su i d e n t i f i c a - c i ó n ('mostración'); cf. 1.5.1. Que nuestras secciones x_1 y x_2 se interpreten erróneamente desde el punto de vista de las lenguas respectivas, puede, por tanto, ser indiferente: lo contrastivamente importante son más bien su exacta delimitación y su confrontación. Así, por ejemplo, en la gramática anteriormente citada de Agard y Di Pietro se interpreta it. *ecco* como verbo, lo que es al menos discutible, y los pronombres personales átonos *mi, ti, ci*, etc. se consideran como una categoría verbal («parte de la oración») particular («pro-complements»), lo cual estriba en una confusión entre significado c a t e g o r i a l y significado s i n t á c t i c o. Esto, sin embargo, no afecta a la aplicación contrastiva, toda vez que se dice claramente cómo se usan estas formas en italiano y cuáles son sus correspondencias en inglés.

2.4. Así, pues, en lo que concierne a cada lengua en particular, la gramática contrastiva, como rama de la lingüística aplicada, tiene que conformarse con su valor práctico. En el sentido metodológico, descriptivo y teórico, sólo puede aspirar, a este respecto, a un valor h e u r í s t i c o indirecto, aunque de ningún modo desdeñable. En efecto, los hechos mismos de cada lengua pueden a menudo captarse con más facilidad y resultar más patentes desde el punto de vista contrastivo, ya sea como contrastes o como coincidencias entre las lenguas consideradas. Es lo que, en otro lugar («El aspecto verbal perifrástico en griego antiguo», en *Actas del III Congreso Español de Estudios Clásicos*, tomo 3, *Coloquio de estudios estructurales sobre las lenguas clásicas*, Madrid, 1968, págs. 93-116 [reimpr. en *Estudios de lingüística románica*, Madrid, 1977, págs. 231-262]), nosotros mismos hemos tratado de mostrar, para las perífrasis verbales del griego antiguo y de las lenguas románicas.

2.5.   El auténtico valor propio de la gramática contrastiva reside en otro campo: el de la c o m p a r a c i ó n (no genealógica) de las lenguas. Contrastivamente pueden comprobarse sintomáticas analogías y diferencias en la estructuración lingüística, con lo cual pueden lograrse importantes datos de carácter general acerca de la esencia y del funcionamiento de las lenguas. Pero el problema de tales analogías y diferencias apenas si ha sido planteado hasta la fecha por la gramática contrastiva como tal. Ha sido más bien la llamada 'estilística comparada' —emparentada, por lo demás, con la gramática contrastiva— la que, especialmente en su forma denominada 'comparación lingüística multilateral', ha tomado conciencia de esta posibilidad.

3.0.   Para poder plantear correctamente los problemas propios de la comparación, habría, sin embargo, que reformar la gramática contrastiva, y, ello, a partir de los modelos mismos de descripción en que se funda.

3.1.1.   Ante todo, hay que establecer una serie de distinciones que preceden a la descripción de la estructura lin-

güística o gramatical como tal, en particular, la distinción
entre condicionamiento por las «cosas» y condicionamiento
propiamente lingüístico del hablar, la distinción entre unidades diatópicas, diastráticas y diafásicas dentro de la lengua histórica ('dialectos', 'niveles' y 'estilos de lengua') y la
distinción entre 'discurso repetido' y 'técnica libre del discurso'; cf. sobre esto nuestro estudio «Structure lexicale et
enseignement du vocabulaire», en *Actes du premier colloque
international de linguistique appliquée*, Nancy, 1966, páginas 181-203 (trad. esp. en *PSE*, págs. 95-122). Tales distinciones deben hacerse, no para excluir lo no estructurado lingüísticamente (idiomáticamente) —como ocurre (y debe ocurrir) en la descripción estrictamente estructural—, sino para
valorarlo positivamente en relación con el hablar real y para
que lo estructurado lingüísticamente pueda presentarse mejor delimitado y de forma más clara. Antes de contrastar las
estructuras de distintas técnicas lingüísticas, hay que contrastar, pues, los correspondientes presupuestos objetivos
del hablar, las «arquitecturas» de las respectivas lenguas históricas (es decir, su configuración espacial, socio-cultural y
estilística) y los tipos de 'discurso repetido' usuales en las
correspondientes comunidades idiomáticas.

3.1.2. El condicionamiento del hablar por parte de las
«cosas», es decir, la aportación de la experiencia extralingüística al hablar, se ha considerado ya brevemente más
arriba (1.4). Citemos aquí otro hecho más: si en el inglés
de Norteamérica se han hecho frecuentes también en el hablar cotidiano construcciones como *Lincoln, Nebraska; Chi-
cago, Illinois; Madison, Wisconsin*, e incluso *Washington,
D. C.*, ello depende de un tipo de condicionamiento por las
«cosas», precisamente del hecho de que en los Estados Unidos tantos nombres de ciudades se presentan a menudo

repetidos, en varias regiones. También a la posibilidad de utilizar en el hablar las 'diferencias arquitectónicas' dentro de la lengua histórica nos hemos referido ya más arriba (1.6). Un típico ejemplo «contrastivo» de esto lo ofrece el distinto grado de utilización de las diferencias socio-culturales y regionales en Francia y Alemania. En Francia, también en el hablar correspondiente a la lengua común, se utilizan en medida mucho mayor las diferencias socio-culturales (por ejemplo, diversas formas del «langage populaire»), mientras que, por el contrario —en el hablar de la gente culta— las diferencias regionales se utilizan mucho menos. En Alemania, en cambio, se emplean en primer lugar las diferencias regionales (por ejemplo, al contar chistes), y mucho menos las diferencias socio-culturales, dado que en la comunidad lingüística alemana lo «popular» coincide la mayoría de las veces con lo «dialectal». Finalmente, en lo que concierne al 'discurso repetido', para la comunidad lingüística española, por ejemplo, son característicos los refranes; para la comunidad lingüística italiana, las expresiones que proceden de textos de óperas y operetas (todo italiano adulto conoce como ya fijadas y usuales locuciones como: *il cavallo scalpita, che gelida manina, un bel dí vedremo*, etc.); y en las comunidades protestantes son mucho más corrientes que en las católicas las citas de la Biblia y las alusiones bíblicas.

3.2. En la estructura gramatical misma (prescindimos aquí de la estructura fónica y léxica) hay que comprobar y delimitar cuidadosamente lo siguiente:

a) Los e s t r a t o s g r a m a t i c a l e s, o sea, según las lenguas: unidad mínima, palabra, grupo de palabras, cláusula, oración y, eventualmente, «texto» (para una teoría de los estratos gramaticales, aceptable en lo esencial, cf. M. A.

K. Halliday, «Categories of the Theory of Grammar», en *Word*, 17, 1961, especialmente págs. 251-254).

b) Las p r o p i e d a d e s   d e   e s t o s   e s t r a t o s : superordinación, subordinación, coordinación, sustitución ('pronominalización').

c) Los d o m i n i o s   d e   l a   g r a m á t i c a : gramática «constitucional» ('morfología', en sentido amplio), gramática funcional (paradigmática funcional de los varios estratos), gramática relacional (relaciones entre paradigmas distintos, incluidas las llamadas transformaciones, que, en rigor, sólo constituyen un tipo determinado de relaciones).

d) Los p l a n o s   d e   e s t r u c t u r a c i ó n   d e   l a   t é c n i c a   i d i o m á t i c a (y, por ende, los grados objetivos de 'gramaticalidad'): norma de la lengua, sistema, tipo lingüístico (distinción, que, sin embargo, vale también para la estructura fónica y léxica).

3.3.0.   En todos estos aspectos pueden comprobarse diferencias entre las lenguas.

3.3.1.   El número de los estratos gramaticales puede ser diferente en las distintas lenguas. Como muy acertadamente observa Halliday, sólo dos estratos son universalmente necesarios: el de las unidades mínimas y el de la oración (pues en toda lengua debe haber por lo menos elementos mínimos combinables y unidades estructurales del decir): los otros pueden faltar, desde e l   p u n t o   d e   v i s t a   g r a m a t i c a l. Así, en muchas lenguas la palabra y el grupo de palabras (aun existiendo, claro está, como hechos léxicos) no existen como estratos gramaticales autónomos (es decir que en estas lenguas no hay funciones gramaticales que sean propias de la palabra como tal o del grupo de palabras) o lo son en medida mucho menor que en otras lenguas. Es lo que ocurre, por ejemplo, con el latín frente a las lenguas románicas. En latín, la palabra y el grupo de palabras se presentaban las más de las veces como ya determinados para tales y cuales funciones oracionales (así, un sustantivo se presentaba como «nominativo», «genitivo», «dativo», etc.). En cambio, en las lenguas románicas, las categorías gramaticales del género y del número, por ejemplo —que en latín no se expresaban independientemente de los casos—, se expresan en el estrato mismo de la palabra, independientemente de la función de ésta en la oración; por ello, precisamente, en nuestras lenguas la palabra constituye un estrato gramatical autónomo. Y también existen en las lenguas románicas funciones propias del estrato gramatical del grupo de palabras (cf., por ejemplo, en español, las oposiciones como: *el árbol / un árbol, el manso buey / el buey manso, el pobre hombre / el hombre pobre*).

El estrato del «texto», normalmente, está estructurado desde el punto de vista idiomático sólo en medida bastante limitada: por ejemplo, en lo que concierne a ciertos hechos demarcativos y de conexión (pasos de oración a oración, sustituciones, procedimientos de enumeración), que, en efecto, pueden ser diferentes según las lenguas. Otras estructuras textuales (como, por ejemplo, el 'soneto', el 'relato', la 'novela', etc.), no pertenecen a la estructuración propia de las lenguas y, en consecuencia, tampoco pertenecen a la gramática.

3.3.2. También pueden ser diferentes el alcance y las clases de las propiedades de los estratos gramaticales. A este respecto, hay que establecer para cada lengua q u é puede ser superordinado (o subordinado, coordinado, sustituido) y c ó m o se realiza en cada caso la propiedad considerada.

En español e italiano, las palabras como *llueve, piove* pueden ser «superordinadas», y, ello, ilimitadamente (es decir que tales palabras pueden representar por sí solas cualquier estrato superior, inclusive los estratos de la oración y del «texto»), pero no así las palabras como *la, un* (si se prescinde, desde luego, del uso metalingüístico). En cambio, en alemán, francés e inglés, tampoco las palabras como *regnet, pleut, rains* pueden funcionar como oraciones sin un «sujeto vacío» (*es, il, it : es regnet, il pleut, it rains*).

Algo similar vale para la «subordinación», es decir, para el funcionamiento de estructuras superiores en estratos inferiores. Así, por ejemplo, en alemán la subordinación por medio del participio presente está sometida a muchas más limitaciones que la subordinación inglesa por medio de las formas en *-ing* o que la subordinación italiana por medio de gerundios (cf. ingl. *he sat in the library reading a book*, it. *sedeva nella biblioteca leggendo un libro*, mientras que en alemán se dice normalmente *er sass in der Bibliothek und las ein Buch*, «estaba sentado en la biblioteca y leía un libro», y mucho menos corrientemente *ein Buch lesend sass er in der Bibliothek*). En inglés, un grupo de palabras como *King of England* puede ser subordinado (es decir que puede funcionar como palabra y recibir morfemas de palabra, por ejemplo, el morfema *-s* del genitivo), por lo cual una expresión como *the King of England's army* puede ser ambigua; en cambio, tal subordinación no es posible en las lenguas románicas ni en alemán (cf. it. *il re dell-esercito d'Inghilterra — l'esercito del re d'Inghilterra*; esp. *el rey del ejército de Inglaterra — el ejército del rey de Inglaterra;* al. *der König des Heeres von England — das Heer des Königs von England*). Y es sabido que la posibilidad de la subordinación en la forma llamada «composición de palabras» es muy diferente en las distintas lenguas.

Del mismo modo, la coordinación del tipo lat. *maior et qui prius imperaverat* no es posible en alemán, mientras que sí lo es en las lenguas románicas; en cambio, coordinaciones como lat. *recte et vera loqui, dictator de se pauca ac modice locutus* no son admisibles ni en alemán ni en las lenguas románicas. En español, como en otras muchas lenguas, es totalmente corriente la coordinación de expresiones nominales en los títulos como, por ejemplo, *El lobo y el zorro*; en turco, en cambio, se diría en este caso «Con el lobo, el zorro». Y, en lo que concierne a los tipos de coordinación, cabe recordar, por ejemplo, que la coordinación copulativa en latín, con sus tres posibilidades (*et, atque* y *-que*), estaba estructurada de muy otro modo que la coordinación alemana o la románica (cf. al respecto nuestro estudio «Coordinación latina y coordinación románica», ahora en *Estudios de lingüística románica,* Madrid, 1977, págs. 203-230).

Muy numerosas, y a menudo llamativas, son las diferencias entre las lenguas en el campo de la sustitución. Así, por ejemplo, una sustitución global de las oraciones como la que ocurre en español por medio de *sí* y *no* no era posible en latín. Y en lo que concierne a los tipos de esta misma sustitución, la estructuración francesa (*oui, non, si*) corresponde a la alemana (*ja, nein, doch*), mientras que las restantes lenguas románicas presentan una oposición esencialmente binaria (del tipo esp., it. *sí — no*); y la correspondiente sustitución rusa también es binaria (*da — net*), pero manifiesta una distinción diferente de la de las lenguas románicas (pues expresa el acuerdo o el desacuerdo con lo dicho en las respectivas preguntas, independientemente de su signo positivo o negativo). En el retomar las formas verbales perifrásticas, por ejemplo, en la respuesta, se puede suprimir en alemán el verbo principal, es decir que se pue-

de sustituir toda la forma verbal perifrástica por el solo
auxiliar (por ejemplo, *Hast du schon gegessen?* — *Habe ich*;
Wirst du auch singen? — *Ja, ich werde,* etc.); lo mismo ocurre en servio-croata (*Jesi li čitao?* — *Jesam; Čitat-ćeš?* —
Hoću) y en portugués (*Tens viajado?* — *Tenho*), mientras
que en rumano sería posible, en tal caso, a lo sumo una respuesta con la forma ya empleada del verbo principal, mas
no con el verbo auxiliar (*Ai văzut?* — *Văzut,* pero no **Am*).
En la coordinación de adverbios de modo, el morfema adverbial (*-mente, -ment*) se expresa en español y catalán, normalmente, una sola vez: en español, en el último adverbio; en
catalán, en el primero (cf. esp. *le habló dura y francamente*,
cat. *li parlà durament i franca*). En cambio, en francés hay
que expresarlo en cada caso, y lo mismo es lo normal en
italiano (cf. fr. *il lui parla durement et franchement*; it.
gli parlò duramente e francamente). Asimismo, las categorías que aparecen en la sustitución son muchas veces diferentes, no sólo de las de las oraciones primarias en la misma lengua, sino también según las lenguas. En alemán, como
en otras muchas lenguas, la distinción de número queda neu-
tralizada en las preguntas por el sujeto y por otras funciones nominales, ya que en tales casos sólo puede aparecer el
singular: *Wer ist gekommen?* y *Wer sind diese Leute?*; cf.,
en cambio, esp. *¿Quién vino?* — *¿Quiénes vinieron?, ¿Quiénes son estas personas?* De forma parecida se neutralizan
a menudo en la sustitución las distinciones de género, y, ello,
también en distinta medida, según las lenguas; así, por
ejemplo, en alemán: *Was ist das?, Das ist ein Baum, Das
sind Türen, Welches ist der Unterschied?, Welches sind diese
Städte?* (siempre con el neutro singular); en francés, en
cambio, sólo: *Qu'est-ce que c'est? C'est..., Ce sont...,* pero:
Quel est...? Quelle est...? (cf. también rus. *èto on*, literalmente, «esto es él»; servio-croata: *to je...,* «esto es...», *to*

su..., «esto son...»); en italiano, en cambio, y, la mayoría de las veces, también en español, tal neutralización ocurre sólo cuando no se dice o no puede decirse el género, por ejemplo: it. *Che cos'è questo?* esp. *¿Qué es esto?*, pero *Questo è un albero, Questa è una porta, Éste es un árbol, Ésta es una puerta.* En estos casos se trata de una reducción del número de las categorías que aparecen en las oraciones primarias. En cambio, en inglés aparecen en la sustitución por pronombres personales diferencias de género (*he, she, it*) que no se expresan en los nombres como tales. Y ciertas categorías pueden incluso ser propias y características de la sustitución solamente. Así, por ejemplo, en alem. *Ich bin* ES (en cuanto respuesta a una pregunta como: *Sind Sie Arzt?*, «¿Es usted médico?»), aparece una función sustitutiva especial (la sustitución pronominal del nombre predicativo), que sólo por casualidad coincide con una forma de complemento directo; lo mismo sucede en francés, italiano y español (*Je* LE *suis,* Lo *sono,* Lo *soy*), pero no en inglés (*Yes, I am*), ni en rumano.

3.3.3. Las diferencias que conciernen a los dominios de la gramática —sobre todo, claro está, las «constitucionales» y las funcionales— son, sin duda, las mejor conocidas, ya que los 'dominios' representan como tales el «corpus» principal tanto de la gramática tradicional como de la gramática estructural. Pero hay que identificarlas con exactitud y distinguirlas cuidadosamente unas de otras, pues muchas veces las diferencias en el dominio constitucional, funcional y relacional no coinciden entre sí. Así, por ejemplo, en el caso de los complementos de lugar expresados por ciertos nombres de ciudades en latín, español e italiano:

Romae	en Roma	a Roma
Roman.	a Roma	
Romā	de Roma	da Roma

En este ejemplo, el latín y el español son completamente diferentes el uno del otro desde el punto de vista constitucional, es decir, en la expresión material de las funciones; pero desde el punto de vista funcional las dos lenguas son parecidas, ya que en ambas las funciones respectivas son análogas. En cambio, el italiano es parecido al español desde el punto de vista constitucional (pues las funciones consideradas se expresan del mismo modo en ambas lenguas, o sea, por medio de preposiciones), pero no desde el punto de vista funcional, ya que la oposición funcional italiana es binaria, mientras que la española es ternaria; y del latín, el italiano se aparta tanto en lo constitucional como en lo funcional. En el caso de *idem homo / homo ipse* frente a *le même homme / l'homme même*, el latín y el francés son análogos desde el punto de vista funcional, pero son completamente distintos desde el punto de vista constitucional. Similar es el caso de:

Lat.	It.	Esp.
omnis homo	ogni uomo	todo hombre
totus homo	tutto l'uomo	todo el hombre

Aquí también, la configuración funcional es análoga en las tres lenguas, pero desde el punto de vista constitucional el italiano va con el latín para la primera función (si se prescinde de la posibilidad *tutt'uomo*) y con el español para la segunda. Algo distinto, y al mismo tiempo más complicado, ocurre en el caso de las interrogativas directas en latín y en español:

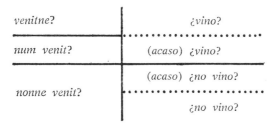

venitne?	*¿vino?*
num venit?	(*acaso*) *¿vino?*
nonne venit?	(*acaso*) *¿no vino?*
	¿no vino?

En este caso, la diferencia entre ambas lenguas es, no sólo constitucional, como a menudo se cree, sino, al mismo tiempo, también funcional, ya que la oposición española básica no es ternaria, sino binaria. La función latina *num venit?* es en español sólo una posibilidad de variación dentro de la función *¿vino?*; pero esta posibilidad existe en español también para la función correspondiente a lat. *nonne venit?*

En lo que concierne a lo relacional, podemos referirnos otra vez al primer ejemplo aducido en este párrafo. Los complementos de lugar «ampliados», del tipo *in urbe Romā, in urbem Romam, ex urbe Romā*, se hallan en latín en relación idiomática interna con *Romae, Romam, Romā*, y los dos paradigmas son constitucionalmente diferentes. El español tiene en la ampliación, en el fondo, el mismo paradigma que en el complemento de lugar simple (*en la ciudad de Roma, a la ciudad de Roma, de la ciudad de Roma*); paradigma que, en este caso, es similar también constitucionalmente al paradigma latino correspondiente. El italiano tiene para lo mismo un paradigma ternario (*nella città di Roma, alla città di Roma, dalla città di Roma*) que constitucionalmente es similar tanto al correspondiente paradigma latino como al paradigma español, pero que desde el punto de vista funcional no coincide ni con el paradigma latino ni con el español. En el paradigma no predicativo del pronombre posesivo antepuesto, el español va con el alemán y francés (por ejemplo, *mi libro — mein Buch — mon livre*), y las tres lenguas se oponen al italiano (*il mio libro*); algo diferente se comprueba si se añade el aspecto relacional, pues en el paradigma predicativo del posesivo el francés, por lo menos en parte, sigue siendo similar al alemán (*ce livre m'appartient — dieses Buch gehört mir*), mientras que el español se muestra análogo al italiano (*este libro es mío — questo libro è mio*).

En lo que atañe a la relación entre los dominios de la gramática y la práctica de la enseñanza de las lenguas, hay que hacer notar que las diferencias en el dominio constitucional son relativamente más fáciles de aprender; muchas más dificultades ofrecen, en cambio, las diferencias funcionales y relacionales, que, por otra parte, son también mucho más importantes para el conocimiento de las lenguas.

3.3.4. Muy cuidadosamente hay que atender, por último, a los planos de estructuración idiomática a que pertenecen las diferencias entre las lenguas, pues de ello dependen de forma inmediata, por un lado, la aceptabilidad virtual y, por otro, la aceptabilidad concreta del hablar. Ciertas diferencias pueden, en efecto, corresponder sólo a la n o r m a de la lengua (o sea, a la realización tradicionalmente usual de las funciones), otras, en cambio, al s i s t e m a (es decir, a los procedimientos distintivos y a las funciones opositivas como tales), y otras todavía, al tipo lingüístico (es decir, a las clases y categorías de procedimientos y funciones). Así, las diferencias funcionales entre el español y portugués afectan frecuentemente sólo al plano de la norma (por ejemplo, en el caso de la oposición *ser — estar*); el español e italiano, a pesar de la diversidad de sus sistemas, pertenecen al mismo tipo lingüístico; asimismo, el alemán y el griego antiguo se muestran a menudo similares desde el punto de vista tipológico; en cambio, el francés se aparta de las restantes lenguas románicas, no sólo en lo que concierne al plano del sistema, sino también, y hasta en medida mayor, en lo que concierne al plano del tipo lingüístico.

Las diferencias que afectan al plano del tipo lingüístico, aunque científicamente son del mayor interés, no tienen, sin embargo, importancia inmediata desde el punto de vista práctico. En cambio, la distinción entre sistema y norma de la lengua es, como ya se ha señalado más arriba (1.7.), importante e imprescindible, precisamente, también para el aprendizaje práctico de las lenguas. En efecto, no se habla con el mero sistema de la lengua, es decir, sólo con las funciones idiomáticas como tales. Los sistemas lingüísticos no se realizan de forma inmediata, sino siempre a través del plano de la norma, lo cual implica todo tipo de limitaciones y fijaciones. Lo que concuerda con el sistema de una lengua es, sin duda, idiomáticamente 'correcto', comprensible y virtualmente aceptable; sin embargo, el hablar real correspondiente a un sistema lingüístico sigue también una determinada norma de realización (o varias normas diferentes). Así, por ejemplo, alem. *natürlich* corresponde en italiano y español, en el plano del sistema, a *naturalmente*; pero en la norma de las lenguas italiana y española se encontrará muchas veces para alem. *natürlich*, no *naturalmente*, sino *si capisce che... y claro está que...* (o *por supuesto, desde luego*): es decir que los italianos y los españoles no emplean el contenido «naturalmente» en todos aquellos casos en los que lo emplean los alemanes. Para alem. *aus Versehen, versehentlich,* se podría decir en italiano *per (una) svista* y en español *por (un) descuido,* y ello sería en todo caso comprensible en las dos lenguas; sin embargo, en muchas situaciones en que los alemanes dicen *aus Versehen,* los italianos y los españoles dicen *senza volerlo* y *sin querer(lo),* o sea al. «ohne es zu wollen» (lo que, en cambio, no dicen los alemanes en las mismas situaciones). Para ital. *dipendo da questo,* en alemán se encuentra muchas veces, no *ich bin davon abhängig, ich hänge davon ab* —lo que sería posible sin más según el sistema—, sino *ich bin darauf angewiesen.* Alem. *sicher ist sicher* significa literalmente en italiano «sicuro è sicuro» (o «quel che è sicuro è sicuro»), pero la equivalencia italiana normal para ello es *è meglio andar sicuri.* El inglés *to wish* significa indudablemente al. «wünschen», it. «desiderare», esp. «desear»; sin embargo, para ingl. *I wish* se empleará muchas veces en alemán *ich würde gern, ich möchte,* en italiano, *mi piacerebbe,* y en español, *me gustaría.* Ital. *non ne ho avuto il tempo,* literalmente, alem. «ich habe keine Zeit dafür gehabt», corresponde muchas veces en la norma de la lengua alemana a *ich bin nicht dazu gekommen* («no he llegado a ello»). Ital. *è inutile,* esp. *es inútil,* literalmente, alem. «es ist nutzlos», se emplean también en situaciones en las que los alemanes dicen *es hat keinen Zweck* («no tiene finalidad»). Así, pues, no basta saber lo que p o d r í a d e c i r s e en una lengua: hay que saber también lo que s e d i c e n o r m a l m e n t e y e n d e t e r m i n a d a s s i t u a c i o n e s. Dicho de otro modo: para crear y entender lo que es posible en una lengua, hay que conocer el sistema de la lengua correspondiente; para hablar efectivamente una lengua como los nativos, hay que conocer también la norma o las normas de la lengua misma.

Pero, sobre todo, no se puede traducir la norma de una lengua por el sistema de otra, pues en tal caso se obtendrían a menudo expresiones simplemente ininteligibles. Así, por ejemplo, no se puede traducir alem. *Kein Eingang* («se prohibe entrar») por **nessuna entrata, *aucune entrée, *ninguna entrada,* ni alem. *es hat keinen Zweck* por it. *non ha (nessuno) scopo.* Alem. *Schade!* puede traducirse literalmente al francés —pues también los franceses dicen, precisamente, lo correspondiente a alem. «Schade(n)» *(dommage)*—, pero no al inglés, español, portugués, italiano y rumano, ya que los ingleses y españoles dicen para ello, literalmente, alem., «welch ein Mitleid» *(What a pity!, ¡Qué lástima!),* los portugueses, alem. «welch ein Schmerz» *(Que pena!),* los italianos y rumanos, alem. «welch eine Sünde» *(Che peccato!, Ce păcat!).* Cf. también los casos siguientes: it. *E' pratico? —* al. *Kennen Sie sich aus?;* al. *Was ist los? —* it. *Che succede?, Che c'è?,* fr. *Qu'est-ce qu'il y a?,* esp. *¿Qué pasa?;* al. *In Ordnung! —* it. *In regola!,* fr. *D'accord!;* fr. *Tant pis! —* esp. *¡Paciencia!,* it. *Pazienza!* (y en alemán, algo así como: *Na gut! Man kann nichts dafür);* fr. *Je le pense bien —* al. *Das will ich meinen;* al. *Es ist weiter nichts —* it. *E' una sciocchezza* (o *Non è nulla d'importante, Non fa nulla);* al. *Ist das Ihr Ernst? —* it. *Lo dice sul serio? (Parla sul serio?),* esp. *¿Habla en serio?,* y fr., muchas veces, *Sans blague!;* al. *Soll das ein Witz sein? —* it. *Stai (state, sta) scherzando?* y fr., otra vez, *Sans blague!;* al. *Eben! —* esp. *¡Pues sí!* (o *¡Sí, señor!);* al. *Weit gefehlt! —* it. *Errore!* (o *Nossignore!);* al. *Bleib (doch) ruhig! —* it. *Stai buono!;* al. *Ich komme zu nichts mehr —* it. *Non riesco più a fare nulla,* etc., etc.

También la definición r e a l de la corrección idiomática —especialmente en lo que concierne a lo idiomáticamente nuevo, a lo no dicho todavía— depende de la misma distinción. En efecto, idiomáticamente «correcto» es, en sentido concreto, aquello que se crea de acuerdo con el sistema de la lengua y, al mismo tiempo, no contraviene ninguna norma lingüística ya existente. Para que lo nuevo sea también a c e p t a b l e , es necesario, además, que esté justificado por una finalidad expresiva. Pero la finalidad expresiva puede hacer aceptables también infracciones de la norma, e incluso del sistema de la lengua (por ejemplo, cuando es precisamente la transgresión idiomática lo que importa en un discurso o «texto»).

4. Sólo cuando se realice todo lo que se ha esbozado aquí en los rasgos generales —y se trata de un programa de trabajo gigantesco—, la gramática contrastiva se convertirá en g r a m á t i c a d e s c r i p t i v a (s i n c r ó n i c a) c o m- p a r a d a y podrá contribuir en medida apreciable al estudio comparativo de las lenguas y a la solución de los respectivos problemas, en particular del problema de los llamados 'universales' del lenguaje. Decimos los «llamados» universales porque los 'universales' de que en este caso se trata no son en absoluto los universales propiamente dichos. En efecto, hay que advertir que en la discusión actual sobre los universales lingüísticos, especialmente en relación con la gramática transformacional, dominan, lamentablemente, mucho desconcierto y todo tipo de confusiones. 'Universal', en el sentido propio de la palabra, es, o lo conceptualmente esencial (n e c e s a r i o), o lo conceptualmente p o s i b l e . Tratándose del lenguaje, es 'universal' aquello que pertenece a la esencia —a lo «eidético»— del lenguaje como tal (o de las lenguas) y aquello que está justificado por el concepto

de «lenguaje» (o por el concepto de «lengua»), es decir, lo que se puede deducir de estos conceptos mismos o lo que es posible de acuerdo con estos conceptos (en este segundo sentido, sería 'universal' también un fenómeno que se haya comprobado en una sola lengua: precisamente, como p o - s i b i l i d a d u n i v e r s a l del lenguaje). En cambio, en el caso de la gramática contrastiva, y, en general, de la comparación de lenguas, no se trata propiamente de lo 'universal', sino sólo de lo e m p í r i c a m e n t e g e n e r a l , es decir, de lo que ha sido comprobado empíricamente en todas las lenguas hasta ahora estudiadas. Si lo empíricamente general parece a veces coincidir con lo universal, ello se debe a que, probablemente, en realidad se trata de algo universal cuyo fundamento conceptual todavía se nos escapa.

(Probleme der kontrastiven Grammatik [= *Jahrbuch 1969 des Instituts für deutsche Sprache*], Düsseldorf, 1970, págs. 9-30; también en *Reader zur kontrastiven Linguistik*, publ. por G. Nickel, Frankfurt am Main, 1972, págs. 39-58.)

IV

SEMÁNTICA, FORMA INTERIOR DEL LENGUAJE Y ESTRUCTURA PROFUNDA

0.1. Las reflexiones contenidas en esta comunicación resultarán, quizás, para algunos, demasiado críticas y poco benévolas. Subrayemos, pues, expresamente desde el principio que esto no corresponde a la intención del autor, que entiende su crítica en sentido eminentemente positivo y desearía que sus puntualizaciones fueran interpretadas, precisamente, como aportación positiva a la unidad de la lingüística.

0.2. Se trata de establecer el sentido propio de la llamada teoría transformacional y, con ello, su lugar en el ámbito de la lingüística. Para este fin consideraremos algunos conceptos fundamentales de la gramática transformacional y los examinaremos a la luz de su relación con conceptos de la teoría lingüística 'pretransformacional'.

1.1. Noam Chomsky, *Current Issues in Linguistic Theory*, La Haya, 1964, pág. 17, cree poder equiparar el concepto humboldtiano de «forma lingüística» con las reglas generativas («generative rules») de su propia lingüística (cf. también *Aspects of the Theory of Syntax*, Cambridge, Mass., 1965, pág. 9). Para tal equiparación se funda, evidentemente, en la semejanza casual de ciertos términos (como *Erzeugung*, «producción, generación» — *generative process*), sin reparar en que los conceptos correspondientes funcionan, en Humboldt y en la gramática transformacional, en contextos completamente diferentes y, lo que es más, arraigan en concepciones y modos de pensar totalmente distintos.

1.2. Pero —si se prescinde del parecido meramente superficial—, semejante equiparación carece en realidad de toda justificación filológica y filosófica. En efecto, 'forma' significa constantemente en Humboldt una sola cosa, a saber, «aquello que estructura u organiza algo»: «lo estructurante» («formante») con respecto a «lo estructurado» («formado»). Referido al lenguje, este concepto —y, precisamente, según la relación estructurante-estructurado pertinente en cada caso— puede aplicarse en tres sentidos diferentes, como, por otra parte, sucede en el propio Humboldt (cf. la interpretación esencialmente correcta de H. Steinthal, *Die sprachphilosophischen Werke Wilhelm's von Humboldt*, Berlín, 1884, págs. 256 y sigs.). En primer lugar, y en el sentido más general, el concepto de «forma» puede aplicarse al lenguaje en general y a su relación con la realidad extralingüística, y, en este sentido, el lenguaje es «forma» de la aprehensión de la realidad, de la intuición del mundo: es lo que organiza primariamente la experiencia humana del «mundo». En segundo lugar, el mismo concepto puede aplicarse a las lenguas, también en cuanto a su relación con la realidad extralingüística: en este sentido, c a d a lengua es u n a «forma» y las diferentes lenguas son formas diferentes. Finalmente, el concepto de «forma» puede aplicarse a la relación idiomática interna entre los hechos particulares de una lengua y los principios en que éstos se fundan, y, en este sentido, la forma lingüística es el principio orgánico de estructuración (o el conjunto de principios de estructuración) de cada lengua: cada lengua t i e n e una «forma» determinada, es decir que contiene los principios de su propia formación y de su desarrollo. En este tercer sentido, el concepto de «forma» lingüística puede identificarse de la manera más exacta con el auténtico concepto tradicional de «tipo lingüístico» (concepto, lamentablemente, a menudo mal interpretado).

1.3. Ahora bien, ninguno de estos tres empleos del concepto de forma lingüística corresponde a las reglas generativas de la gramática transformacional, tampoco el tercero, pues, en primer lugar, en Humboldt no se trata de lo operacional, sino de lo real y, en segundo lugar, no se trata del hablar p o r m e d i o d e la lengua, del empleo puramente sincrónico de la lengua en la actividad de hablar, o sea, de la p r o d u c c i ó n d e o r a c i o n e s de acuerdo con reglas idiomáticas ya dadas, sino de la p r o d u c c i ó n d e l a l e n g u a misma. Chomsky, *Current Issues*, pág. 22, quisiera atribuir esta no coincidencia —de la que, de algún modo, se percata, a pesar de la identificación que se ha visto— a una pretendida falla de la concepción del lenguaje de Humboldt. Según él, Humboldt no distinguió con claridad entre «rule-governed creativity» y «rule-changing creativity», pues, por otra parte, los instrumentos técnicos necesarios para tratar la «'rule-governed creativity' as distinct from the 'rule-changing creativity'» sólo se habrían elaborado «during the past few decades in the course of work in logic and foundations of mathematics». Pero claro está que esta afirmación no puede tomarse en serio. En efecto, cabe tener por universalmente sabido que ya Aristóteles distinguió de manera expresa y con toda claridad las acciones no creativas, que sólo aplican una *dýnamis* ya dada, de la actividad creadora anterior a la *dýnamis*, y, ello, sin haber esperado los progresos de los últimos decenios en el campo de la lógica y de la investigación acerca de los fundamentos de la matemática. Y no es menos sabido, por otra parte, que Humboldt conocía muy bien la distinción aristotélica. Por consiguiente, si no distinguió expresamente entre «rule-governed creativity» y «rule-changing creativity», ello se debe únicamente a que pensaba sólo en la creatividad propiamente dicha, es decir, en la segunda «creativity». Pues la llamada «rule-governed creativity», la «production of new sentences», o sea, el mero empleo de la lengua en el hablar, no sería siquiera, en la concepción del lenguaje de Humboldt, «creatividad», ni «producción» lingüística, ni «actividad» propiamente dicha (*Tätigkeit*) o *enérgeia*. Para Humboldt, por tanto, las reglas generativas de Chomsky pertenecerían simplemente a lo p r o d u c i d o , no a la p r o d u c c i ó n .

1.4.   Por ello, el Humboldt del que hoy en día se habla con tanta frecuencia en las publicaciones transformacionalistas no es el Wilhelm von Humboldt histórico, sino a lo sumo un híbrido «Noam von Humboldt». Y, de todos modos, el objeto de la gramática transformacional n o e s , justamente, la lengua como sistema dinámico de producción en el sentido de Humboldt.

2.1.   Pero, puesto que según Humboldt la forma de una lengua se divide en una «forma exterior» y otra «interior», siendo la segunda en cierto sentido, «mas profunda» que la primera (por no ser aprehensible de manera inmediata), Chomsky cree poder ir aún más lejos y equiparar el concepto humboldtiano de «forma interior», al menos en lo que concierne a las oraciones, con su propio concepto de «underlying structure» o «estructura profunda» (*Aspects*, páginas 198-99).

2.2. El concepto de «forma interior» se refiere en Humboldt, como es sabido, a la organización específica de los contenidos de una lengua: a la estructuración idiomática de los significados, tanto gramaticales como léxicos. Los ejemplos aducidos para ello en *Über die Verschiedenheit des menschlichen Sprachbaues*, § 21, no permiten ninguna duda al respecto. Estos ejemplos son, precisamente, en el dominio gramatical, la organización categorial de los sistemas verbales del sánscrito y del griego y, en el dominio léxico, los nombres del elefante en sánscrito, el cual, dice Humboldt, «unas veces se llaman *el que bebe dos veces*, otras, *el de dos dientes*, y otras aún, *el provisto de una mano*».

2.3.1. Ahora bien, ¿corresponde acaso esta «forma interior» a la «estructura profunda», concepto, éste, no definido nunca con exactitud y que, por otra parte, desde la aparición de las *Syntactic Structures*, flota cada vez más en lo indeterminado? En los desarrollos más recientes de la gramática transformacional (por ejemplo, en el caso de Lakoff), se comprueba, en efecto, la tendencia a equiparar la estructura profunda simplemente con el «meaning» de las oraciones. Con ello podría surgir la impresión de que se trata efectivamente de la forma interior de Humboldt.

2.3.2. Pero, si se consideran las cosas algo más de cerca, se advierte que no es así. Expresiones como *A es mayor que B* ∼ *B es menor que A*, *El tacón es demasiado bajo* ∼ *El tacón no es suficientemente alto*, *Caesar Pompeium vicit* ∼

Pompeius a Caesare victus est, Corto el pan con el cuchi-llo ∿ *Corto el pan empleando para ello un cuchillo* ∿ *Corto el pan. Para ello utilizo como instrumento un cuchillo,* etc., se consideran en efecto, en esos desarrollos de la gramática transformacional, en cada caso como 'sinónimas' o 'de igual significado', y, por ende, como correspondientes a la misma estructura profunda, mientras que es evidente que no se tra-ta del s i g n i f i c a d o (contenido de lengua), sino de la d e s i g n a c i ó n, o sea, de la relación de estas expresiones con lo extralingüístico, mejor dicho, de los mismos «estados de cosas» a que se hace referencia. Tales expresiones son en cada caso 'equivalentes', es decir, 'sinónimas en la designa-ción', pero no tienen el mismo significado desde el punto de vista idiomático. De aquí, también, que como método para establecer la supuesta igualdad del *meaning* se emple la paráfrasis: en efecto, la paráfrasis se funda, cada vez, en la identidad de los «estados de cosas» designados, o sea, en la equivalencia en la designación, la cual, sin embargo, pue-de lograrse también por medio de contenidos idiomáticos totalmente diferentes.

2.4. En el conjunto significativo que puede llamarse 'significación actual de la oración', hay que diferenciar, en realidad, una serie de planos: 1) la d e s i g n a c i ó n, o sea, la referencia al estado de cosas extralingüístico; 2) el s i g -n i f i c a d o 'e s t r u c t u r a l', es decir, el contenido pro-piamente sintáctico de la oración: la significación de la es-tructura interna de la oración considerada (que puede ser, por ejemplo, activa o pasiva); 3) el v a l o r ó n t i c o asigna-do a la oración misma, o sea, la determinación externa de su significado estructural, pues el mismo estado de cosas «ideal» (pensado) puede ser presentado de varias maneras desde el punto de vista óntico o existencial (a esto se refie-

ren los valores como: positivo, negativo, imperativo, interrogativo); 4) la s i g n i f i c a c i ó n 'p r a g m á t i c a' (es
decir, el contenido «mediato», condicionado situacional y
ocasionalmente, por ejemplo, el sentido informativo de la
oración). Ahora bien, en la gramática transformacional —justamente porque su punto de vista es más bien el del h a -
b l a r   p o r   m e d i o   d e   l a   l e n g u a que el de la l e n -
g u a como tal, y es, por tanto, un punto de vista más bien
lógico que propiamente lingüístico—, el tercer plano se reduce al primero, mientras que el segundo y el cuarto se asignan a la llamada estructura superficial (que, sin embargo,
debiera presentar el mismo *meaning* que la estructura profunda), o sea que toda la significación oracional se reduce
simplemente a la designación. De aquí, precisamente, las
tan numerosas semejanzas 'profundas' entre lenguas diferentes y los muchos (supuestos) 'universales' que comprueba a cada paso la gramática transformacional: muy a menudo, se trata en realidad de estructuras significativas radicalmente distintas pero que son equivalentes en la designación, por lo cual son tenidas por 'idénticas en la estructura
profunda'. La «identidad» que con esto se presume es, en
el fondo, identidad extralingüística: es, simplemente, la
i d e n t i d a d   d e l   m u n d o   c o m o   t a l, y de ningún modo identidad de las lenguas consideradas.

2.5. La comprobación de la identidad del mundo como
tal es, sin embargo, un lugar común que no precisa ser de-
mostrado por la lingüística: esta identidad se supone ya de
antemano y es, lingüísticamente, de todo punto irrelevante,
pues el interés auténticamente lingüístico se concentra, precisamente, en la diversidad o semejanza de las estructuras
significativas por las que se designa el mismo mundo extralingüístico. Éste era, justamente, también el punto de vista

de Humboldt, quien diferenciaba cuidadosa y expresamente entre la forma interna y lo «objetual», los hechos extralingüísticos entendidos como tales. En efecto, en relación con el ejemplo ya mencionado de los nombres del elefante, Humboldt escribe lo siguiente: «Así, aunque se entiende siempre el mismo objeto, con estos nombres se designan otros tantos conceptos diferentes, pues el lenguaje no representa nunca los objetos como tales, sino siempre los conceptos que, con respecto a ellos, forma libremente el espíritu en la producción del lenguaje mismo. Y de esta formación —en el sentido en que, por ser totalmente interna, debe, en cierto modo, considerarse previa al sentido de la articulación—, es de lo que se trata aquí». Por otra parte, ya en su estudio *Über das Entstehen der grammatischen Formen und ihren Einfluss auf die Ideenentwicklung*, 1822, había distinguido Humboldt, con numerosos ejemplos, entre estado de cosas pensado y significado lingüístico y había advertido repetidamente del peligro de partir de las traducciones a otras lenguas, puesto que «esas traducciones, en la medida en que conciernen a las formas gramaticales, son casi siempre falsas y proporcionan una visión gramatical totalmente distinta de la del hablante [nativo]». Recordemos aquí algunos de sus ejemplos: caribe *aveiridaco*, en la traducción, «serías», pero literalmente «el día de tu ser»; en la lengua lule: *a-le-ti-pan*, «hecho de tierra», pero literalmente «tierra-de-ellos-hacer», y *caic tucuec*, «suelo comer», pero literalmente «yo como, yo suelo»; «mejicano» [azteca] *ni-tlaçotlaz-nequia*, «quería amar», pero en realidad «yo, yo amaré, quería»; *e-tiboa*, en la lengua mbaya, no «por mí», como se traduce, sino «yo-por»: «la conexión está sólo en la cabeza de quien esto se representa, no como signo en la lengua». Es evidente, por tanto, que la estructura profunda de la gramática

transformacional no tiene absolutamente nada que ver con
la forma interior de Humboldt.

2.6.1. Ahora bien, si se adopta el punto de vista de la
designación, los contenidos idiomáticos unitarios se descomponen necesariamente en empleos designativos heterogéneos. Así, por ejemplo, esp. *con x* puede interpretarse, según
los contextos, como: «utilizando la materia x» (*el pastel está
hecho con harina*), «por medio del instrumento x» (*corto el
pan con el cuchillo*), «en compañía de x» (*paseo con un amigo*), «experimentando el sentimiento x» (*paseo con alegría*),
y posiblemente como algo más. La construcción de esp.
se + verbo puede interpretarse, en un caso, como impersonal (*se abre a las cinco*), en otro, como reflexivo (*el niño se
lava*), y en un tercero, como pasivo (*este libro se lee con facilidad*).

2.6.2. Pero la construcción gramatical *con x*, de por sí,
no significa en absoluto 'materia', 'instrumento', 'compañía', etc., sino sólo algo así como «y x está presente»; «estan-
do presente x». Si se trata de la presencia de una materia,
de un instrumento, de un acompañante o de un sentimiento,
es algo que en la construcción *con x*, como tal, simplemente
no se dice. En efecto, tales precisiones dependen de las combinaciones léxicas y, en el fondo, del conocimiento de las
cosas designadas, o, incluso, de los estados de cosas particulares a que se hace referencia en los actos concretos de
hablar, pues algo que normalmente es materia puede convertirse en determinadas circunstancias en instrumento, un
objeto que normalmente es instrumento puede considerarse y entenderse como objeto concomitante, si no se dice que
se emplea para la realización de una acción (por ejemplo,
el hombre con el cuchillo, con el fusil), etc. Asimismo, la

construcción española *se* + verbo no significa en absoluto 'impersonalidad', ni 'reflexividad', ni 'pasividad', etc., sino sólo, en un sentido muy general (como, por lo demás, construcciones análogas de otras lenguas), 'inversión de la transitividad', 'suspensión del «paso a otro» de la acción'. Si en el enunciado aparece designado un sujeto, y si se trata de sujeto tal que pueda funcionar como agente, la construcción se interpreta como reflexiva (*el niño se lava*); en cambio, si el sujeto no es capaz de ejercer acciones, se interpreta como pasiva (*el libro se lee*); y si no hay ningún sujeto, o hay que deducirlo de la situación o del contexto, se interpreta como impersonal (*se abre a las cinco*, fr. «on ouvre à cinq heures»). Esto, sin embargo, sólo n o r m a l m e n t e , y no n e c e s a r i a m e n t e , pues la capacidad de actuar de un sujeto puede negarse explícita o implícitamente, un sujeto que no es capaz de ejercer acciones puede ser presentado como agente, etc.: una madre puede decir, por ejemplo, al bañar a su hijo, *así se lava el niño*, y *esta carta se escribe a sí misma* es un enunciado perfectamente posible.

2.6.3. Preguntémonos ahora en qué relación están tales significados gramaticales unitarios con la estructura profunda de la gramática transformacional. La sucesión lingüística propiamente dicha no es, en rigor, la que se ha adoptado provisionalmente más arriba, o sea, d e s i g n a c i ó n — s i g n i f i c a d o   e s t r u c t u r a l , sino la contraria: s i g n i - f i c a d o   e s t r u c t u r a l — d e s i g n a c i ó n . Un contenido unitario de una lengua no es algo así como una síntesis de posibilidades designativas conseguida secundariamente, sino, al contrario, algo intuitivamente primario y lingüísticamente inmediato. Es la designación la que en cada caso se presenta como algo secundario, según los significados léxicos combinados en el enunciado, el conocimiento de las cosas, la situación y el contexto. Así, la construcción con *x* no es algo así como la suma algebraica de 'instrumento', 'materia', 'compañía', etc., sino que corresponde a una función primaria y mucho más general, que admite luego varias posibilidades de aplicación. Y no es, por supuesto, ambigua, pues significa siempre lo mismo, y sus diferentes aplicaciones en la designación se añaden como determinaciones complementarias a su significado unitario. La sucesión racional no es, pues, 'materia', 'instrumento', 'compañía', etc., y luego el más genérico 'con x', como neutralización de esas determinaciones, sino al revés: primero la función general «y x está presente», y sólo luego 'en cuanto materia', 'en cuanto instrumento', 'en cuanto compañía', etc., como determinaciones ulteriores de este significado primario. La función unitaria «con x» es, por tanto, i d i o m á t i c a m e n t e m á s p r o f u n d a que la llamada estructura profunda, que se revela como algo secundario.

2.7. Pero justamente el plano de las funciones idiomáticas unitarias es el que se ignora o se descuida en la gramática transformacional. Puesto que tiende a equiparar la estructura profunda con la designación, con lo cual las funciones idiomáticas se descomponen y se distribuyen en conjuntos heterogéneos, tal gramática, no sólo no es humboldtiana, sino que es exactamente lo contrario de una lingüística propiamente humboldtiana, en la que la forma interior, es decir, la estructura funcional, la organización semántica del lenguaje, debiera constituir el centro de interés y que, por ende, debiera esforzarse por aprehender la peculiaridad de las funciones idiomáticas (la «diversidad de la estructura del lenguaje humano»). Al adoptarse el punto de vista transformacional, se justifican, sin duda, paráfrasis como *utilizando un cuchillo*, etc., para *con el cuchillo*, y, en la comparación de las lenguas, se comprueban semejanzas 'profundas' con expresiones de otras lenguas, como lat. *cultrō*, rus. *nožom*, que admiten paráfrasis similares. Pero, al mismo tiempo, se ignora el hecho de que la construcción gramatical *con x*, en español (incluso en el caso de *con un cuchillo*), no tiene en y por sí misma significación instrumental, y, lo que es peor todavía, la unidad funcional de *con un cuchillo, con harina, con un amigo, con alegría*, etc., d e n t r o d e l a l e n g u a e s p a ñ o l a , se pierde totalmente de vista, puesto que, precisamente, las paráfrasis para esas otras expresiones no son análogas, sino diferentes. Se puede, asimismo, admitir que la gramática transformacional representa, en parte, una vuelta a la gramática tradicional; ello, sin embargo, sólo en la medida en que también la gramática tradicional ignoraba las funciones unitarias de las lenguas y, en el análisis sintáctico, partía, no de estas funciones, sino de los significados de habla (acepciones), es decir, en el fondo, de la designación. Pero obsérvese que, a menudo, tal proceder no se llama en la gramática tradicional «análisis sintáctico», sino, con mayor razón, «análisis lógico».

3.1.   El objeto de la gramática transformacional no es, pues, la *langue*, la lengua como estructuración de contenidos, como sistema de funciones. Y de nada sirve, a este respecto, el rechazar como 'taxonómica' la consideración funcional del lenguaje —lo que hoy día pertenece a la técnica utilizada para intimidar a los adversarios de la gramática transformacional—, pues con ello no se resuelve, sino que sólo se ignora el problema de las funciones lingüísticas. Tampoco basta con relegar la comprobación de estas funciones al llamado 'léxico' (¡o «lexicón»!), ni con adoptar 'adverbios vacíos' de pasividad y otras cosas por el estilo en la 'estructura profunda', pues todo esto no son más que expedientes y, con ello, el mismo problema no se plantea correctamente, ni se plantea como tal. En realidad, la gramática transformacional no dispone de instrumentos para la comprobación, delimitación e investigación de las funciones idiomáticas. Es más: ni siquiera plantea el problema de estas funciones, y claro está que no se pueden resolver problemas que ni siquiera se plantean. De aquí que la gramática transformacional difícilmente pueda llevar a una comprensión íntima y cabal de la esencia de las lenguas históricas ('the nature of natural languages'), ya que no investiga siquiera lo esencial y propio de tales lenguas, o sea, la d i v e r s i d a d   d e   s u   o r g a n i z a c i ó n   f u n c i o n a l.

3.2. ¿Significa todo esto que la gramática transformacional carece de objeto y no tiene, por tanto, razón de ser? En absoluto. En realidad, tiene su propio cometido, pero, precisamente, como complemento y ampliación de la lingüística anterior a ella, no como una lingüística e n   l u g a r   de la única lingüística que se ocupa propiamente de las funciones idiomáticas, o sea, la gramática estructural y funcional (también las gramáticas de orientación no estructuralista son, a este respecto, 'estructurales', puesto que la gramática es, por definición, investigación y descripción de estructuras idiomáticas. En efecto, el objeto propio de la gramática transformacional no es la l e n g u a   como tal —que de ningún modo puede considerarse simplemente como 'sistema de reglas para la producción de oraciones'—, sino, como se ha señalado más arriba, e l   h a b l a r   p o r   m e d i o   d e   l a   l e n g u a, o, para decirlo con los términos de Sechehaye, el paso de la *parole non-organisée* a la *parole organisée* a   t r a v é s de la lengua: la gramática transformacional es, en el sentido más auténtico, una g r a m á t i c a   d e l   f u n c i o n a m i e n t o   d e   l a   l e n g u a en el hablar (y en la comprensión de

lo hablado). Aquí encuentran su sitio también las r e l a -
c i o n e s entre paradigmas distintos de la lengua (de las
que las llamadas t r a n s f o r m a c i o n e s son sólo una
especie).

3.3. Por lo tanto, ya es hora de que los representantes
de la gramática transformacional renuncien a su actitud es-
térilmente polémica o altiva frente a la lingüística funcional, de que intenten comprender con exactitud a qué conceptos de la lingüística funcional corresponden en realidad
sus propios conceptos, para no presumir precipitadamente
—como, lamentablemente, ocurre tan a menudo— que su
'lengua' (funcionamiento de la lengua en el hablar) es LA
lengua (sistema de funciones), que las estructuras por ellos
supuestas son LAS estructuras lingüísticas, que su gramática
d e l   h a b l a r   es la única gramática correcta y adecuada
d e   l a s   l e n g u a s , etc. Pues la exactitud y la coherencia
en el establecimiento de reglas generativas, a que tanto
anhelan los transformacionalistas, no son por sí mismas de
ninguna utilidad, y hasta pueden inducir a error, si en relación con conceptos tan fundamentales como «estructura profunda», «significado», «paráfrasis», e incluso con respecto al
objeto mismo de la investigación, domina tanta inexactitud.

4.1. La distinción entre los dos tipos de gramática a
que hemos aludido no es, por lo demás, nueva. Fue hecha
ya por Georg von der Gabelentz, quien diferenciaba entre
una gramática «analítica» y una gramática «sintética» (*Die
Sprachwissenschaft*[2], Leipzig, 1901, págs. 84 y sigs.). La analítica parte de la oración y llega a los elementos mínimos
de la lengua considerada: «explica los fenómenos lingüísticos mediante el análisis»; la sintética parte de los contenidos de pensamiento que se quieren expresar y llega a las

oraciones: «enseña a utilizar los medios gramaticales para la estructuración del discurso» (*ibid.*, pág. 85). Es evidente que la «gramática analítica» corresponde a la gramática estructural y funcional, mientras que la «sintética» corresponde a la gramática transformacional (o, mejor, «relacional»). Y también según Gabelentz las dos formas de gramática se complementan mutuamente: «hay que considerar las lenguas en forma sinóptica, atendiendo primero a sus medios y luego a sus posibilidades [= a lo que con tales medios pueden hacer]» (*ibid.*, pág. 479).

4.2. En efecto, los dos tipos de gramática están plenamente justificados y son necesarios en la misma medida. El hecho de que la gramática funcional y estructural, en su forma usual, no pueda solucionar ciertos problemas, es razón suficiente para que se la complemente, pero no para que se la sustituya, sobre todo al comprobarse que, por su parte, la gramática que debería sustituirla no puede solucionar, y ni siquiera plantear, otros problemas, en sí mucho más importantes. En realidad, una gramática relacional tiene sentido únicamente a l l a d o d e, y no e n l u g a r d e, la gramática estructural y funcional. Ello, entre otras cosas, también porque la gramática funcional precede necesariamente a la gramática relacional: en efecto, es imposible investigar el funcionamiento de una lengua en el hablar sin haber establecido antes las funciones de esta lengua. Esto, por lo demás, lo admiten implícitamente los propios transformacionalistas al dar tácitamente por ya conocidas y no necesitadas de definición tantas funciones (o al relegarlas al llamado 'léxico').

5. Es igualmente cierto que la gramática estructural y funcional no podría tampoco sustituir a la **gramática rela-**

cional; pero no puede ser suplantada por esta gramática, ni se deja incorporar en ella de manera adecuada. Los desesperados intentos que hacen en la actualidad los transformacionalistas por integrar en su modelo gramatical las **funciones idiomáticas**, tras haberlas ignorado o incluso negado durante tanto tiempo, no pueden tener éxito, pues descuidan, precisamente, lo propio y específico del problema de las funciones. Tales intentos llevan, por lo demás, a innumerables dificultades dentro de la gramática transformacional misma y, al fin y al cabo —después de unos comienzos tan interesantes y prometedores (sobre todo en lo que concierne a la crítica del antimentalismo y a las oportunas indicaciones acerca de los errores y las deficiencias del estructuralismo fisicista)—, a una francamente penosa involución. Por otra parte, la exaltación acrítica de técnicas expositivas superficiales —que, extrañamente, se consideran como «análisis» y «explicaciones»— sólo contribuye a aumentar el desconcierto teórico y las confusiones con respecto a los conceptos en que se funda la investigación lingüística. De aquí que sea importante para todos —también, e incluso en primer lugar, para los transformacionalistas— que esas confusiones se identifiquen como tales y se eliminen, pues *citius emergit veritas ex errore quam ex confusione.*

(Comunicación presentada en un congreso de la **«Societas Linguistica Europaea»** realizado en Viena en septiembre de 1969; publ. en *Folia linguistica*, IV, 1/2, 1970, págs. 53-63, y, antes, en edición **independiente**, Romanisches Seminar Tübingen, 1969; también en traducción checa en: *Principy strukturní syntaxe*, I, publ. por S. Machová, Praga, 1974, págs. 31-38).

V

SEMÁNTICA Y GRAMÁTICA

0.1. «Sólo hay una gramática y se llama semántica o, más exactamente, ciencia de la designación... El diccionario no expone otra materia que la gramática: sólo suministra su índice alfabético». Estas frases, que Hugo Schuchardt escribía en 1917, en su célebre reseña del *Cours de linguistique générale* de Saussure (*Literaturblatt für germ. und rom. Philologie*, 38, pág. 9; cf. también *Hugo Schuchardt-Brevier*[2], Halle, 1928, pág. 135), han vuelto a ponerse de actualidad en los últimos años, y, precisamente, también en lo que concierne a la rectificación de «semántica» por «ciencia de la designación» y a la determinación de la tarea del diccionario, aunque, por supuesto, la reducción de la gramática a una «semántica» concebida, justamente, como «ciencia de la designación» —reducción que hoy se viene emprendiendo por varios lados— ocurre sin referencia a Schuchardt. En efecto, en los intentos actuales y en las relativas discusiones, se trata, en el fondo —si bien, por cierto, en un contexto teórico-científico completamente distinto—, de las mismas cuestiones planteadas ya implícitamente por Schuchardt: ¿en qué relación mutua se hallan la gramática y la semántica, o la gramática y el léxico?; ¿en qué medida debe ser «semántica» la gramática? Y también diversas respuestas a estas cuestiones parecen ir exactamente en la dirección de la solución tan concisa y elocuentemente formulada por Schuchardt. Ahora bien, ¿hasta qué punto es aceptable esta solución? Ello sólo podrá verse tras la aclaración de los conceptos fundamentales de «semántica» y «gramática».

0.2. De hecho, la discusión actual sobre las relaciones entre semántica y gramática, o bien entre gramática y léxico, se dificulta y complica sobre todo por la diversidad 'objetual' de las concepciones acerca de la semántica y de la gramática (o «sintaxis»), es decir, por la diversidad de los objetos (dominios de investigación) que se asignan a las dos disciplinas. Por otra parte, contribuye a esta complicación también la tradición terminológica, en parte diferente, de la lingüística «europea» y de la «norteamericana». En la tradición europea se distingue por lo común —aunque, en parte, por medio de términos diversos— entre «significado» y «designación», y por «significado» se entiende normalmente, en sentido técnico, sólo aquel contenido de las expresiones lingüísticas que está dado como tal por la lengua a la que éstas corresponden. En la lingüística norteamericana, en cambio, *meaning* se refiere la mayoría de las veces a lo entendido extralingüísticamente (es decir, a lo «designado»), o se trata de un concepto más general, que abarca designación y significado. El hecho de que *meaning* se traduzca tan a menudo simplemente por «significación», «significado», sin ulterior precisión —como ocurre, por ejemplo, en la bibliografía transformacional alemana, donde a *meaning* corresponde comúnmente *Bedeutung*—, lleva a un sinnúmero de dificultades y confusiones.

0.3. Por ello, en lo que sigue, se emprenderá primero una delimitación objetual («material») de la gramática y de la semántica; luego, las relaciones entre semántica y gramática se examinarán con respecto a esta delimitación. La delimitación de la gramática implica, al mismo tiempo, la delimitación del léxico (y de la lexicología).

1.1. La «gramática» puede entenderse —entre otras cosas, de acuerdo también con la intuición en que se funda toda la tradición de la lingüística— *a*) como técnica del hablar, precisamente, como la técnica libre y de validez general (es decir, no condicionada situacionalmente), correspondiente a una lengua determinada, que se pone en obra al hablar sobre la «realidad» ya organizada mediante las «palabras» de la misma lengua (= gramática como dada en el lenguaje mismo: «gramática-objeto» o GRAMÁTICA₁) y *b*) como la descripción o investigación de esta técnica (= gramática como metalenguaje o GRAMÁTICA₂). Como tal, la gramática incluye exclusivamente las (o se refiere exclusivamente a las) operaciones y combinaciones de la lengua que van más allá de la estructuración primaria («léxica») de la realidad extralingüística (o también del lenguaje mismo considerado como una sección de la realidad, por ejemplo, en el caso de palabras como: *lengua, idioma, palabra, hablar, decir*, etc.). Por otro lado, abarca, en los dos sentidos, tanto las estructuras materiales como las funciones de la lengua que corresponden a la técnica en cuestión.

1.2. Esto significa ante todo:

a) Que la gramática (gramática₁) no puede definirse como un 'mecanismo para unir ciertos *meanings* a ciertas representaciones fónicas', pues 1) no es ningún mecanismo, sino una τέχνη, o sea, un «saber hacer»; 2) esta definición

—en la medida en que por *meaning* se entiende el significado— no corresponde a la gramática solamente, sino más bien al signo lingüístico, e incluso al signo fónico, en general; 3) no se puede decir propiamente que significado y «representación fónica» (contenido lingüístico y expresión lingüística) «se unen», pues ya e s t á n unidos; y 4) en la medida en que por *meaning* se entiende la designación, no cabe hablar de ningún tipo de unión o conexión, puesto que a la realidad extralingüística se refieren, no las «representaciones fónicas» como tales, sino sólo los signos lingüísticos en su conjunto (expresión + significado), y, precisamente, a través del significado.

b) Que la gramática no corresponde tampoco a la facultad de formar oraciones («competencia expresiva»), pues la competencia expresiva —el «saber hablar»— no es sólo competencia gramatical correspondiente a una lengua, sino, al mismo tiempo, competencia léxica (es decir, conocimiento del léxico y de los procedimientos léxicos, así como de las combinaciones léxicamente permitidas o exigidas), competencia expresiva general («saber elocucional»), conocimiento intuitivo de principios del pensar, conocimiento de las «cosas» (es decir, conocimiento de la realidad extralingüística), conocimiento de «textos», etc. La competencia expresiva abarca, pues, mucho más que la competencia puramente gramatical. Lo de equiparar la facultad de formar oraciones en una lengua a la gramática (o también a la *langue*, en el sentido de Saussure), constituye por tanto un grave error que es preciso identificar como tal y eliminar lo antes posible.

c) Que la gramática (gramática2) no se divide en «morfología» (descripción de las llamadas «formas») y «sintaxis» (descripción de combinaciones materiales o de funciones gramaticales), ya que —independientemente de la incohe-

rencia de esta oposición— se refiere siempre a combinaciones de «formas», es decir, de estructuras materiales, y, al
mismo tiempo, a las funciones de tales estructuras. Tampoco
es oportuno limitar la sintaxis a las combinaciones de orden
superior (por ejemplo, grupos de palabras, oración), ya que,
por un lado, también una oración es, desde el punto de
vista material, una «forma» y debería pertenecer, a este respecto, a la «morfología» y, por otro, también una forma
léxica como *mesas* es una combinación (estructura sintagmática: *mesa + s*) con una función gramatical determinada y
debería, por tanto, pertenecer a la sintaxis. Es decir que, o
bien toda la gramática debe ser al mismo tiempo morfología
y sintaxis, o bien no puede haber ni morfología ni sintaxis.
Más razonable y apropiado es distinguir entre una gramática «c o n s t i t u c i o n a l», una gramática f u n c i o n a l
y una gramática r e l a c i o n a l (cf. nuestro estudio «Leistung und Grenzen der kontrastiven Grammatik», en *Probleme der kontrastiven Grammatik*, Düsseldorf, 1970, págs. 21,
24-27 [y, en trad. esp., en este volumen, págs. 98, 103-106]).
La gramática «constitucional» describe la «constitución», es
decir, la configuración material de la expresión gramatical:
la «forma» gramatical en el sentido más amplio (también
la de grupos de palabras, oraciones, etc.). La gramática funcional investiga las funciones de los distintos estratos de
estructuración gramatical, comprobando los paradigmas que
funcionan en cada uno de estos estratos (por ejemplo: paradigmas de la palabra, del grupo de palabras, de la oración).
Y la gramática relacional estudia las relaciones entre los
distintos paradigmas en que se expresan funciones designativas análogas (por ejemplo: *Romae*, pero *in urbe Romā*,
para la función locativa en latín; o bien: lat. *liber* MEUS —
liber MEUS *est*, it. IL MIO *libro — questo libro è* MIO, fr. MON *livre — ce livre* M'APPARTIENT, alem. MEIN *Buch — dieses Buch*

GEHÖRT MIR, para la función posesiva en paradigmas atributivos y predicativos, respectivamente). En este marco se puede hablar luego de una «gramática oracional», la que, sin embargo, debe de todos modos ser considerada constitucional, relacional y funcionalmente.

2.1. Por «léxico» hay que entender la totalidad de aquellas palabras de una lengua que corresponden a la organización inmediata de la realidad «extralingüística» (pero cf. 1.1.). Al léxico, en este sentido, no pertenecen, pues, todas las «palabras» de una lengua, sino sólo aquéllas que, en esta lengua, e s t á n p o r la realidad misma nombrada mediante el lenguaje.

2.2. A este respecto hay que distinguir tres clases de palabras: 1) p a l a b r a s l e x e m á t i c a s , que estructuran y representan la realidad extralingüística, como, por ejemplo, *hombre, bosque, blanco, correr*, etc.; 2) p a l a-b r a s c a t e g o r e m á t i c a s («pronombres»), que presentan sólo la forma de estructuración de lo extralingüístico (que funcionan, por tanto, como sustantivos, adjetivos, etc.), pero que no representan ninguna materia extralingüística determinada, como, por ejemplo, *yo, éste, aquí, ahora*; 3) p a l a b r a s m o r f e m á t i c a s (o «instrumentales») que no funcionan de modo inmediato como configuradoras del «mundo», sino sólo, en relación con otras palabras, en la estructuración del hablar, como, por ejemplo, *y, o, sobre, en, sí, no*, etc. Sólo las palabras lexemáticas pertenecen con pleno derecho al léxico y, en consecuencia, al objeto propio de la lexicología.

2.3. En la lingüística tradicional —pero no rara vez también en la lingüística moderna—, nos encontramos a este respecto con una confusión, ampliamente difundida, entre c l a s e s (o «especies») d e p a l a b r a s y c a t e g o r í a s v e r b a l e s : clases de palabras como «sustantivo», «adjetivo», «adverbio», «artículo», «preposición», «conjunción», «pronombre», etc. aparecen a menudo unas al lado de las otras, como si se tratara de una clasificación única y realizada con los mismos criterios en cada caso. Pero, en rigor, las clases de palabras como la «preposición», la «conjunción», el «artículo», etc., no pueden equipararse a las clases como «sustantivo», «adjetivo», «verbo»; y los pronombres no constituyen una clase de palabras en el mismo sentido que los sustantivos, adjetivos, etc., puesto que pueden ser ellos mismos sustantivos, adjetivos, adverbios y, a veces, hasta verbos y «pronomina propria» (como, por ejemplo, esp. *Fulano, Zutano, Mengano;* alem. *Dingskirchen*). En realidad, las palabras morfemáticas se oponen como clase de palabras a las otras dos clases (palabras lexemáticas y categoremáticas); y las categorías verbales (sustantivo, adjetivo, verbo, adverbio) corresponden a una distinción que se entrecruza con la distinción entre palabras lexemáticas y categoremáticas. También los diccionarios usuales son heterogéneos a este respecto, pues, por un lado, incluyen, no sólo palabras lexemáticas, sino también palabras categoremáticas y morfemáticas, pero, por otro lado, suelen descuidar otros morfemas, como los prefijos, las desinencias, etc. que, desde el punto de vista funcional, han de equipararse a las **palabras morfemáticas**.

3.1. La «semántica» es, en el sentido más amplio, la investigación de los contenidos lingüísticos, es decir, del lado semántico del lenguaje. Pero, puesto que todo el lenguaje es por definición «semántico» (por lo cual la gramática, en particular, no lo es menos que el léxico), la semántica, en este sentido tiene por objeto a todo el lenguaje. De aquí que, en rigor, no quepa plantear la cuestión de *si* hay o debe haber relaciones entre semántica y gramática, sino sólo la cuestión de *qué* parte o aspecto de la semántica ha de tenerse en cuenta en el campo de la gramática. En consecuencia, hay que distinguir varios tipos de lo semántico.

3.2. La primera distinción que debe hacerse —si se prescinde de la llamada significación «asociativa», o «evocación», que contribuye sobre todo a la constitución del «sentido»— es la distinción entre d e s i g n a c i ó n, s i g n i f i c a d o y s e n t i d o.

La d e s i g n a c i ó n es la referencia a lo extralingüístico (que, por supuesto, se da a través del significado), o lo extralingüístico mismo (en cuanto «designado»), ya sea como estado de cosas o como contenido de pensamiento (estado de cosas pensado).

El s i g n i f i c a d o, en cambio, es el contenido dado en y por una lengua como tal. Así, por ejemplo, expresiones como *Caesar Pompeium vicit — Pompeius a Caesare victus est, A es mayor que B — B es menor que A, La puerta está cerrada — La puerta no está abierta,* designan en cada caso el mismo hecho extralingüístico y son, por ello, «equivalentes»; pero, por otra parte, designan «lo mismo» por medio de significados diferentes y, por esta razón, no son de ningún modo «sinónimas». Por el contrario, la construcción española *con x* puede designar cosas diferentes (así, por ejemplo, en expresiones como *con el cuchillo, con harina, con un amigo, con alegría*), pero a través del mismo significado, puesto que en este caso las diferencias en la designación no se expresan lingüísticamente, sino que se dejan a cargo del contexto, de la situación y del «conocimiento del mundo» (cf. nuestro estudio «Bedeutung und Bezeichnung im Lichte der strukturellen Semantik», en *Sprachwissen-schaft und Übersetzen*, publ. por P. Hartmann y H. Vernay, Munich, 1970, págs. 109, 117-118 [y, en trad. esp., en *PSE*, págs. 192-193, 204-206]).

Finalmente, el s e n t i d o es el plano semántico propio y exclusivo del «texto», es decir, el contenido lingüístico especial que se expresa en un texto determinado por medio del significado y de la designación, y más allá del significado y la designación. Así, por ejemplo, una oración como *Sócrates es mortal* tiene, desde el punto de vista idiomático, sólo u n significado y puede analizarse de una sola manera sobre la base de la gramática de la lengua; su sentido, en cambio, puede ser completamente diferente, según esta oración se presente, por ejemplo, en un silogismo, en un poema o en un discurso de la vida diaria.

La designación es la base semántica de referencia de la llamada gramática «lógica», así como de la gramática general o «universal»; el significado es la base semántica de la investigación de las lenguas; y el sentido, la de la lingüística del texto (cf. nuestro estudio *Die Lage in der Linguistik*, Innsbruck, 1973; ahora también en traducción española, en *El hombre y su lenguaje*, Madrid, 1977, págs. 240-256).

3.3.1. Dentro, del significado mismo deben distinguirse los siguientes tipos:

1) El s i g n i f i c a d o l é x i c o, que corresponde al q u é de la aprehensión del mundo extralingüístico; por ejemplo, el significado que es común a todas las palabras de cada una de las series: *caliente — calor — calentar, rico — riqueza — enriquecer, blanco — blancura — blan-quear — blancamente*, y que, al mismo tiempo, diferencia

a cada una de estas series, como un todo, de otras series del mismo tipo.

2) El s i g n i f i c a d o   c a t e g o r i a l, que corresponde al   c ó m o   de la aprehensión del mundo extralingüístico; por ejemplo, el significado que es diferente en cada caso en las palabras de la serie *rico — riqueza — enriquecer.* Se trata, pues, de las categorías verbales: sustantivo, verbo, adjetivo y adverbio, con sus posibles subdivisiones, por ejemplo, «substantiva absoluta» (como *hombre, árbol, cielo*) y «substantiva adiecta» (como *padre, doctor, señor*; cf. la distinción de J. L. Vives entre *nomina absoluta* y *appellationes,* así como nuestro estudio «Zur Sprachtheorie von Juan Luis Vives», en *Festschrift Walter Mönch,* Heidelberg, 1971, págs. 247-248 [y, en trad. esp., en *Tradición y novedad en la ciencia del lenguaje,* Madrid, 1977, pág. 77]), «verba absoluta» (como *leer, correr*) y «verba adiecta» (como *empezar, continuar*), etcétera.

3) El *significado instrumental,* es decir, el significado de los morfemas, y, ello, independientemente de si son palabras o no; así, por ejemplo, *el,* en *el hombre,* tiene el significado «actualizador», y *-s,* en *mesa-s,* tiene el significado «pluralizador».

4) El *significado estructural* (o *significado sintáctico* en sentido estricto), es decir, el significado que es propio de las combinaciones de unidades lexemáticas o categoremáticas con morfemas, dentro de la oración; por ejemplo: «singular», «plural», «activo», «pasivo», «imperfectivo», «perfectivo», etc.

5) El *significado óntico,* es decir, el valor existencial que se asigna al estado de cosas designado en una oración (el significado óntico sólo se da en el plano de la oración); por ejemplo: «afirmativo», «negativo», «interrogativo», «imperativo», etc.

3.3.2. La clasificación de las palabras en lexemáticas, categoremáticas y morfemáticas (2.2.), si bien se apoya en la distinción entre significado léxico, categorial e instrumental, no coincide, sin embargo, con esta distinción. En efecto, las palabras morfemáticas tienen exclusivamente significado instrumental, pero el significado instrumental se da en todos los instrumentos gramaticales («morfemas»), no sólo en las palabras morfemáticas. Las palabras categoremáticas concretas tienen siempre significado categorial, pero pueden tener, además, significado instrumental (así, por ejemplo, *esta*, en *esta tesis*, tiene el significado categorial «adjetivo» y, al mismo tiempo, un significado instrumental con respecto al sustantivo *tesis*, determinado como singular y de género femenino, precisamente, por *esta*). Las palabras lexemáticas concretas se clasifican como tales por el significado léxico, pero en nuestras lenguas tienen también, normalmente, significado categorial y pueden, además, funcionar asimismo como instrumentos.

3.3.3. La distinción entre significado estructural y significado óntico, en el caso de la oración, es en cierto sentido análoga a la distinción entre significado lexemático y significado categorial en las palabras: el significado estructural de la oración concierne al q u é , el significado óntico, en cambio, al c ó m o óntico de lo aprehendido. Así, por ejemplo, las oraciones como *Juan ha leído el libro — Juan no ha leído el libro — ¿Ha leído Juan el libro?* significan lo mismo desde el punto de vista del valor estructural (en cada caso se trata de «Juan», de la actividad de «leer» y del objeto «libro», y, precisamente, en la misma relación mutua), pero su significado óntico es diferente, puesto que a la relación idealmente idéntica entre *Juan, el libro* y *haber leído* se le asigna en cada caso un valor existencial diferente.

3.3.4. De acuerdo con lo dicho, en las palabras lexemáticas (así como en sus combinaciones) hay que distinguir designación y significado (léxico y categorial), mientras que en la oración hay que distinguir designación, significado estructural y significado óntico.

4.0. Estas distinciones nos llevan a la solución de la cuestión acerca de la relación entre gramática (gramática$_2$) y semántica y, al mismo tiempo, del problema de la relación entre gramática y lexicología: la gramática$_2$ es y debe ser semántica en la medida en que tiene que estudiar y describir el lado semántico de la gramática$_1$, es decir, los significados («funciones») específicamente gramaticales; y ésta es, en verdad, su tarea fundamental, ya que la gramática constitucional y la relacional dependen de la gramática funcional. Y la lexicología es y debe ser semántica en la medida en que estudia y describe el lado semántico del léxico, o sea, los significados específicamente léxicos, lo cual constituye, a su vez, su tarea primordial.

4.1. De los tipos de significado que hemos distinguido, el significado categorial corresponde tanto al léxico como a la gramática: al léxico, porque en muchas lenguas el c ó m o de la aprehensión no es separable del q u é (en español, por ejemplo, la mayoría de las palabras lexemáticas presentan también —y ya en el léxico mismo— determinación categorial); a la gramática, porque, por un lado, significados categoriales unitarios pueden presentarse también en sintagmas y en oraciones enteras (cf., por ejemplo, esp. *un no sé qué*, fr. *un je ne sais quoi*, gr. τὸ τί ἦν εἶναι), y por otro, porque las categorías verbales implican ya una orientación hacia determinadas posibilidades de empleo gramatical o hacia determinadas funciones oracionales (así, por ejemplo, sólo el «sustantivo» —como nombre, pronombre, grupo nominal u oración sustantiva— puede ser sujeto). En las lenguas en que el significado léxico se presenta como independiente y separado del significado categorial, éste correspondería, sin embargo, sólo a la gramática; lo mismo vale, por supuesto, para las palabras puramente categoremáticas de toda lengua. El significado léxico corresponde exclusivamente al léxico y, por tanto, a la lexicología, mientras que los restantes tipos de significado corresponden exclusivamente a la gramática. Estas relaciones pueden ilustrarse por medio del siguiente esquema:

significado léxico	Léxico (y Lexicología)
significado categorial	
significado instrumental	Gramática
significado estructural	
significado óntico	

4.2.0. Los otros dos tipos principales de lo semántico —la designación y el sentido— quedan fuera de la estructuración idiomática de las funciones lingüísticas y, por tanto, también fuera de la gramática en sentido propio, en la medida en que ésta se ocupa de las estructuras y funciones de las lenguas.

4.2.1. Esto significa que la designación no puede desempeñar ningún papel en la gramática funcional, ni en la gramática constitucional que de ella depende. Una consideración de la designación sólo puede ser pertinente en la gramática relacional y, ello, sólo parcialmente (a saber, en lo que concierne a las equivalencias designativas). Es cierto que la designación —reinterpretada, en parte, como contenido de pensamiento universal— se toma a menudo en los últimos tiempos como base de referencia de la gramática. Esto, sin embargo, merece en un doble sentido reparos —y muchos—, en lo que atañe a la gramática de las lenguas. Por un lado, no se ve por qué, del contenido de pensamiento, debería llegarse precisamente a la estructuración lingüística del mismo: en rigor, sería igualmente lícito llegar a formas expresivas no lingüísticas, por medio de oportunas reglas transformativas. Por otro lado, dicho planteamiento no concierne a las lenguas como tales, sino al hablar en general y, ello, también cuando, aparentemente, se refiere a una lengua determinada, ya que en todo caso se trata sólo de las expresiones para determinados hechos extralingüísticos (de la 'unión de *meanings* a representaciones fónicas'), no de la delimitación funcional de estas expresiones en la lengua correspondiente. En consecuencia, por este planteamiento se pueden comprobar equivalencias designativas entre estructuras gramaticales diferentes, así como entre significados diferentes en distintas lenguas (por ejemplo, en el caso de una oración como *Corto el pan con el cuchillo*, la equivalencia de esp. *con el cuchillo* — alem. *mit dem Messer* — lat. *cultrō* — rus. *nožom*), pero no puede comprobarse la unidad funcional correspondiente a cada una de estas estructuras en cada lengua (cf. nuestro artículo «Semantik, innere Sprachform und Tiefenstruktur», en *Folia Linguistica*, IV, 1970, págs. 50-60 [y, en trad. esp. en este volumen, págs. 112-127]).

Otra cosa es, por supuesto, construir un sistema designativo extraidiomático como marco de referencia con el que puedan c o m p a r a r s e las funciones gramaticales de una lengua particular (por ejemplo, en el sentido en que lo han hecho W. Bull y Klaus Heger en sus estudios sobre el verbo español y francés): una gramática «onomasiológica» es, en efecto, posible, pero no e n l u g a r d e la gramática «semántica» o funcional.

4.2.2. También las categorías del «sentido» y los tipos de textos se han adoptado en los últimos años como base de referencia para la gramática, aunque en una medida mucho más reducida que en el caso de la designación. Los experimentos emprendidos a este respecto son, sin duda, interesantes, toda vez que las relaciones entre las categorías gramaticales y las del texto —aun independientemente de su eventual condicionamiento en un sentido o en el otro— son en la actualidad ampliamente desconocidas. Sin embargo, todavía no se ha mostrado si con esta base de referencia se puede elaborar en forma adecuada una gramática completa de una lengua. Los intentos que se han hecho hasta el presente, como, en particular, el de poner en relación las categorías temporales del verbo con ciertas clases de textos, como la información y la narración, y de interpretarlas como condicionadas por tales clases de textos, deben considerarse, por el momento, como fracasados. Semejantes supuestos pueden ser válidos para c i e r t a s lenguas, pero en tal caso se trata de las distinciones funcionales de las lenguas correspondientes, que deben ser tratadas como tales. Así, por ejemplo, parece que el alemán, o al menos ciertas formas del alemán (aquellas en las que el perfecto y el pretérito se presentan de manera constante en oposición mutua), hacen efectivamente la distinción entre tiempos informativos y narrativos; pero ello no autoriza a hacer extensiva esta distinción a todas las lenguas.

5.0. Si, en cambio, la semántica se entiende, en sentido más limitado, como s e m á n t i c a   l é x i c a , la cuestión de las relaciones entre semántica y gramática coincide con la cuestión del condicionamiento mutuo entre el léxico y la gramática.

5.1. En este sentido, la gramática aparece, en primer lugar, como condicionada por el significado categorial de las unidades léxicas, puesto que las categorías verbales están determinadas ya de antemano para ciertas funciones gramaticales (cf. 4.1.). De todo el significado propiamente léxico, entra en consideración, a este respecto, sólo el significado «clasemático» (condicionador de combinaciones), pero no el significado «lexemático» (significado «de campo»); y, ello, sólo en la medida en que el significado clasemático exige construcciones gramaticales como tales (por ejemplo, la contrucción de un verbo con el acusativo, el dativo, el genitivo, con un objeto preposicional, con el objeto en plural o con más de un objeto a la vez, etc.) —es decir, en casos como alem. *jemanden* (*etwas*) *lehren* («enseñar [algo] a alguien»: con el acusativo), lat. *aliquem aliquid docēre,* alem. *jemandem begegnen, jemandem helfen* («encontrar a alguien», «ayudar a alguien»: con el dativo), *einer Sache bedürfen* («necesitar una cosa»: con el genitivo), *auf jemanden warten* («esperar a alguien»: con *auf* + acusativo), etc.—, pero no si exige (o excluye) sólo ciertas combinaciones puramente léxicas (por ejemplo, la combinación de un sustantivo con determinados adjetivos o con determinados verbos), como, por ejemplo, en el caso de lat. *canis vetulus,* «perro viejo», alem. *der Löwe frisst,* «el león come», frente a **canis senex* y **der Löwe isst.*

5.2. Inversamente, el condicionamiento del léxico por parte de la gramática se presenta, en este sentido, en la sección gramaticalizada del léxico, es decir, en la formación de palabras. En efecto, según el tipo de gramaticalización que implican, hay que distinguir en la formación de palabras tres procedimientos: 1) la m o d i f i c a c i ó n, en la que se da, ciertamente, una determinación de tipo gramatical de una unidad léxica, pero una determinación tal que no implica todavía ninguna función oracional determinada (por ejemplo: *mesa → mesita, rojo → rojizo,* lat. *rufus → subrufus, ver → prever,* alem. *fallen → hinfallen*); 2) el d e s - a r r o l l o, en el que se da una determinación gramatical que implica una determinada función oracional, aunque sólo abstracta, y no concreta (por ejemplo: *bello → belleza, rico → riqueza, salir → salida,* donde los lexemas desarrollados implican, en cada caso, la función predicativa de la base del desarrollo, pero no otras determinaciones propias de los predicados concretos, como, por ejemplo, el número, el género, la persona, el tiempo, el modo, etc.); y 3) la c o m - p o s i c i ó n, en la que aparecen unidas en combinación gramatical (es decir, con un significado estructural implícito) dos unidades: una lexemática y la otra categoremática, o ambas lexemáticas (por ejemplo: «agente pronominal» + *nadar → nadador,* alem. *Bett eines Flusses,* «lecho de un río», *→ Flussbett*). Sobre estos procedimientos en la formación de palabras, cf. nuestro estudio «Les structures lexématiques», en *Probleme der Semantik,* publ. por W. Th. Elwert, Wiesbaden, 1968, págs. 13-15 (y, en trad. esp., en *PSE,* págs. 178-182).

6. Las ideas aquí expuestas implican que para nosotros no son aceptables ciertas opiniones, ampliamente difundidas en la actualidad, acerca de las relaciones entre gramáti-

ca y semántica. Así, por ejemplo, no es aceptable la tesis de que en la gramática se podría prescindir totalmente de la semántica (tesis sostenida por Chomsky en *Syntactic Structures*), pues es absurdo, y en realidad imposible, prescindir en la gramática de los significados gramaticales. El supuesto de una intuición gramatical puramente formal, que, sin referencia a un significado gramatical (en este caso, «singular»), reconociera la «agramaticalidad» de una oración como *this are a round square*, se funda en un puro arbitrio. El hecho de que los hablantes de inglés acepten como gramaticalmente correcta una oración como *this is a round square* no es prueba de una intuición gramatical asemántica, sino sólo de que la combinación *a round square* (aun cuando no se interpreta simplemente como «una plaza redonda», sino como «un cuadrado redondo») no constituye ninguna infracción de una regla gramatical. En esa primera fase de la gramática transformacional, lo acertado era, precisamente, la comprobación de que tales combinaciones son totalmente lícitas desde el punto de vista puramente gramatical. Lamentablemente, en una fase posterior de la tan agitada gramática transformacional se ha renunciado a esta comprobación certera.

Igualmente inaceptable es —al menos en la medida en que se practica— la inclusión en la gramática de las llamadas «restricciones semánticas» (Chomsky, *Aspects*), pues tales restricciones van mucho más allá de las restricciones propiamente gramaticales. En efecto, conciernen también a combinaciones puramente léxicas (como lat. *homo senex, urbs vetus, canis vetulus*, alem. *der Mensch isst, der Löwe frisst*) y muchas veces no son en absoluto lingüísticas, sino sólo extralingüísticas, es decir, debidas al «conocimiento de las cosas» (así, en casos como **cocinar un piano, *el árbol canta*). Las construcciones como alem. **ich begegne* IHN, *ich warte Hans* son efectivamente infracciones de reglas gramaticales (cf. 5.1.); alem. *der Löwe isst,* lat. *canis senex,* en cambio, violan sólo reglas de combinación puramente léxicas; y no puede ser tarea de la gramática como tal «generar» t o d a s las oraciones de una lengua, inclusive con su contenido léxico: la gramática debe limitarse a los t i p o s de oraciones gramaticalmente correctos. En cuanto a las restricciones condicionadas extralingüísticamente, éstas no pertenecen siquiera a la descripción de las lenguas: cocinar un piano puede ser una acción sumamente irracional y antieconómica, *este árbol canta villancicos* puede ser una mentira, pero la lengua española no se opone a que se cocinen pianos y a que los árboles canten.

Por último, tampoco es aceptable el que la «semántica», sin más precisión, se señale como fundamento de la gramática y el llamado *meaning,* como la «estructura profunda» subyacente a la gramática misma —como lo han hecho en los últimos tiempos Lakoff, MacCawley, Fillmore y muchos otros—, pues la «semántica» de que estos autores hablan concierne en la mayoría de los casos a la designación, y no a las funciones significativas propiamente idiomáticas. Se afirma, por ejemplo, que oraciones como ingl. *John broke the window, A hammer broke the window,* son «gramaticalmente diferentes», porque el sujeto sería, en el primer caso, un «agentivo» y en el segundo, un «instrumental». Pero esto sólo significa que, en el mundo extralingüístico, las personas como John se nos presentan por lo común como seres capaces de realizar acciones, mientras que los martillos, en el mismo mundo extralingüístico, se emplean las más de las veces como instrumentos, y no tiene absolutamente nada que ver con la gramática —en este caso, con la del inglés—, puesto que la función «sujeto» es exactamente la misma en las dos oraciones. Las «restricciones» que a este respecto se señalan no dependen, en realidad, del significado, sino de la designación, es decir, del «conocimiento de las cosas». Pero, desde el punto de vista lingüístico, lo primario no es la designación, sino el significado: las estructuras idiomáticas significan primariamente algo, y sólo por su significado pueden emplearse para la designación de estados de cosas extralingüísticos.

(*Neue Grammatiktheorien und ihre Anwendung auf das heutige Deutsch* [= *Jahrbuch 1971 des Instituts für deutsche Sprache*], Düsseldorf, 1973, págs. 77-89.)

VI

LOS UNIVERSALES DEL LENGUAJE (Y LOS OTROS)

INTRODUCCIÓN

1. Toda lingüística admite explícita o implícitamente universales, por lo menos universales de cierto tipo. Así, se pregunta c u á l e s son los fonemas (o los «sonidos») de una lengua cualquiera, c u á l e s son sus categorías gramaticales, c u á l e s son en esta lengua los tipos de oraciones, d e q u é m a n e r a ha cambiado en el curso de su historia, y no se pregunta s i tiene fonemas (o «sonidos») y categorías gramaticales, s i posee el nivel gramatical de la oración o s i está sometida al cambio lingüístico, etc. Sin embargo, es un hecho que la lingüística estructural moderna, o, al menos, ciertas corrientes del estructuralismo, al adoptar, de acuerdo con la tradición humboldtiana, el principio —en cierto sentido perfectamente válido— de que toda lengua debe ser descrita desde su propio punto de vista, han sido llevadas poco a poco —y a pesar de otras corrientes, universalistas, dentro del estructuralismo mismo [1]— a des-

---

[1] Basta con pensar en algunas obras de R. Jakobson.

tacar sobre todo —y hasta a exagerar— las diferencias entre las lenguas, en perjuicio de las analogías de estructura tanto funcionales como materiales. En ciertas formas del estructuralismo, se ha llegado incluso a querer definir las categorías lingüísticas funcionales exclusivamente con respecto a una lengua determinada (cf. I, 2.2.1.) y haciendo abstracción de su universalidad. En este sentido, el coloquio realizado en Dobbs Ferry, Nueva York, en 1961, al plantear explícitamente, y sobre la base de una notable cantidad de materiales pertinentes, los problemas de los universales y de las analogías de estructura que caracterizan series de sistemas lingüísticos («tipología»), ha marcado efectivamente —como lo ha señalado Ch. E. Osgood en el marco de ese mismo coloquio[2]— una vuelta decisiva en la lingüística moderna. En particular, sin duda, con respecto a la tradición bloomfieldiana. Pero, desde el punto de vista de la lingüística europea, se puede hablar también de una vuelta en relación con un aspecto de la tradición saussureana, a saber, de una vigorosa revalorización de la consideración pancrónica de las lenguas, cuya posibilidad —salvo en lo que atañe a los principios generales— había sido negada por Ferdinand de Saussure[3]. Desde entonces muchos lingüistas se han dedicado, directa o indirectamente —primero en el marco del estructuralismo mismo y luego, y sobre todo, en el de la gramática generativa—, a la búsqueda de universales y, tanto en las discusiones teóricas como en el trabajo analítico y descriptivo, se han acentuado más bien las analogías entre los sistemas lingüísticos. Esto se refleja hasta en los manuales de introducción a la lingüística: allí donde ciertas estructuras de lenguas diferentes se presentaban como radicalmente

[2] *UL*, pág. 236.
[3] *Cours*, págs. 133-139.

heterogéneas, hoy se presentan a menudo las mismas estructuras como hechos, en el fondo, bastante parecidos, y hasta idénticos. Y se asiste incluso a una verdadera proliferación de universales más o menos fundados o más o menos hipotéticos.

2. Nos parece, por consiguiente, que ha llegado el momento de preguntarse cuál es el sentido, cuáles son las posibilidades y los límites de la búsqueda de universales y si ésta no es, en varios aspectos, una búsqueda del grial: precisamente, de un grial que no se encontrará jamás, o porque no existe, o porque no puede encontrarse allí donde se lo busca.

3. El problema de los universales lingüísticos está estrechamente vinculado a los problemas de la gramática universal, del aprendizaje de las lenguas y de la tipología lingüística, pero aquí no podremos tratar estos problemas (en lo que concierne a la gramática universal, cf., sin embargo, la nota 61).

I

LOS UNIVERSALES DEL LENGUAJE

1. Τὸ καθ'ὅλον λέγεται πολλαχῶς. En efecto, lo que llama la atención ante todo, en las investigaciones y afirmaciones de principio relativas a los universales lingüísticos, es que los universales comprobados o propuestos no son tales en el mismo sentido. Mientras que para ciertos autores los únicos universales dignos de este nombre y dignos

de ser buscados son los que, hallándose efectivamente en todas las lenguas, serían «verdaderos universales», otros autores insisten sobre todo en los universales estadísticos o «de tendencia», o incluso en «universales» que, por definición, n o pueden ser comunes a todas las lenguas.

2.0. A este respecto es preciso distinguir, en primer lugar, de acuerdo con su sentido lógico, cinco tipos de universalidad: tres tipos primarios y dos secundarios.

2.1.1. Los tres tipos primarios son los siguientes:

1) *Universalidad conceptual* o universalidad en cuanto *posibilidad.* A este respecto, t o d a s las categorías lingüísticas —aun categorías comprobadas en una sola lengua, e incluso categorías hipotéticas, pero que no se encuentren en contradicción con el concepto de lenguaje— son universales, en el sentido de que constituyen posibilidades universales del lenguaje: podrían presentarse en lenguas que no conocemos en la actualidad, o ser adoptados para sistemas lingüísticos que podrían razonablemente imaginarse.

2) *Universalidad esencial* o universalidad en cuanto *necesidad racional.* En este sentido, es universal toda propiedad que pertenezca a los conceptos de lengua y lenguaje o que pueda deducirse de estos conceptos como tales[4].

---

[4] Para la distinción entre la universalidad conceptual y la generalidad histórica, cf. nuestros trabajos *Logicismo*, págs. 12, 21 (en *TLLG*, págs. 246, 258), y «Determinación y entorno», págs. 32-33 (en *TLLG*, págs. 288-289). Para la distinción entre la universalidad esencial y la generalidad empírica, cf. *Sincronía*, pág. 132 (2.ª ed., págs. 234-235). Para los tres tipos de universales, cf. «Bedeutung und Bezeichnung», pág. 119 (en *PSE*, pág. 208), y «Über Leistung und Grenzen der kontrastiven Grammatik», págs. 29-30 (en este volumen, páginas 110-111). Cf. también la distinción de S. Saporta, *UL*, páginas 48 y sigs., entre los universales «universally available (belonging

3) Universalidad en cuanto *generalidad histórica* (o *empírica*); es, ésta, la universalidad de las propiedades que se comprueban efectivamente en todas las lenguas o, al menos, en todas las lenguas conocidas (y que, en este último caso —que es el caso normal—, se atribuyen por inducción también a las lenguas que, en el momento de la generalización, aún no se conocen. La generalidad puede ser absoluta o relativa: es relativa (probabilidad preferida), si las propiedades en cuestión se comprueban, no en todas, sino sólo en la mayoría de las lenguas conocidas; sin embargo, desde el punto de vista teórico no hay diferencia entre estos dos tipos (cf. 2.2.3.1.). En cambio, la universalidad esencial es siempre absoluta, en el nivel en el que es necesaria (cf. 3.2.2.).

Los universales correspondientes a estos tres tipos de universalidad los denominaremos, respectivamente, *universales posibles*, *universales esenciales* y *universales empíricos* [5].

---

to some metatheory of linguistics)», los universales «universally present» y los universales «universally necessary (present by definition)»: los universales «universally available» corresponden a nuestros universales posibles; los universales «universally necessary», a nuestros universales esenciales; y los universales «universally present» —si se exceptúan los universales necesarios—, a nuestros universales empíricos.

[5] Cf. los «definitional universals» de Ferguson, *UL*, pág. 42; los universales «universally necessary» de Saporta, *ibid.*, pág. 49; los «analytic universals» de Moravcsik, pág. 224 («properties that all languages have by definition, by virtue of the fact that the term 'language' applies to them»); los universales «implicit in the nature of language, defining characteristics or necessary consequences of defining characteristics» de Householder, pág. 24; así como el «defining set» de propiedades del lenguaje humano establecido por Hockett, *UL*, págs. 7-10, 12. También varios de entre los universales registrados por Hockett fuera de su «defining set», *ibid.*, págs. 14-21, son universales esenciales en nuestro sentido (así, 3.1., 3.5., 3.6., 4.6., 4.8., 4.9., 4.10.).

2.1.2. Los dos tipos secundarios son derivaciones por combinación de los tres tipos primarios. Una de estas derivaciones combina posibilidad y generalidad, limitando el número de los elementos constitutivos posibles de las lenguas. El hecho general («universal») sería, por consiguiente, en este caso, la clase fija de posibilidades, pero cada lengua presentaría una selección dentro de esa clase; selección que, por supuesto, puede ser parcialmente idéntica. En una variante de esta derivación, no definida como tal, pero que se presenta bastante a menudo, ciertos elementos de la clase fija de posibilidades se encontrarían en todas las lenguas y serían, en consecuencia, de por sí generales. La otra derivación combina posibilidad y necesidad, admitiendo una conexión necesaria entre ciertas posibilidades. Los universales correspondientes a estas dos derivaciones los denominaremos, respectivamente, universales *selectivos* y universales *implicativos* (o bien, de acuerdo con la terminología corriente, *implicaciones*).

2.2.0. Volvamos a cada uno de los tipos de universales que acabamos de establecer para examinar algunos problemas que acerca de ellos se plantean.

2.2.1. Todos los hechos comprobados en las lenguas —o incluso imaginados para lenguas posibles— (propiedades, funciones, categorías funcionales, procedimientos materiales) deben, sin excepción, considerarse ante todo como u n i - v e r s a l e s   p o s i b l e s (conceptuales), es decir, como posibilidades universales del lenguaje (independientes de las lenguas particulares), para que resulten definibles y se pueda, eventualmente, plantear el problema de su universalidad racional o empírica. Por lo demás, es lo que se hace constantemente, aun en los casos en que ello no se advierte.

Así, por ejemplo, las categorías verbales son universales en este sentido y sólo por ello son definibles. Contrariamente a lo que muchas veces se ha afirmado [6], no se define el «sustantivo-en-inglés». En un sentido, el «sustantivo-en-inglés» n o p u e d e definirse, ya que, en cuanto sección de un objeto histórico (la lengua inglesa), es a su vez un objeto, y los objetos no pueden ser definidos, sino sólo comprobados y descritos (y, por supuesto, también se puede hacer su historia). Al querer definir el «sustantivo-en-inglés», no se hace más que describir su expresión y el comportamiento de ésta. En efecto, con respecto a una lengua determinada, sólo se puede preguntar si tal o cual categoría existe o no en esta lengua y, si existe, cuál es su manifestación material (su comportamiento paradigmático y sintagmático) [7]. En realidad, no hay diferencia lógica entre, por ejemplo, la definición del concepto de infijo y la del concepto de sustantivo: ambos conceptos sólo pueden definirse universalmente e independientemente de las lenguas particulares. La diferencia entre los dos casos es 'sustancial', es decir, una diferencia debida a la naturaleza distinta de los dos conceptos: el infijo es un procedimiento universal de la expresión, mientras que el sustantivo es una categoría del contenido, una modalidad universal de la significación. Si no fuera así, ¿por qué el «sustantivo-en-inglés» se llamaría precisamente «sustantivo»? Por otra parte, con respecto al «sustantivo-en-inglés», no se podría plantear el problema de la universalidad: no se podría preguntar si otras lenguas (o todas las lenguas) tienen

---

[6] Cf., por ejemplo, B. Bloch y G. L. Trager, *Outline*, págs. 68-69, y, en la discusión misma acerca de los universales, S. Saporta, *UL*, pág. 49.

[7] Cf. nuestra discusión de estos problemas, en «Determinación y entorno», pág. 33 (*TLLG*, págs. 288-289), y *Logicismo*, págs. 12, 21 (*TLLG*, págs. 245-246, 258-259).

el «sustantivo-en-inglés», pues, evidentemente, no pueden tenerlo. A veces se dice que esta posibilidad está dada por el hecho de que, a pesar de todo, hay cierta semejanza entre el «sustantivo-en-inglés», el «sustantivo-en-alemán», el «sustantivo-en-latín», etc. Pero, en realidad, con ello sólo se alude a la categoría universal, es decir, a las propiedades comunes que constituyen esa «semejanza» desde el punto de vista funcional. En otro sentido, se podría muy bien definir una categoría enteramente idéntica al «sustantivo-en-inglés». En tal caso, sin embargo, ya no se trataría simplemente del «sustantivo-en-inglés», sino de una posibilidad universal del lenguaje aun cuando no pudiera comprobarse en otras lenguas. Una definición como tal es siempre universal: define una posibilidad ilimitada. Pero una definición universal no implica la generalidad objetiva de lo que se define. Así, si se define universalmente el adjetivo, ello no significa de ninguna manera que se lo atribuya a todas las lenguas, pues una definición no es un juicio de existencia: se define el adjetivo para toda lengua en que pueda presentarse.

2.2.2.1. A propósito de los u n i v e r s a l e s   e s e n c i a -
l e s , es preciso insistir sobre todo en el hecho de que se deducen de los conceptos mismos de 'lenguaje' y de 'lengua' —en el sentido de que son elementos constitutivos o consecuencias racionalmente necesarias de los elementos constitutivos de estos conceptos—, y no de las definiciones correspondientes[8]. Una definición (si se trata de una definición

---

[8] En las formulaciones concernientes a estos universales aparece casi constantemente una relación con las definiciones (cf. nota 5). Pero Ferguson, *UL*, pág. 42, observa con razón que esta relación no es necesaria: «Such universals may be regarded as definitional; i. e., they are implicit in the linguist's concept of language whether included in his formal definitions or not». Por nuestra parte, diríamos simplemente «implicit in the concept of language».

«real») es el producto de la contemplación del concepto puro, no a la inversa. Además, las definiciones son proposiciones: afirman algo a propósito de algo, implican análisis y síntesis (διαίρεσιν καὶ σύνθεσιν) y pueden, por ello, ser falsas, mientras que las nociones intuitivas puras, no analizadas, no pueden serlo. La única posibilidad metodológica a este respecto es, por consiguiente, situarse, por así decir, «ante» los conceptos de lenguaje y de lengua y preguntarse si tal o cual propiedad es un atributo necesario para que a los conjuntos de «hechos» correspondientes se les puedan aplicar los nombres de *lenguaje* y *lengua* [9] (cf., no obstante, 2.2.3.3., en lo que concierne a la heurística).

2.2.2.2. La mayoría de los universales esenciales inmediatamente evidentes y, por tanto, generalmente admitidos, son universales genéricos, es decir, propiedades muy generales, sin ninguna especificidad en cuanto a los «hechos» a que corresponden. Así, por ejemplo: el lenguaje se presenta necesariamente bajo forma de lenguas; toda lengua debe tener expresión y contenido; toda lengua implica una organización gramatical; toda lengua cambia a lo largo de su historia, etc. [10]. Pero, sin duda, se pueden admitir como univer-

---

[9] Ch. F. Hockett, *UL*, pág. 12, ha visto muy bien que es preciso imaginarse la ausencia de una propiedad para establecer si es necesaria o no: «To show the importance of the features of the defining set, we can think of human language as we know it and consider the consequences of suppressing, in turn, each feature».

[10] Cf. *Sincronía*, pág. 132 (en la 2.ª ed., págs. 234-235), donde se hallará una serie de otros universales de este nivel. En esa época considerábamos como universal, en este mismo sentido, también el carácter fónico (vocal) del lenguaje y, por consiguiente, también la existencia de un sistema fónico para cualquier lengua. Pero en realidad el carácter fónico no es racionalmente necesario: se pueden imaginar perfectamente lenguas con expresión no fónica. Admitiendo que el carácter vocal del lenguaje sea necesario en otro sentido (cf. 2.2.3.

sales esenciales también toda una serie de hechos mucho
más específicos. Así, por ejemplo, parece necesario que la
palabra exista en toda lengua en cuanto unidad léxica, aunque no es de ningún modo necesario que exista en todas
partes como nivel de estructuración gramatical [11]. No es necesario que la «cualidad» se distinga del «proceso» y, por
consiguiente, el adjetivo no es un universal esencial. Pero
es necesario que en toda lengua pueda decirse algo de algo
y, por tanto, que toda lengua tenga procedimientos para
distinguir «rema» y «tema» («comentario» y «tópico») [12]. No
es racionalmente necesario que los pronombres personales
existan en todas partes como categoría autónoma, pero es
necesario que toda lengua sea capaz de distinguir de alguna manera las personas del diálogo y la no persona. Y se
puede sostener también, con buenas razones, la necesidad
de la distinción entre nombre y verbo: claro está que como
distinción entre *función sustantiva* y *función verbal*, y no

---

2.), cabe preguntarse si también es necesario el cambio fonético.
Hockett, *UL*, págs. 20-21, lo considera, en efecto, como universal. Sin
embargo, la justificación que da de ello no concierne al *cambio*, sino
únicamente a la *variación* fonética, que, de por sí, no entraña el
cambio propiamente dicho. Personalmente, pensamos que el cambio
fonético no puede justificarse más que en el marco del cambio lingüístico en general, mientras que el cambio semántico puede justificarse independientemente del cambio fonético.

[11] Es decir, que haya en todas las lenguas funciones gramaticales expresadas a nivel de la palabra (e independientemente de las
funciones propias de otros niveles, superiores, de estructuración gramatical de la lengua), tal como se comprueba, por ejemplo, en español o en italiano. En cambio, los dos niveles de los elementos mínimos y de la oración son racionalmente necesarios, ya que su necesidad emana de la noción misma de estructuración gramatical.

[12] La noción de predicado puede muy bien identificarse con la
noción de «rema», mientras que la noción de sujeto, en el sentido
en el que se aplica, por ejemplo, a las lenguas indoeuropeas, no coincide con la noción, mucho más general, de «tema».

como distinción entre dos clases de palabras ya dadas como tales en el léxico [13].

2.2.2.3. Los universales esenciales —sobre todo si se los considera como pertenecientes a las definiciones o como deducidas de éstas— pueden, sin duda, parecer menos interesantes que los empíricos, al menos en lo que se refiere al conocimiento científico de las lenguas [14]. Pero, en primer lugar —como ya se ha visto—, no se deducen de las definiciones. Por otra parte, no todos los universales esenciales son inmediatamente evidentes, y el hecho de que sea posible deducirlos no implica de ninguna manera su trivialidad científica. En tercer lugar, sus consecuencias en lo que concierne a la estructuración de las lenguas (en particular, las consecuencias «dinámicas»: cf. 3.3.) son a menudo aún menos evidentes. Por último, hay una jerarquía de los universales esenciales, que es interesante en sí, es decir, para el conocimiento científico general del lenguaje [15].

---

[13] El ejemplo tan frecuentemente citado del nootka no es una excepción en este sentido, puesto que también el nootka conoce la distinción entre función sustantiva y función verbal. Las categorías verbales son, en principio, funciones semánticas, y no clases de «palabras» (formas del léxico). En lo que concierne a la relación entre las categorías verbales y las clases léxicas, se puede comprobar sólo un universal estadístico o «de tendencia»: las categorías verbales «tienden» a ser expresadas por clases diferentes de formas del léxico.

[14] De aquí que J. M. E. Moravcsik, *art. cit.*, pág. 224, los declare «trivial». Cf. también Ch. E. Osgood, *UL*, pág. 238.

[15] Así, Householder reduce a tres rasgos primarios el «defining set» de Hockett. Nosotros mismos consideramos como rasgos esenciales del lenguaje la *semanticidad*, la *alteridad* (el hecho de que todo acto lingüístico es dirigido por un sujeto lingüístico a otro sujeto), la *creatividad* y la *historicidad* (el hecho de que el lenguaje se presenta bajo forma de lenguas). Pero, en rigor, la historicidad podría deducirse de la alteridad y de la creatividad, así como la *exterioridad* del lenguaje (el hecho de que el lenguaje se expresa en una sustancia) se deduce de la semanticidad y de la alteridad.

2.2.3.1. Los u n i v e r s a l e s   e m p í r i c o s , en cuanto efectivamente comprobados, y no racionalmente deducidos, no valen de una manera absoluta sino para las lenguas en las que se los ha comprobado, y para otras lenguas valen sólo como probabilidades y mientras no se encuentren ex- cepciones (salvo que puedan justificarse por una necesidad racional; pero, en este caso, se convierten en universales esenciales). Admitir su generalidad para todas las lenguas significa siempre emitir una hipótesis, es decir, generalizar por inducción lo que efectivamente se ha comprobado [16]. En cambio, la hipótesis de la generalidad no tiene sentido en lo que se refiere a los universales esenciales, pues una necesi- dad racional no es una generalización: es «general» desde el principio [17]. Es decir que la generalidad de los universa- les empíricos es lógicamente «extrínseca» (es una generali- dad comprobada o supuesta), mientras que la generalidad de los universales esenciales es «intrínseca». El sentido ló- gico de los universales empíricos no cambia por el hecho de su eventual presencia en todas las lenguas conocidas. Si, por ejemplo, se comprueba —como, en efecto, se comprue- ba— que las sílabas abiertas no faltan en ninguna de las lenguas conocidas, ello no deja de ser una comprobación empírica, sin universalidad necesaria [18]. Todas las lenguas

---

[16] J. H. Greenberg, *UL*, pág. IX, recuerda, a propósito de los uni- versales, la afirmación bien conocida de Bloomfield: «the only valid generalizations about languages are inductive generalizations». Pero es fácil advertir que esta afirmación es tautológica: las generaliza- ciones, en su sentido propio, son siempre «inductivas».

[17] Pero, naturalmente, es lícito preguntarse si un hecho empíri- camente general no podría ser necesario y tratar de encontrarle una justificación desde el punto de vista racional.

[18] Otros universales de este tipo serían los siguientes: todas (o casi todas) las lenguas conocidas tienen consonantes nasales; si en una lengua hay una sola consonante nasal, esta consonante es *n*; si tiene dos, son *n* y *m* (Ferguson, *UL*, págs. 44-45); posiblemente, tam-

conocidas tienen consonantes y vocales, pero una lengua sin vocales o, al menos, sin vocales funcionales, no es imposible [19]. Supongamos, por ejemplo, que en una lengua todas las consonantes estén automáticamente seguidas de un elemento determinado vocálico, o que toda consonante de una cierta clase esté automáticamente seguida de una vocal determinada: tal lengua no tendría vocales funcionales [20].

2.2.3.2. Todo esto, sin embargo, concierne sólo a la condición lógica de los universales empíricos, y no disminuye de ninguna manera su importancia. En efecto, el hecho de que su generalidad sea extrínseca desde el punto de vista racional no excluye que puedan ser absolutamente generales *de facto*, en el lenguaje humano tal como lo conocemos, ni que puedan ser motivados por otras necesidades, diferentes de la necesidad racional. Algunos universales empíricos efectivamente presentes en todas las lenguas podrían, sin duda, ser debidos al azar: es, ésta, una posibilidad que no puede excluirse de antemano, aunque en realidad sea ínfima, dado el gran número de las lenguas de la humanidad. Pero los restantes deberían, entonces, estar motivados. Precisamente —si se excluye una motivación histórica (por un eventual origen común de las lenguas)—, deberían estar de-

---

bién el hecho de que todas las lenguas tienen categorías pronominales que presentan al menos tres personas y dos números (Greenberg, *UL*, pág. 90); cf., sin embargo, la nota 24.

[19] Cf. Hockett, *UL*, pág. 22: «It would seem easy enough to devise a phonemic system that would have no stops at all, or no vowels at all, or the like».

[20] R. Jakobson, *UL*, pág. 211, considera una lengua en la que toda sílaba esté constituida por un solo fonema como «absolutely impossible, because the only form of syllable universally admitted is the sequence 'consonant + vowel'». Se trata, sin embargo, de un universal empírico: una lengua tal quizás no exista, pero no es absolutamente (racionalmente) imposible.

terminados, o bien por razones de orden práctico (las lenguas, siendo «técnicas» históricas, están gobernadas también por la inteligencia práctica), o bien por la constitución física y psíquica del hombre y por las condiciones de vida sobre la tierra [21]. Por lo demás, también ciertos universales estadísticos podrían estar motivados en este sentido. Es precisamente esta posibilidad de motivación lo que determina el interés de los universales empíricos, no sólo para la lingüística, sino para todas las ciencias humanas [22].

2.2.3.3. Los universales esenciales de las lenguas, siendo por definición «generales», están comprendidos en los universales presentes en todas las lenguas que, a su vez, están comprendidos en los universales posibles [23]. Por consiguiente, si se poseyera un catálogo bastante amplio de posibilidades del lenguaje, el procedimiento empírico, en la investigación

---

[21] Así, por ejemplo, en el caso del carácter vocal del lenguaje. Por lo que sabemos, la mejor justificación de este carácter sigue siendo la de Herder, *Abhandlung*. I, 3 (justificación basada en un análisis muy sugestivo de las propiedades y posibilidades del oído, en comparación con los otros sentidos del hombre).

[22] Cf. la distinción de Moravcsik, *l. c.*, entre los universales (sintéticos) *accidentales* y los *synthetic non-trivial* («properties that all natural languages have, though not by definition», y que podrían ser biológicamente motivados), así como la de Householder, *l. c.*, entre los «universals due to the fact (if it is a fact) that all human language goes back in line of cultural transmission to a single origin» y los «universals which are conditioned by the structure of the human anatomy, in particular of the brain, and are handed on in the germ plasm — a) physiological, b) neurological». Es difícil comprender de qué manera los universales «synthetic non-trivial» podrían ser descubiertos por una teoría lingüística, como pretende Moravcsik, página 225. Si son «sintéticos», ello significa que son comprobados por la experiencia, y no deducidos por la teoría. Una teoría sólo podría emitir hipótesis acerca de esos universales (puesto que una síntesis *a priori* no es concebible en este caso).

[23] Cf. S. Saporta, *UL*, págs. 50-51.

concerniente a los universales, podría ser el de preguntarse
cuáles entre estas posibilidades son universales «generales»
(presentes en todas las lenguas) y cuáles son, entre éstos, los
universales esenciales. Desde el punto de vista teórico, este
procedimiento no es, por cierto, necesario para los universales esenciales, que sólo se identifican como tales por deducción. Sin embargo, la comprobación empírica de estos
universales en muchas lenguas (sobre todo si se trata de
universales «específicos»: cf. 3.2.) puede ser importante desde el punto de vista heurístico, a saber: a) para evitar el
peligro de considerar como racionalmente necesario aquello que sólo es propio de ciertas lenguas, o incluso, quizás,
de una sola lengua (lo cual constituye un error de la antigua
gramática universal y, en parte, también de la nueva);
b) porque algunos hechos comprobados como generales pueden tener una justificación racional que, a primera vista,
se nos escapa [24].

2.2.4. Los u n i v e r s a l e s   s e l e c t i v o s han conocido
una fortuna bien merecida en el dominio de los rasgos distintivos fónicos gracias a la fonología de Jakobson. Por lo
demás, aun sin la hipótesis de la universalidad, la fonología
siempre ha trabajado con un número bastante limitado de
rasgos distintivos, lo que, al menos desde el punto de vista
empírico, parece perfectamente razonable en esta sección
de la lingüística. Lo mismo cabe decir acerca de los procedimientos materiales del lenguaje en los dominios de la

---

[24] Cf. la nota 17 y «Über Leistung und Grenzen der kontrastiven
Grammatik», pág. 30 (en este volumen: pág. 111). Esto vale también
para las implicaciones teóricas (cf. 2.2.5.). Si, por ejemplo, se comprueba que ciertos pronombres presentan siempre distinciones de
persona y número, cabe preguntarse si esto no se debe a la naturaleza misma de esos pronombres.

gramática y del léxico (formación de palabras): el número de estos procedimientos no es ilimitado y, en muchos casos, el número de las posibilidades correspondientes es, incluso, perfectamente determinado (por ejemplo: prefijo, infijo, sufijo). Por el contrario, la hipótesis análoga [25] en lo que concierne a la organización pleremática de las lenguas —hipótesis emitida varias veces, bajo distintas formas, en el curso de la historia y renovada en nuestros días [26], tiene todas las probabilidades de ser falsa, si se toma en cuenta el carácter libre del lenguaje (en el sentido de que su objeto es infinito). Pero aquí también —aunque la tarea no sea prácticamente realizable— es posible, en principio, establecer los rasgos distintivos que funcionan en las lenguas de la humanidad en un momento dado de la historia, y existe siempre la posibilidad de establecer al menos una lista de los rasgos semánticos más frecuentes, lo cual no deja de tener su interés. Además, también en este dominio hay secciones en las que el número de las posibilidades es lógicamente determinado.

2.2.5.1. Las i m p l i c a c i o n e s pueden ser *teóricas* (deducidas por medio del análisis conceptual de las posibilidades consideradas) o *empíricas* (comprobadas). Así, por ejemplo, la implicación «El término neutro de una oposición semántica binaria tiene dos significados de lengua» [27] es una implicación teórica [28], mientras que la implicación «Si una

---

[25] Es decir, la hipótesis de un número bastante l i m i t a d o y, al mismo tiempo, d e l i m i t a d o (ya dado y constante) de rasgos distintivos.

[26] Cf., por ejemplo, J. J. Katz y P. M. Postal, *An Integrated Theory*, págs. 162-163.

[27] Cf. Greenberg, *Language Universals*, págs. 24-25.

[28] Cf., por lo demás, la deducción de esta implicación por parte de M. Sánchez Ruipérez, *Estructura*, págs. 17-19.

lengua tiene flexión, tiene también derivación [29], es una implicación empírica. Desde el punto de vista de su forma, las implicaciones pueden ser *unilaterales* (*x implica a y* [pero y no implica a x]), o bien *bilaterales* o *recíprocas* (*x implica a y e y implica a x*); *positivas* (*si x, entonces y*), o *negativas* (*si x, entonces no y*).

2.2.5.2. Las implicaciones teóricas implican al mismo tiempo la motivación de las conexiones que representan, mientras que las implicaciones empíricas no implican ninguna motivación. En el sentido de una motivación posible, las implicaciones empíricas unilaterales serían incluso exactamente lo contrario de las implicaciones teóricas formalmente análogas. En efecto, *Si x, entonces y*, en cuanto implicación empírica, significaría en este sentido «si hay *x* es porque hay *y*» (es decir, «es *y* lo que determina a *x*»), mientras que como implicación teórica la misma fórmula significa «es *x* lo que determina a *y*» [30].

---

[29] Greenberg, *UL*, pág. 90.

[30] Las implicaciones deben distinguirse estricta y cuidadosamente de los universales esenciales. Greenberg, *UL*, pág. 58, observa que los «non-implicational universals about language are in fact tacitly implicational since they are implied by the definitional characteristics of language». Sin duda; pero se trata de dos tipos muy diferentes de implicación: los universales esenciales están implicados por las nociones mismas de lenguaje o de lengua, mientras que las «implicaciones», tanto las teóricas como las empíricas, son conexiones entre posibilidades particulares. Los universales esenciales son por definición generales, es decir, siempre presentes, mientras que las implicaciones teóricas *pueden* ser generales (si tales son las posibilidades consideradas), pero no lo son por definición; y las implicaciones empíricas son por definición no-generales (valen para clases de lenguas, no para la clase «lengua»). No se entiende de qué manera los universales «implied by definitional characteristics of language» podrían ser «empirically, not logically implied», ni lo que significa «All languages are observed to have the characteristics in question» (*UL*, pág. 83): si están implicados por la definición, están lógicamente

3.0. Hasta aquí hemos considerado los tipos de universales lingüísticos desde el punto de vista de su sentido lógico en relación con las nociones de universalidad y generalidad objetivas. Pero, para que su alcance y su sentido sean lo suficientemente precisos en cada caso, los tipos posibles de universales deben distinguirse también desde otros puntos de vista, a saber: a) según los niveles del lenguaje a los que conciernen; b) según el grado de generalidad de los aspectos del lenguaje a los que se aplican; c) según la perspectiva en la que se sitúan con respecto a los lenguas; d) según el plano semiótico al que se refieren; e) según su formulación.

3.1. En el lenguaje es preciso distinguir tres niveles: el n i v e l   u n i v e r s a l de la actividad de hablar, el n i v e l   h i s t ó r i c o de las lenguas y el n i v e l   p a r t i c u l a r del discurso (o «texto») [31]. Los universales lingüísticos pueden pertenecer a cada uno de estos niveles. En las investigaciones sobre los universales se habla muchas veces de universales *del lenguaje* y se entiende por ellos 'lo que se halla en todas las lenguas'. Pero en realidad los universales de las lenguas no coinciden con los universales del lenguaje. Todos los universales de las lenguas son al mismo tiempo universales del lenguaje, puesto que las lenguas constituyen

---

implicados, y no hay necesidad de observar todas las lenguas para comprobarlos. Por otra parte, los hechos comprobados en todas las lenguas no coinciden por ello con los hechos implicados por la definición del concepto de lengua. Suponiendo, por ejemplo, que la vocal *i* estuviera presente en todas las lenguas, tal hecho sería empíricamente general, pero no tendría ninguna relación necesaria con la definición de la lengua.

[31] A propósito de esta distinción, que justifica una lingüística de la actividad de hablar y una lingüística del texto, al lado de la lingüística bien conocida de las lenguas, cf. «Determinación y entorno», pág. 31 (en *TLLG*, págs. 285-286).

precisamente un nivel del lenguaje; pero no todos los universales del lenguaje son necesariamente universales de las lenguas: pueden ser también universales de la actividad de hablar [32] o universales del texto [33]. Los universales que están a la orden del día son, ciertamente, los universales *de las lenguas.* Sin embargo, aun limitándonos a este nivel, es preciso tener en cuenta los universales de los otros dos niveles del lenguaje, ya que éstos pueden tener consecuencias considerables para la estructuración funcional y material de las lenguas. En la actualidad, la investigación en este sentido apenas si ha empezado [34].

3.2.1. Desde el punto de vista del grado de generalidad de los aspectos del lenguaje a los que se aplican, los universales pueden ser *genéricos* y *específicos.* Los universales genéricos se refieren a principios y normas del lenguaje y de las lenguas considerados en su manera de ser general, o también en aspectos particulares, pero siempre sin especificación de los «hechos» en los que estos principios y estas normas se manifiestan; los específicos se refieren a hechos especificados como tales. Así, por ejemplo, «Todas las lenguas distinguen categorías verbales» es un universal genéri-

---

[32] Entre los universales del «defining set» de Hockett (cf. nota 5), sólo tres (2.7., 2.8. y 2.13.) son universales de las lenguas; todos los demás conciernen al «mensaje», es decir, a la actividad de hablar. En cambio, la mayoría de los universales que Hockett señala fuera del «defining set» conciernen al nivel de las lenguas.

[33] Así, si se llama «sentido» al tipo de contenido que se presenta a nivel de los textos, se puede observar que el sentido constituye un universal absoluto de este nivel: todo texto tiene sentido (aun los textos que no significan ni designan nada).

[34] Cf., sin embargo, las importantes consecuencias que J. Kuryłowicz deduce en su ponencia de la «situacionalidad» del acto lingüístico.

co; «Todas las lenguas poseen la categoría del nombre» es un universal específico [35].

3.2.2. Esta distinción es, ciertamente, una distinción relativa, ya que «genérico» y «específico» son, en cada caso, términos correlativos. Sin embargo, debe hacerse porque la necesidad, racional o empírica, que los universales implican o postulan no concierne sino a aquel grado de generalidad al que se aplican: por debajo de ese nivel, admiten la variación. Por lo tanto, el grado de necesidad específica se halla en relación inversa con el grado de generalidad de los universales. Los universales concernientes a la actividad de hablar, considerada independientemente de las lenguas, son, todos, universales genéricos de un grado muy alto. Y lo mismo ocurre con casi todos los universales tradicionalmente aceptados por todos los lingüistas, aun por los adversarios del universalismo. Ello significa que la necesidad que estos universales implican en lo relativo a los hechos particulares de las lenguas es muy reducida.

3.3.1. Las lenguas son incesantemente producidas —hechas y rehechas— por la actividad lingüística. Pueden, por tanto, ser consideradas en sí mismas, en una perspectiva estática, o desde el punto de vista de la actividad que las produce, y en una perspectiva dinámica, es decir, como finalidad de esta actividad. Ello permite distinguir universales

---

[35] Cf. la distinción de Katz y Postal, *An Integrated Theory*, página 160, y de Chomsky, *Aspects*, págs. 27-30, entre «formal universals» y «substantive universals», en el plano de los sistemas lingüísticos («gramáticas»). En estos autores se presenta, sin embargo, una identificación inadmisible entre los universales del lenguaje y los universales de la lingüística (cf. nota 44).

estáticos y universales *dinámicos*[36]. Los universales estáticos son propiedades universales de las lenguas consideradas en sí mismas; los universales dinámicos son principios y normas de la actividad que produce las lenguas[37].

3.3.2.   En cuanto principios y normas de una actividad, los universales dinámicos pueden tener manifestaciones múltiples y, al mismo tiempo, diferentes, lo cual, sin embargo, no afecta a su unidad[38]. Por otra parte, no es necesario que la finalidad que implican esté enteramente realizada en cada momento. Desde el punto de vista de su realización en las lenguas consideradas como productos históricos, esos universales se presentan la mayoría de las veces como «tendencias». Así, entre los universales motivados por razones de orden práctico, la «tendencia» a la simetría de los sistemas fonológicos y, en principio, de cualquier otro sistema parcial dentro de una lengua; o bien, desde un punto de vista más general, la «tendencia» a la regularidad de los sistemas lingüísticos[39]. De ahí otro motivo del interés no vulgar de los

---

[36] Los universales «diacrónicos» no son sino una forma particular de los universales dinámicos.

[37] Cf. la distinción de Osgood, *UL*, pág. 238, entre *fenotipos* y *genotipos*, distinción muy acertada, sobre todo si no se la interpreta desde el punto de vista de una supuesta oposición entre la «generalización empírica» y la «generalización teórica» y si se abandona el marco behaviorista en el que la coloca Osgood. Esta distinción y, en particular, las ideas muy pertinentes que Osgood expone a propósito de los «genotipos», no han sido valoradas hasta el momento en todo su alcance, que va mucho más allá de la psicolingüística.

[38] Cf., por ejemplo, la multiplicidad de las manifestaciones del principio del antropocentrismo invocado por Kuryłowicz.

[39] Cf. a este respecto el universal dinámico formulado por H. Paul, *Prinzipien*, pág. 227: «Jede Sprache ist unaufhörlich damit beschäftigt, alle Ungleichmässigkeiten zu beseitigen, für das funktionell Gleiche auch den gleichen lautlichen Ausdruck zu schaffen». Evidentemente, no se trata en esta formulación de «cada lengua» en

universales «estadísticos» —es decir, no absolutos desde el punto de vista estático—, que pueden ser, precisamente, manifestaciones de universales dinámicos. Por lo demás, en la perspectiva dinámica, todos los universales estáticos —en la medida en que se excluye el azar, y si no se trata de condiciones permanentes de la actividad lingüística— pueden ser interpretados como manifestaciones de los principios que rigen la actividad que crea las lenguas, pudiéndose distinguir universales dinámicos con manifestación constante y universales dinámicos con manifestación múltiple y variada.

3.4. Desde el punto de vista del plano semiótico al que se refieren, los universales pueden ser: *semánticos* (concernientes al contenido, tanto léxico como gramatical), *materiales* (concernientes a los procedimientos de la expresión) y *conectivos* (concernientes a la relación entre los dos planos). En principio, en las lenguas hay heterogeneidad de los procedimientos materiales con respecto a las funciones semánticas y heterogeneidad de las funciones semánticas con respecto a los procedimientos materiales: funciones análogas pueden expresarse por procedimientos distintos y el mismo tipo de procedimientos puede expresar distintas funciones. De aquí, precisamente, el interés de la investigación de universales conectivos, es decir, de eventuales conexiones constantes entre ciertas funciones y ciertos tipos de procedimientos materiales [40].

---

cuanto producto, sino de la actividad que crea las lenguas. Los *Prinzipien der Sprachgeschichte* no son, como tan a menudo se supone, un manual de lingüística diacrónica, sino, en realidad, un notable tratado sobre los universales dinámicos.

[40] También en este campo las investigaciones son escasas y los hechos bien establecidos poco numerosos; cf., sin embargo, la observación de Greenberg a propósito del plural, *UL*, pág. 74, así como las

3.5.   De acuerdo con su formulación, los universales pueden ser *positivos* o *negativos*. Pero los positivos admiten también una formulación formalmente negativa, y los negativos, una formulación formalmente positiva. Así, «Todas las lenguas tienen *x*» ∼ «Ninguna lengua carece de *x*», «Ninguna lengua tiene *y*» ∼ «Todas las lenguas carecen de *y*». Estas variaciones son un hecho exterior, determinado por los presupuestos de las preguntas a las que las formulaciones implícitamente responden. Desde el punto de vista objetivo, los universales negativos absolutos, del tipo «Ninguna lengua tiene *y*», tienen poco interés, ya que las posibilidades negativas son, en este caso, infinitas. En cambio, las formulaciones negativas son objetivamente interesantes en los casos de negatividad relativa, es decir, cuando se trata de propiedades del lenguaje que tienen ellas mismas sentido negativo; así, en los casos de limitación numérica de las posibilidades («Ninguna lengua tiene más de *n* entidades del tipo *x*»), de implicación de ausencias (ausencia concomitante de dos posibilidades) o de exclusión de ciertas posibilidades de una serie lógicamente determinada, aunque también estos casos admiten, todos, formulaciones positivas correlativas [41].

———————

implicaciones que el mismo estudioso establece acerca del orden de las palabras.

[41] Así, por ejemplo, «Ninguna lengua tiene como orden preferido uno de los siguientes órdenes: Verbo-Objeto-Sujeto, O-S-V, O-V-S», formulación que implica (y está implicada por) la formulación positiva correlativa: «Los tres órdenes preferidos, entre los seis posibles, son: S-V-O, S-O-V, V-S-O» (Greenberg, *UL*, pág. 61).

II

1. UNIVERSALES DEL LENGUAJE Y UNIVERSALES DE LA LINGÜÍSTICA

1. Los universales del lenguaje deben distinguirse rigurosamente de los u n i v e r s a l e s   d e   l a   l i n g ü í s t i c a. Los universales del lenguaje son propiedades del lenguaje mismo, que pueden ser establecidas e identificadas por la lingüística, mientras que los universales de la lingüística son propiedades de la lingüística y que sólo se justifican a este nivel, por exigencias de orden interno de la lingüística como ciencia.

2. En cierto sentido, claro está, todas las nociones científicas que se refieren al lenguaje pertenecen a la lingüística y, por tanto, toda teoría lingüística, explícita o implícita, es universal, puesto que se sitúa en el plano de los conceptos, que son por definición «universales» (cf. I, 2.2.1.) [42]. En este sentido, toda forma de la lingüística, así como toda disciplina lingüística particular —la gramática o la semántica léxica, la gramática histórica o la dialectología, etc.—, tiene sus «universales», es decir, sus conceptos o nociones, sus categorías, sus esquemas de interpretación, definidos o tá-

---

[42] Desde este punto de vista, un título como *Universals in Linguistics Theory* es pleonástico, ya que contiene dos veces la noción de universalidad. Bach y Harms lo admiten, por lo demás, explícitamente en su prefacio (pág. VI): «Every paper in the volume is concerned in one way or another with questions of general linguistic theory, that is by necessity with 'universals'».

citamente adoptados, en principio, para toda lengua posible, tanto a nivel de la teoría como a nivel del análisis y de la descripción. Y, desde este punto de vista, la *cognatio litterarum* de la gramática histórica del Renacimiento era un universal en la misma medida que la *ley fonética* de los neogramáticos o que la noción de *oposición* de la lingüística estructural.

3.1.   Pero es preciso distinguir las *nociones reales* de las *nociones formales*, es decir, las nociones que se refieren al objeto de una ciencia, de las nociones que conciernen a los postulados, al método y a los procedimientos de esta ciencia. Es cierto que toda teoría de un objeto real es una interpretación, y no una copia, de la realidad y que las nociones científicas —las reales no menos que las formales— sólo tienen su sentido preciso en el marco de una teoría; pero esto no significa que las nociones reales sean enteramente arbitrarias y no tengan relación con el objeto de esta teoría, mientras que las nociones formales son efectivamente arbitrarias desde el punto de vista del objeto. Ahora bien, la lingüística, como toda ciencia, incluye, además de las nociones reales, nociones formales justificadas por sus propias exigencias intrínsecas, por ejemplo, por exigencias de economía, de elegancia, de simplicidad, de coherencia del sistema de descripción y análisis, por la coherencia con ciertos postulados, o incluso por la exigencia de universalidad de la descripción. Y, en casos particulares, sus decisiones son muchas veces decisiones formales. Así, la noción de *fonema* es, ciertamente, una noción establecida en una determinada teoría, pero es una noción «real»: tiene, o pretende tener, un *correlatum* en la realidad del lenguaje, de manera que las definiciones de esta noción, así como las discusiones en torno al fonema, se refieren necesariamente a esa realidad [43]. Lo mismo ocurre con nociones como *verbo, sustantivo, oración,* etc. Por el contrario, si, por exigencias del método de descripción, se admite la «juntura» como fonema (segmento fonemático), la noción se convierte, en esta aplicación, en una noción formal [44]. Del mismo modo, si, en el caso de una lengua que sólo tuviera dos vocales y que presentara una estructura silábica constante del tipo CV, se decidiese, por razones de economía del sistema de descripción, considerar las vocales como rasgos distintivos de las consonantes [45], esta decisión sería una decisión formal concerniente a la descripción, no a la lengua descrita.

---

[43] El carácter de la noción no cambia por el hecho de que se pueda decir que el fonema (es decir, su *correlatum* en la realidad del lenguaje) no existe. En efecto, esto sólo es posible en el caso de las nociones reales. En cambio, los objetos de las nociones formales existen siempre: son las convenciones mismas que ellas expresan.

[44] Por consiguiente, no podemos estar de acuerdo con Katz y Postal, que definen los universales únicamente en relación con la lingüística: «Thus a formal universal is a specification of the form of a statement in a linguistic description, while a substantive universal is a concept or a set of concepts out of which particular statements in a linguistic description are constructed. The list of all substantive universals that the theory of linguistic descriptions makes available to particular linguistic descriptions is the stock of theoretical concepts that may be drawn upon in the construction of the rules and lexical formulations of a given linguistic description» (*An Integrated Theory*, pág. 160). En una teoría y en una descripción lingüística se presentan tanto universales lingüísticos como universales de la lingüística. Por ello, la afirmación de Chomsky, *Aspects*, pág. 28: «The study of linguistic universals is the study of properties of any generative grammar for a natural language», es aceptable si por «grammar» se entiende «sistema gramatical de una lengua» y se considera que este sistema como tal es generativo, pero no lo es si por «grammar» se entiende la gramática en cuanto descripción y por «generative grammar», un tipo particular de gramática.

[45] Cf. el caso interpretado en este sentido por Hockett, *UL*, página 19.

3.2. Llamamos universales *de la lingüística* a los universales que corresponden a nociones y a decisiones formales de la lingüística [46]. Si, por ejemplo, se observa que todas las lenguas conocidas que tienen /ɛ/ tienen también /e/ y se generaliza esta observación bajo la forma de una implicación entre /ɛ/ y /e/, ello representa un universal implicativo d e l l e n g u a j e. Si, en cambio, en una determinada teoría, una /ɛ/ sólo se admite si se opone a una /e/, ello también constituye una implicación, pero una implicación d e l a l i n g ü í s t i c a. Las dos implicaciones pueden ser formuladas de manera idéntica: «Ninguna lengua tiene /ɛ/ si no tiene /e/», pero su sentido es radicalmente diferente. La primera afirma la presencia concomitante de los dos fonemas e n e l l e n g u a j e, la segunda afirma su presencia concomitante e n l a i n t e r p r e t a c i ó n. La primera, si se aplica a todas las lenguas, es una hipótesis: una lengua que posea /ɛ/ pero no /e/ será, desde este punto de vista, una excepción. La segunda vale desde el principio para todas las lenguas y es siempre verdadera, porque es tautológica con respecto a la decisión formal en la que se funda. Una lengua que posea /ɛ/ pero no /e/ no será una excepción desde este punto de vista: se dirá simplemente que posee un solo fonema /e/ y que no tiene /ɛ/, puesto que su [ɛ] material no se opone a una [e]. Ello se debe a que la primera implicación comprueba un «estado de cosas», mientras que la segunda, en rigor, sólo expresa una exi-

---

[46] Una analogía podrá servir para precisar mejor esta distinción. Si, por ejemplo, todas las llanuras (o bien las llanuras definidas como tales en geografía) fueran verdes, tal hecho sería un universal «real» de los aspectos de la tierra; universal que la ciencia geográfica podría establecer (comprobar). Si, en cambio, independientemente del color de las llanuras «reales», se decide que todas las llanuras serán representadas por el color verde en los mapas geográficos, esto constituirá un universal de la geografía (en cuanto cartografía).

gencia del modelo de descripción; exigencia de la que, por lo demás, nada puede deducirse en el sentido empírico. Lo mismo ocurre con una implicación como: «Toda lengua que posea consonantes posee también vocales, y viceversa» (admitiendo que tenga también un sentido «real»); en cuanto universal implicativo del lenguaje, tal implicación significa que las consonantes y las vocales se implican recíprocamente en las lenguas, mientras que como universal implicativo de la lingüística puede significar que consonantes y vocales se implican recíprocamente en la interpretación. Así, en el caso de nuestra lengua hipotética sin vocales funcionales (cf. I, 2.2.3.1.), se podrá decir, desde el punto de vista de cierta teoría, que tal lengua, no teniendo vocales, tampoco tiene consonantes.

4.0. Los universales de la lingüística son perfectamente legítimos a nivel de la lingüística —al menos en el sentido estricto en el que se adoptan y en la medida en que se justifican a este nivel—, y no constituyen obstáculo para la búsqueda de universales del lenguaje si no se confunden con éstos. Pero esto último es precisamente lo que con mucha frecuencia sucede. Es decir que, en el fondo, se dice: «Las lenguas tienen x porque la teoría (o la descripción) tiene (o necesita) x». Se trata de *transitus ab intellectu ad rem* debidos, en particular, a la identificación del nivel del análisis conceptual con el nivel histórico de las lenguas y del nivel de la descripción con el nivel del objeto que se describe.

4.1. Consideremos, por ejemplo, la tesis —muchas veces repetida después de Aristóteles— de que todo verbo contendría el verbo «ser», de suerte que ὁ ἄνθρωπος βαδίζει y ὁ

ἄνθρωπος βαδίζων ἐστί serían «lo mismo»[47]. Esta tesis ha
sido muy criticada en la lingüística moderna. Pero, en realidad, puede tener un sentido muy preciso y, al mismo tiempo,
perfectamente razonable, si se la interpreta en el nivel del
análisis conceptual, es decir, como análisis de la noción de
«verbo». En efecto, si se concibe el verbo como aquella categoría verbal («parte de la oración») que tiene fundamentalmente la función de transformar las «palabras» en «oración», lo *dicibile* en *dictum*[48], se puede muy bien sostener
que el verbo «ser», en su función de cópula, representa la
verbalidad pura y que, en este sentido, cualquier otro verbo
contiene un significado léxico (que puede representarse por
Lex) y el verbo «ser». Sin embargo, en este sentido, el participio βαδίζων que aparece en la explicación de βαδίζει ya
no es el βαδίζων de la lengua griega (donde βαδίζει y βαδίζων ἐστί no significan lo mismo), sino el nombre de un significado léxico indeterminado desde el punto de vista categorial, y ἐστί no es gr. ἐστί (que tiene también otras funciones), sino solamente el nombre de la verbalidad pura. Es
como si se dijera que todo verbo es *Lex* + «verbalidad», en
el sentido que se acaba de precisar[49]. Pero el análisis con-

---

[47] Aristóteles, *Met.* Δ, 1017a, 26-30. Adviértase, sin embargo, que
en Aristóteles no se trata de una interpretación lingüística, sino sólo
del hecho de que estas dos expresiones representan el mismo tipo de
predicación (predicación de actividad).

[48] Cf. lo que dice Aristóteles del ῥῆμα, *De Int.*, 16b, 6-7: καὶ ἔστιν
ἀεὶ τῶν καθ᾽ἐτέρου λεγομένων σημεῖον; y W. von Humboldt, *Über
die Verschiedenheit*, págs. 608-609.

[49] Cf. la interpretación esencialmente exacta de J. W. Meiner,
Versuch, págs. 80-81, en sus definiciones del verbo y del adjetivo:
«*Verba*, die etwas unselbständiges bezeichnen und zugleich die *Copulam propositionis* mit in sich schliessen. Daher sie zu weiter nichts,
als nur alleine zu Prädikaten gebraucht werden können... *Adjectiua*,
die zwar, wie die *Verba*, etwas unselbständiges bezeichnen, aber
nicht so, wie die *Verba*, eine *copulam propositionis* mit in sich
schliessen»; y Humboldt, *l. c.*

ceptual como tal no dice que los verbos, en las diferentes lenguas, «proceden» de una combinación de ciertos elementos lexemáticos con el verbo «ser» de estas lenguas (que podría no existir), no afirma el carácter primitivo del verbo «ser» en el sentido glotogónico o histórico y no atribuye siquiera el verbo a todas las lenguas (si de hecho el verbo es una categoría «universal», tal hecho debe establecerse por otros medios o mediante otras consideraciones). Y, sobre todo, el análisis bien entendido no atribuye existencia autónoma a las entidades que distingue: «ex-plica» simplemente lo que está «im-plicado» en la noción, pero no supone una síntesis de estas entidades. Si luego, partiendo de este análisis, se dice que el verbo «ser» es en todas partes el verbo primitivo y que los verbos surgen efectivamente en las lenguas por combinación de un lexema con el verbo «ser», esto constituye un universal de la lingüística histórica, precisamente un universal en cuanto hipótesis, que, para convertirse en un universal del lenguaje, debe comprobarse y que, como es sabido, no se comprueba [50]. Si en la descripción de una lengua se decide presentar los verbos como *Lex* + «ser», se trata de un universal de la descripción, que deberá ser justificado por exigencias concernientes a este nivel. Y si se considera que en la lengua misma que se describe los elementos *Lex* y «ser» existen como entidades autónomas en cierto nivel de la intuición lingüística y que los sujetos hablantes combinan en la «producción de ora-

---

[50] En efecto, el verbo «ser» es «primitivo» en el sentido racional, es decir, en el sentido de que es el verbo más simple, y no en el sentido histórico. Históricamente, lo cierto es más bien lo contrario: en general, el lenguaje va de lo complejo a lo simple, más bien que de lo simple a lo complejo. Así, por ejemplo, el artículo (actualizador simple) ha surgido en muchas lenguas por reducción de la función mucho más compleja de los deícticos situativos («demostrativos»).

ciones» estas entidades para formar con ellas verbos, se
atribuye al lenguaje un universal de la descripción.

4.2. Esto es, *mutatis mutandis*, lo que se presenta en
una interpretación reciente de los sustantivos[51], según la
cual éstos podrían considerarse, en gramática generativa,
como procedentes de oraciones de relativo en la «estructura
profunda». Así, ingl. *the man* podría interpretarse como
una sustitución ulterior, por transformación, de una estructura profunda del tipo *the one who is a man*[52], que constituiría un «universal del lenguaje». Ahora bien, cabe observar,
ante todo, que, motivada al principio por una intuición certera acerca de los sustantivos como *profesor, lingüista, estructuralista* (*nomina adiecta* o *appellationes*) —que tienen,
en efecto, una relación de afinidad con las oraciones relativas y cuyo comportamiento sintáctico es muchas veces diferente del de los sustantivos como *libro, árbol, hombre* (*rerum nomina* o *nomina absoluta*)[53]—, esta interpretación llega
a anular precisamente la distinción que constituye su punto
de partida. Pero, aun admitiendo que esta distinción sea re-
cuperable en otro nivel del análisis, el hecho importante es
que, de todos modos, se trata de un universal de la lingüística, que puede justificarse en cierto tipo de gramática, y
no de un universal del lenguaje. En realidad, lo que la interpretación aludida dice es simplemente que un sustantivo
puede considerarse como «sustantividad + *Lex*»; y, en el

---

[51] La de E. Bach, *ULT*.

[52] La fórmula *the one who is a man* no es, claro está, sino la
'traducción' al inglés de una estructura mucho más abstracta, en la
que el nombre sustantivo *man* no está presente en esta forma en el
predicado de la oración de relativo.

[53] La distinción entre los *rerum nomina*, o *nomina absoluta*, y las
appellationes se halla en J. L. Vives, *De censura veri*, pág. 146. El
término *nomina adiecta* lo hemos propuesto nosotros mismos.

caso de ingl. *man,* esta fórmula expresa un análisis operado por la lingüística, no una síntesis «actual» en el lenguaje. En efecto, en las lenguas conocidas, los sustantivos —al menos los sustantivos primarios (entre ellos, ingl. *man)*— ya están dados: no son «sintetizados» por los hablantes en el momento de la producción de las oraciones por combinación de sustantividad y *Lex.* Si hay lenguas en las que el significado léxico y el categorial son autónomos y donde, por consiguiente, todos los sustantivos son «sintetizados» en los actos de hablar, esas lenguas son, por esta misma razón, diferentes de las lenguas en las que los sustantivos primarios se presentan desde el principio como «categorizados», y no es lícito anular esta diferencia y atribuir la síntesis a todas las lenguas, bajo el pretexto de que en ambos casos se trata de significado léxico y significado categorial y haciendo abstracción del hecho de que el modo de darse estos significados no es el mismo en las dos clases de lenguas [54].

4.3.   Una forma más avanzada de la interpretación que se acaba de discutir es la de afirmar que, en general, las palabras lexemáticas correspondientes a categorías verbales —los sustantivos, adjetivos, verbos— podrían «derivarse» de una base común indeterminada, que luego se determinaría, según los casos, como sustantivo, adjetivo o ver-

---

[54] No hay duda de que la interpretación «sintética» de los sustantivos hace que el inglés se parezca al nootka (lo que según Bach, *ULT,* págs. 114-115, sería un progreso hacia la universalidad); pero lo cierto es que esto no tiene nada que ver con los universales del lenguaje. En la investigación de universales del lenguaje no se trata de h a c e r semejantes las lenguas, sino de comprobar en qué medida lo s o n efectivamente: se trata de b u s c a r los universales, no de a d o p t a r l o s suprimiendo o reduciendo en la descripción las diferencias entre los sistemas lingüísticos. La exigencia de universalidad de una gramática, en el sentido descriptivo, puede justificar universales de la lingüística, pero no universales del lenguaje.

bo [55]. Así, ingl. *tall* y *tallness* podrían interpretarse como procedentes de la misma base. Al mismo tiempo, se nos dice, ello constituiría una base más universal que la de las «clases léxicas», puesto que suprimiría los desacuerdos entre las lenguas en este campo: la misma base podría ser transformada, por ejemplo, en adjetivo en una lengua y en verbo en otra. Ahora bien, ya en el caso de una misma lengua, esta interpretación no deja de presentar dificultades. Es cierto que, para fines didácticos, se puede decir, por ejemplo, que el significado léxico es el que es común a los términos de cada una de las series españolas *blanco — blancura — blanquear, negro — negrura — negrear,* y el significado categorial, el que es diferente para cada uno de los términos de cada una de estas series, pero idéntico en los pares *blanco — negro, blancura — negrura, blanquear — negrear.* Sin embargo, esto no implica en cada caso una derivación directa de *Lex* + significado categorial, dado que en español *blancura, blanquear* y *negrura, negrear* se desarrollan a partir de *blanco* y *negro,* respectivamente, e implican estos términos en cuanto y a d e t e r m i n a d o s c o m o a d j e t i - v o s . Del mismo modo, en inglés tampoco tenemos *Lex* «tall» + adjetividad, *Lex* «tall» + sustantividad, sino *tall,* adjetivo → *tallness,* sustantivo. Y el orden del desarrollo puede ser diferente en series análogas [56]. Pero ésta no es sino una dificultad marginal que puede resolverse fácilmente, en el marco de la misma teoría, adoptando transformaciones específicas para cada lengua: así, por ejemplo, partiendo de la base indeterminada, se llegaría primero a *tall* y, de

---

[55] Es otra vez E. Bach quien lo afirma, en *ULT,* págs. 120-121.

[56] Así, por ejemplo, it. *vero — verità,* pero esp. *verdad — verdadero.* Esto no deja de tener consecuencias para la «producción de las oraciones»: cf., en efecto, it. *un vero amico* — esp. *un verdadero amigo,* pero it. *È vero* — esp. *Es verdad.*

éste, se pasaría luego a *tallness*. Preguntémonos, más bien, si la base misma que se adopta en esta interpretación puede ser un universal del lenguaje. Ante todo, esta interpretación significa que las palabras lexemáticas (primarias) pueden considerarse, respectivamente, como *Lex* + sustantividad, *Lex* + adjetividad, *Lex* + verbalidad. Esto es perfectamente aceptable en cuanto análisis; pero si se considera este análisis como correspondiente a una síntesis «actual» en el lenguaje, se tienen las mismas dificultades que se han visto en el caso de *man* ← *the one who is a man*, en lo que concierne a la disponibilidad de estos significados y a la posibilidad de «sintetizarlos» en las diferentes lenguas. En segundo lugar, *Lex* se aplica en esas fórmulas, en cada caso, a un significado léxico de una lengua determinada. Pero la organización del significado léxico no es la misma en las diferentes lenguas. Por lo tanto, si el análisis se aplica a varias lenguas (o a todas las lenguas) simultáneamente, la base común no puede ser *Lex*, sino sólo una realidad extralingüística designada por lexemas funcionalmente diferentes en las diversas lenguas: un *designatum*, que podría eventualmente representarse por medio de un lenguaje lógico universal [57]. En consecuencia, lo que la interpretación que vamos discutiendo dice, es sólo que la misma realidad puede ser designada por categorías verbales diferentes, tanto en una misma lengua como en lenguas diferentes. Ahora bien, los universales lingüísticos implicados en esta comprobación

---

[57] Por lo demás, esta dificultad se presenta también en el caso de *man* ← *the one who is a man*. ¿Se tratará, pongamos, de *homo*, *Mensch* o de *vir*, *Mann*? Ciertos lexemas p u e d e n ser idénticos en lenguas distintas, desde el punto de vista de la designación (p u e d e n delimitar las mismas realidades extralingüísticas); pero esto no se sabe de antemano y, de todos modos, tal posibilidad no puede suponerse para t o d o s los lexemas de t o d a s las lenguas: al contrario, es una posibilidad bastante limitada.

son: 1) que todas las lenguas tienen categorías verbales;
2) que las categorías verbales pueden ser diferentes en lenguas diferentes; 3) que el empleo de las categorías verbales no depende, en principio, del *designatum*, de la realidad
designada. En cambio, la identidad de la realidad designada
es, por definición, un hecho no lingüístico: no es más que el
punto de referencia, puramente negativo, con respecto al
cual se consideran las lenguas. Si se decide comenzar la descripción de las lenguas a nivel de la realidad designada —o
de esta realidad considerada como concebida por un pensamiento no lingüístico— y no llegar a las funciones y a las
estructuras lingüísticas sino por medio de transformaciones
de una estructura «profunda» extralingüística, ésta es una
decisión formal en cierto tipo de gramática; decisión que se
puede aceptar o no, pero que no puede justificar ningún
universal del lenguaje. Tal decisión significa simplemente
que, en este tipo de gramática, el lenguaje y las lenguas
—con sus identidades y sus diferencias— no se presentarán
como tales sino a un nivel ulterior de la descripción. Cabe
observar, además, que los significados categoriales tampoco
son indiferentes: corresponden a diferencias «in der Weise
der Erfassung» [58], en la manera de concebir y representar

---

[58] E. Husserl, *Erfahrung und Urteil*, pág. 249. Bach, *ULT*, pág. 122,
considera que su interpretación de las «clases léxicas» constituye al
mismo tiempo una refutación de la hipótesis de «Humboldt-Sapir-
Whorf». Mas esto no es de ningún modo aceptable. La hipótesis de
Whorf (que, sin embargo, no puede atribuirse sin restricciones a
Humboldt, en quien el polo de la universalidad no está menos acentuado que el del carácter «individual» de cada lengua) es, en efecto,
falsa. Pero no se la puede refutar separando la realidad designada
del significado categorial y adoptando una «estructura profunda» no
lingüística, ya que la hipótesis misma se refiere al pensamiento lingüístico (es decir, al pensamiento lingüísticamente organizado) y,
desde este punto de vista, si la misma realidad se designa en una
lengua mediante un adjetivo y en otra lengua mediante un verbo, las
dos lenguas no dicen propiamente «lo mismo» (cf. nota 69).

lingüísticamente la realidad objetiva, y no pueden ser presentados como transformaciones «asemánticas» de una estructura de base idéntica. Y, de todos modos, la búsqueda de universales lingüísticos no comienza sino ahí donde comienzan el lenguaje y las lenguas. Sólo a este nivel podemos preguntarnos razonablemente, por ejemplo, en qué medida las lenguas tienen las mismas categorías verbales y en qué medida los mismos hechos de la realidad extralingüística se designan mediante las mismas categorías en lenguas diferentes.

4.4.0. Por lo demás, las nociones mismas de «estructura profunda» y «transformación» —al menos en el sentido en que las más de las veces se emplean en la lingüística actual— pertenecen al vasto dominio de los universales de la lingüística, no al de los universales del lenguaje.

4.4.1. En efecto, si por «estructura profunda» se entiende la estructura semántica de las relaciones sintácticas, que no coincide con las relaciones en la cadena hablada (que, por otra parte, siendo una línea, es un «orden», no una «estructura»), esa estructura es, evidentemente, un universal del lenguaje. Pero no hay estructura sintáctico-semántica común a una oración activa y a su equivalente pasiva. En este caso se trata de una equivalencia extralingüística, dada e n l a d e s i g n a c i ó n , y la «profundidad» de las lenguas no va más allá de la estructura de la significación. Si también en este caso se habla de una «estructura profunda» común, tal estructura es un universal de la lingüística, adoptado para resolver ciertos problemas de cierto tipo de gramática [59]. En otro tipo de gramática, se podrá sostener que es

---

[59] Si por «estructura profunda» se entiende estructura semántica propiamente dicha (estructura del contenido lingüístico), y por «es-

precisamente la estructura semántica la que es más «profunda», y que es primaria con respecto a la designación. Lo mismo ocurre si en una teoría se afirma que el adjetivo atributivo (epíteto) «procede» del adjetivo predicativo y que la expresión *el cielo azul* implica de alguna manera la afirmación «el cielo es azul». En otra teoría se podrá sostener, con buenas razones, que es más bien *el cielo es azul* lo que «procede» de *el cielo azul* y que el análisis *el cielo — azul* (o sea, la separación lingüística de la cualidad inherente a una «sustancia») es condición necesaria de la síntesis (re-atribución de la cualidad a la «sustancia») que esta oración representa. Y se podrán encontrar también argumentos puramente sintácticos en apoyo de esta última tesis (por ejemplo, el hecho de que hay efectivamente construcciones predicativas del tipo «sustantivo + adjetivo», en las que el verbo *ser* está ausente y que no coinciden por ello con las construcciones en las que el adjetivo funciona como atributo).

4.4.2. En lo que atañe a las tranformaciones —si se dejan de lado las transformaciones necesarias para pasar de la estructura sintáctico-semántica a la cadena hablada («estructura superficial» [pero cf. lo dicho más arriba])—, es preciso distinguir las transformaciones «reales» de las que sólo pertenecen a la técnica de la lingüística (o de cierta lingüís-

---

tructura superficial», los procedimientos de la expresión, se puede dudar de la afirmación de Chomsky, *Aspects,* pág. 117, de que «much of the structure of the base is common to all languages». Según nuestra experiencia, las lenguas no son menos diferentes en lo que concierne a la organización de su contenido que en lo que afecta a sus procedimientos de expresión. Algo muy distinto ocurre si por estructura profunda se entiende una estructura no lingüística o «pre-lingüística» (la estructura del «habla no organizada», es decir, de un contenido de pensamiento considerado independientemente de su organización lingüística).

tica). Las transformaciones «reales» son procedimientos de lengua que se revelan en la estructura paradigmática de los sistemas lingüísticos. Así, por ejemplo, esp. *belleza* es, por su contenido, una transformación por sustantivación de *bello(s)* — *bella(s)* en función predicativa. En efecto, el producto final *belleza* («el hecho de ser bello[s] — bella[s]») contiene la base léxica de partida («bello[s] — bella[s]»), la función predicativa («ser») y el resultado de la sustantivación («el hecho de»). Otro tanto puede decirse de los procedimientos de subordinación o, también, de la relación genética de contenido entre un «genitivo» semántico del pronombre personal y el pronombre posesivo[60]. En la medida en que tales procedimientos existen en todas las lenguas, se podrá hablar de universales de lenguaje. En cambio, no hay procedimientos de lengua para transformar una oración activa en su equivalente pasiva ni, mucho menos, para pasar de una estructura profunda común (que no existe como estructura lingüística) a la activa o a la pasiva: en este caso se trata de una opción del habla, que puede efectuarse en un sentido o en el otro. Tampoco hay transformación «real» en el caso del adjetivo predicativo y del adjetivo atributivo: esta vez se trata sólo de una relación entre funciones análogas en paradigmas sintácticos diferentes. Si también en estos casos se adoptan «transformaciones», se trata de operaciones de la lingüística.

4.4.3. Todo ello no significa, naturalmente, que no sea lícito hablar de «estructura profunda» y de «transformación» en un sentido muy próximo a aquel en que se habla corrien-

---

[60] En este sentido, Nebrija, *Gramática*, III, 8, considera esp. *mío, tuyo,* como «derivados» de *de mí, de tí.* En esto sigue, por lo demás, la interpretación dada por Prisciano para el latín.

temente. No vamos a discutir aquí el carácter adecuado de estas nociones ni su utilidad operacioial en cierto tipo de gramática. Es, ésta, una tarea que pertenece a la teoría de la gramática, la que podrá, eventualmente, establecer que una gramática «sintética» (cf. II, 2, 2.3.2.) necesita efectivamente tales nociones. Pero la metateoría de los universales no puede dejar de advertir que, en estos casos, se trata de universales de la lingüística, no de universales del lenguaje.

5. Obsérvese, finalmente, que la búsqueda de universales no tendría sentido si se tratase simplemente de las nociones y operaciones de la lingüística (cf. nota 44): no habría necesidad de buscar los universales en el lenguaje; bastaría con comprobarlos en la lingüística, y se tendrían tantas listas diferentes de universales como formas diferentes de la lingüística se consideren. Por otra parte, tales listas no tendrían ninguna utilidad en lo que concierne a los distintos tipos de universales, pues se trataría siempre de universales en el sentido conceptual (cf. I, 2.1.1.), y, en este sentido, una noción como la de «plural inclusivo» no es menos universal que, por ejemplo, la de «categoría verbal». Pero, evidentemente, el objetivo de la búsqueda de universales no puede ser el de confeccionar un léxico de la terminología y un repertorio de las técnicas de la lingüística. En cambio, puede ser útil hacer un catálogo de todos los rasgos que la lingüística ha considerado o considera como propiedades generales del lenguaje o de las lenguas. Pero, también en este caso, tendríamos, al lado de una serie de universales del lenguaje, universales i m p u e s t o s al lenguaje por tal o cual forma de la lingüística, debido a las confusiones de planos que se han señalado. En particular, la gramática universal tiende, por su propia naturaleza, a i m p o n e r

universales al lenguaje y a adoptar universales no lingüísticos [61].

2. UNIVERSALES, CONTENIDO DE PENSAMIENTO, DESIGNACIÓN

1.0. En la discusión de los universales «de la lingüística» hemos tenido la oportunidad de señalar que los universales del lenguaje no hay que buscarlos en la realidad designada sino en las funciones lingüísticas mismas (cf. II, 1, 4.3.). En efecto, desde el punto de vista lingüístico, es preciso dis-

---

[61] En efecto, la gramática llamada «universal» sólo puede serlo a este precio. Por gramática «universal» entendemos aquí aquella gramática que pretende ser universal en cuanto descripción concreta, adoptando, al menos a cierto nivel, la misma descripción para todas las lenguas, y a la que sería mejor llamar exclusivamente *gramática general*. Pero, naturalmente, toda gramática es universal en cuanto t e o r í a de los conceptos gramaticales y en cuanto m o d e l o de gramática válido para cualquier lengua. Si el modelo mismo es del tipo «general», está sometido a las restricciones que afectan a este tipo en la descripción concreta, mas no en el plano teórico, ya que también tales modelos se ofrecen para toda lengua posible: el hecho de no ser aplicable afecta a su generalidad, no a su «universalidad». En otros términos, la gramática es universal en el sentido de la universalidad propiamente dicha (conceptual o esencial), mas no puede serlo en el sentido de la generalidad empírica (cf. I, 2.1.1.). Así, la gramática de Port-Royal o la de Meiner son perfectamente válidas, en principio, como teorías gramaticales, pero son radicalmente falsas como gramáticas generales; en cambio, la gramática universal de J. Harris (*Hermes: or, a Philosophical Inquiry Concerning Language and Universal Grammar*, Londres, 1751) es casi enteramente válida, puesto que es casi enteramente una teoría del lenguaje y de las funciones gramaticales. En el sentido de la generalidad empírica, la gramática sólo puede ser «universal» en la medida en que se dan efectivamente universales empíricos generales (existentes en todas las lenguas). Pero, en este sentido, es la gramática «universal» (es decir, *general*) la que depende de la investigación concerniente a los universales, no al revés.

tinguir estrictamente entre universalidad de los *designata* y universalidad de los *significata*.

1.1.1. El *designatum* es la realidad extralingüística (realidad experimentada, imaginada o pensada) a la que se aplica, en el acto de hablar, un signo o una construcción de una lengua. El *significatum* o «significado» es el contenido de un signo o de una construcción de una lengua en cuanto dado en y por la lengua misma [62]. Entre los signos o las construcciones de una lengua y la «realidad» a la que se aplican, hay relación de designación; entre los significados, hay relación de significación. La distinción entre realidad designada y significado es, por lo demás, bien conocida en lo que concierne a los significados léxicos. Así, se sabe que esp. *negro* y lat. *niger* pueden —en un acto de hablar determinado— designar exactamente el mismo color, pero que su significado no es idéntico, ya que *niger* significa «negro brillante», oponiéndose a lat. *ater*, «negro opaco». Pero la misma distinción debe hacerse también para las construcciones y funciones gramaticales. Así, si en las situaciones en las que el latín emplea expresiones del tipo *homines dicunt*, otra lengua sólo emplea expresiones del tipo *homo dictitare*, esta última lengua d e s i g n a , sin duda, la «pluralidad» real, pero no tiene «plural» (del sustantivo) como s i g n i f i c a d o o f u n c i ó n s e m á n t i c a [63]. Entre el latín y nuestra lengua hipotética, hay, en este caso, identidad de designación, pero no de significación.

---

[62] Cf. «Bedeutung und Bezeichnung», pág. 105 (en *PSE*, pág. 187).

[63] Reservamos el adjetivo «semántico» para las relaciones de significación; así, «función semántica» significa «función que se halla en una determinada relación semántica en una lengua determinada».

1.1.2. La misma designación puede corresponder a varias funciones semánticas y, al revés, la misma función semántica puede corresponder a varias designaciones; ello, tanto en una misma lengua como en lenguas diferentes. Es decir que se pueden comprobar las relaciones siguientes:

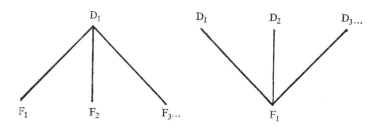

Así, la designación «instrumental» de la construcción española *con x*, que se comprueba en oraciones como *Corto el pan con el cuchillo*, puede expresarse en español por otras funciones semánticas (por ejemplo: *por medio de un cuchillo, utilizando un cuchillo*, etc.), y, al revés, la construcción *con x* puede entrar en otras relaciones de designación (por ejemplo: *con azúcar, con un amigo, con inquietud*, etc.). La misma designación «instrumental» se expresa en latín por la función «ablativo» (*cultrō*), en ruso por la función «instrumental» (*nožom*), en alemán y en francés —como en español— por un «copresencial» [64] (*mit dem Messer, avec le couteau*), pero el ablativo del latín, el copresencial del alemán y del francés y hasta el «instrumental» del ruso pueden emplearse también en otras relaciones de designación en cada una de estas lenguas [65]. De la coincidencia en la de-

---

[64] El «copresencial» alemán no es, sin embargo, totalmente idéntico al copresencial del francés (ni al del español).

[65] Cf. «Bedeutung und Bezeichnung», págs. 117-118 (en *PSE*, páginas 204-206).

signación en un caso particular, no se puede deducir, por consiguiente, nada en lo que concierne a la identidad de las funciones semánticas.

1.1.3. La distinción entre «realidad designada» y «significado» (función semántica) coincide, en el fondo, con la distinción establecida, en la línea de Humboldt, por H. Steinthal, entre «contenido de pensamiento» (*Denkinhalt*) y «forma interior del lenguaje» (*innere Sprachform*) [66]. En efecto, la función 'instrumental' de la construcción española *con x*, en el caso de *Corto el pan con el cuchillo*, puede considerarse como «pensada»; pero no está expresada por una función semántica que le corresponda: desde el punto de vista lingüístico, está subsumida en una función mucho más general. Mejor, quizás, sería hablar de «materia del pensamiento», en la medida en que se trata de un pensamiento «prelingüístico», no formado por una función semántica de una lengua determinada, o sea, de un hecho de «habla no organizada», que podría expresarse por diferentes funciones semánticas de una misma lengua, o también de lenguas diferentes.

1.2. Las cosas no cambian si la realidad designada se considera como pensada por un pensamiento «postlingüístico» (es decir, independiente de las funciones semánticas de las lenguas) y se la representa, por ejemplo, por medio

---

[66] Cf., en particular, *Die Classification*, págs. 61-62: «Es ist also *zwischen dem, was von den Menschen vermittelst ihrer Sprache* und dem, *was von der Sprache selbst ausgesagt wird, was in ihr an und für sich selbst liegt*, wohl zu scheiden». [«Hay que hacer, pues, una clara distinción *entre lo que los hombres dicen por medio de su lengua y lo que se dice por la lengua misma, lo que se da en ella en y por sí misma*»].

de una notación lógica. Desde el punto de vista del lenguaje, un «lenguaje lógico», en la medida en que se presenta como universalmente válido y hace abstracción de las funciones semánticas de las lenguas llamadas «naturales» (que, por lo demás, son las únicas *lenguas* que existen), es un sistema designativo que, con respecto a los significados lingüísticos, se halla en el mismo nivel de la realidad designada: es una «imagen» de esta realidad. En efecto, una notación «simbólica» es tal en el sentido propio del término: *presenta* la realidad, la «simboliza», pero no la significa. La diferencia entre las imágenes propiamente dichas de situaciones reales como las que se designan, por ejemplo, mediante *Pedro pega a Pablo, Pedro es mayor que Pablo*, y las notaciones simbólicas como *Ag — Acc — Obj* («Agente — Acción — Objeto»), A > B, está dada por la generalidad de estas últimas: por el hecho de que tales notaciones valen para todas las situaciones de esos tipos. Otro tanto se puede decir de las notaciones simbólicas menos elementales que las de nuestros ejemplos: se trata siempre de esquemas generales de la designación, o sea, de reproducciones generalizadas de la realidad designada.

1.3. Por consiguiente, en lo que sigue hablaremos simplemente de «designación» y de «realidad designada» (*designatum*), sin hacer la distinción —necesaria en otros aspectos— entre pensamiento prelingüístico, realidad extralingüística como tal y realidad considerada como pensada por un pensamiento lógico: desde el punto de vista del lenguaje, se trata en todo caso de la «materia» de las funciones semánticas.

2.1.1. Ahora bien, en las investigaciones lingüísticas de muchos lógicos, así como en ciertas corrientes de la lingüís-

tica actual, sobre todo en la gramática generativa y, muy
particularmente, en la gramática generativa que asume
como «estructura profunda» una estructura llamada «semántica» (en realidad: estructura del *designatum*), se adopta,
en la consideración de las lenguas, precisamente el punto de
vista de la designación. Aparentemente, ello se hace a menudo dentro de una misma lengua; así, por ejemplo, cuando se establecen estructuras profundas comunes, en cada
caso, para *Caesar Pompeium vicit — Pompeius a Caesare
victus est, A ist grösser als B — B ist kleiner als A* («A es
mayor que B» — «B es menor que A»), *La porte est ouver-
te — La porte n'est pas fermée*. Pero, puesto que en todos
estos casos las estructuras profundas que se adoptan son
simplemente los *designata*, ellas pueden fácilmente aplicarse a varias lenguas a la vez o, incluso, en principio, a todas
las lenguas; y los generativistas no han tardado mucho en
advertirlo. En este sentido, las lenguas de construcción ergativa, en las que se dice más o menos lo que se podría
explicar en alemán por: 1) «*es schläft ihn*»; 2) «*es schlägt
ihn*»; 3) «*es schlägt ihn von seiten von Paul*», en las situaciones en las que el francés dice: 1) *il dort*; 2) *on le bat* o
it est battu; 3) *Paul le bat* o *il est battu par Paul*, tienen,
desde luego, la misma «estructura profunda» que las lenguas de construcción «subjetiva», ya que los hechos extralingüísticos designados en uno y otro caso son los mismos.
Asimismo, ya se ha observado que se puede adoptar la misma «estructura profunda» para expresiones como *A is taller
than B — A surpasses B in tallness*, tanto en una misma
lengua como en lenguas diferentes y que, eventualmente,
sólo conocen una de estas posibilidades [67]. Y, evidentemente
se puede ir también más lejos y atribuir la misma estructura

---

[67] Cf. lo que afirma Bach, *ULT*, págs. 121-122.

de base también a lenguas africanas que, en casos análogos, dicen «A es grande, sobrepasa a B», o incluso a una lengua australiana que dice «A es grande, B es pequeño»[68], puesto que en todos estos casos se trata de un designatum del tipo A > B. De aquí que esas estructuras de base sean presentadas como «universales del lenguaje» por los lingüistas que las adoptan[69].

2.1.2. El hecho mismo de que para establecer estructuras «profundas» se utilice la técnica de las paráfrasis es revelador en lo que concierne al punto de vista que en esta ope-

---

[68] Tomamos estos ejemplos de Greenberg, *UL*, pág. 69.

[69] Householder, *ob. cit.*, pág. 42, observa a propósito de las estructuras profundas adoptadas por los generativistas en los últimos tiempos: «And how does it mean any more than to say 'Anything that can be expressed in one language can be expressed in any other'?». Nosotros diríamos más bien: todo lo que s e d e s i g n a por medio de una lengua puede ser designado también por medio de otra. En efecto, si una lengua dice *puer aegrotus est* y otra lengua sólo dice algo así como «puer aegrotat», ésta designa la misma realidad que la primera, pero, en rigor, no expresa lo mismo. En principio, las lenguas h a b l a n de las mismas cosas, pero no d i c e n «lo mismo». En cuanto a la posibilidad de d e c i r efectivamente «lo mismo», tal posibilidad existe, y es incluso muy amplia, pero no es absoluta. Si una lengua hace una distinción que otra lengua no hace, ésta última p u e d e hacer la misma distinción añadiendo determinaciones suplementarias. Así, para lat. *ater* se puede decir en español *negro opaco*. Pero lo contrario no es cierto. En aquella forma del latín en que se distingue entre *ater* y *niger*, no se puede decir simplemente «negro». Del mismo modo, si para la realidad designada por el esp. *duerme*, fr. *il dort*, una lengua sólo dice «es schläft ihn», «se le duerme», esta lengua no puede decir «duerme», «il dort». En casos semejantes se puede, esto sí, e x p l i c a r en una lengua lo que dice la otra. En latín se puede explicar que esp. *negro* corresponde a *ater* — *niger* sin distinción de luminosidad; en alemán se puede explicar por medio de *es schläft ihn*, «se le duerme», lo que una lengua de construcción ergativa dice para al. *er schläft*, «duerme». Pero esto es metalenguaje: ya no se trata simplemente de hechos «de lengua», sino de procedimientos de la lingüística.

ración se adopta. En efecto, las paráfrasis corresponden a equivalencias en la designación: a «sinónimos cognitivos», no a sinónimos lingüísticos [70]. Desde el punto de vista de la designación, una traducción a otra lengua también es una «paráfrasis»; y una paráfrasis en la misma lengua no es sino una traducción «interna». Ello significa que son, precisamente, las relaciones de designación, y no las funciones semánticas de las lenguas, las que se consideran. Y el hecho de que, para representar las estructuras profundas, se haya recurrido a menudo a una notación simbólica no es menos sintomático a este respecto.

2.2.1. Tanto en la lingüística funcional como en el caso de las corrientes aludidas de la lingüística actual, se trata, en el fondo, de la relación realidad — lenguas:

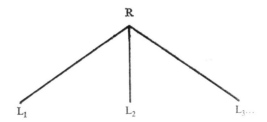

---

[70] Obsérvese también que la mayoría de las veces se habla de equivalencias de oraciones. Pero, puesto que se trata de situaciones designadas, esas equivalencias son, en realidad, equivalencias de «textos» o, al menos, de oraciones empleadas como textos completos. Y no es un hecho poco frecuente el de que, a una sola oración de una lengua, correspondan varias oraciones en otra; cf. la relación entre al. *er holt Wasser*, it. *va a prendere dell'acqua* y las expresiones de las lenguas que, en este mismo caso dicen «va, toma, trae agua», o también el ejemplo *A es mayor que B* — «A es grande, sobrepasa a B».

Pero, mientras que en la lingüística funcional los estudiosos se han esforzado sobre todo por mostrar que las lenguas son diferentes en relación a la realidad idéntica que designan (es decir, que no analizan de la misma manera la realidad designada), en una parte de la lingüística actual se han hecho grandes esfuerzos y se ha desarrollado toda una técnica para mostrar que, a pesar de las diferencias entre las lenguas, la realidad designada es, sin embargo, la misma. Es decir que se afirma simplemente lo siguiente: los sistemas L_1, L_2, L_3, etc. no son, en el fondo, diferentes, ya que todos pueden referirse al plano de R. Con esto se habría descubierto una base universal del lenguaje y se habría superado la lingüística funcional que, en cambio, no habría sabido descubrirla.

2.2.2. Ahora bien, es evidente que esos esfuerzos no alcanzan su objetivo, son vanos, y su resultado es tautológico. No alcanzan su objetivo porque —emprendidos para mostrar que las analogías de las lenguas son más numerosas de lo que comúnmente se piensa— acaban por mostrar que las lenguas coinciden en la designación. Pero esto no es lo mismo que revelar analogías entre las lenguas. Las analogías pueden comprobarse únicamente en el plano de L_1, L_2, L_3, etc., no en el plano de R, que es la base común de referencia con respecto a la cual se establecen tanto las analogías como las diferencias entre las lenguas. El plano de R, cualquiera que sea la manera de concebirlo (pensamiento prelingüístico, realidad objetiva, pensamiento «universal»), es por definición exterior a las lenguas, puesto que no es aún (o ya no es) L_1, ni L_2, ni L_3, etc. Más aún: este plano es exterior al lenguaje simplemente. En efecto, se podría manifestarlo por medio de otro sistema expresivo (música, pintura, gestos) y, en este sentido, el dedo tendido hacia la puerta y *¡Salga! Sortez! Fuori! Hinaus!* tendrían la misma estructura profunda. Esos esfuerzos son vanos, porque, con un derroche extraordinario de energía y de talento, acaban después de muchas vueltas, por demostrar que en las lenguas se habla de la misma realidad, lo cual está admitido de antemano. Finalmente, su resultado es tautológico, pues —dado que la estructura de base que se adopta es extralingüística— significa simplemente que las lenguas no son diferentes en virtud de la realidad que designan (o de la «materia» que organizan), sino únicamente en cuanto lenguas.

2.3.1. Todo esto no quiere decir que la realidad designada no tenga importancia ni que pueda ignorarse. Todo lo contrario. La realidad designada no pertenece al lenguaje, pero, precisamente por ello, es el punto de referencia necesario para toda consideración semántica del lenguaje, en la práctica y en la ciencia. En el análisis semántico de una lengua hay que referirse a la realidad designada para poder establecer de qué manera esta lengua la analiza, es decir, cuáles son los rasgos de la realidad adoptados como rasgos distintivos de sus significados. Describir una lengua «desde su propio punto de vista» no significa ignorar las relaciones que se establecen entre esta lengua y la realidad, sino únicamente describirla desde el punto de vista de *su* análisis de la realidad, y no como sistema designativo, esto es, desde el punto de vista de un análisis no lingüístico de la misma realidad. Por la misma razón, la consideración de la realidad (o del «contenido de pensamiento») es indispensable en la traducción, en el aprendizaje de las lenguas y en la comparación semántica entre las lenguas. En la traducción no se pasa de una lengua L_1 a una lengua L_2 directamente —lo que, por lo demás, no sería siquiera posible, ya que los significados, en la medida en que pertenecen a una lengua determinada, no son «traducibles»—, sino sólo a través del plano de R: en efecto, en la traducción se trata de designar por medio de funciones semánticas de L_2 las mismas «realidades» que, en un texto determinado, están designadas por funciones semánticas de L_1. En el aprendizaje de una lengua L_2 a partir de una lengua L_1, se trata de descubrir las analogías y diferencias que L_2 presenta, con respecto a L_1, en su propio análisis de la realidad. Y el cometido de la comparación semántica de las lenguas es, precisamente, el de mostrar de qué manera la misma realidad está analizada en lenguas diferentes.

2.3.2. Y las equivalencias en la designación dentro de una misma lengua (del tipo: *A es mayor que B* ∿ *B es menor que A, A ve a B* ∿ *B es visto por A*) tampoco carecen de importancia. En efecto, al conocimiento de una lengua pertenece también el conocimiento de los recursos semánticamente diferentes que ella ofrece para la designación de las mismas «realidades»; hecho, éste, que no se ignora en la gramática tradicional. Así, en toda gramática escolar del latín se encuentran, por ejemplo, las diferentes posibilidades que la lengua latina tiene para la expresión de la «finalidad» y equivalencias como (*legati venerunt*) *ut pacem peterent* ∿ *qui pacem peterent* ∿ *ad pacem petendam* ∿ *pacem petentes* ∿ *pacem petituri* ∿ *pacem petitum,* etc. La gramática funcional, debido a su punto de vista analítico, ha acabado necesariamente por desentenderse del examen de este aspecto de las lenguas, pues, en rigor, tal examen constituye tarea de otro tipo de gramática: a saber, de la gramática «sintética» (u onomasiológica), que parte de la designación, del «contenido de pensamiento» que se pretende expresar, y desemboca en la expresión en una lengua determinada.

Es cierto que, partiendo de la designación, se llega, sí, a producir, como se dice, «todas las oraciones correctas de una lengua» pasando *por* las funciones semánticas de esta lengua, pero se llega a ello sin considerar las funciones mismas, e incluso sin poder considerarlas [71], y, por consiguiente, sin poder decir por qué las mismas realidades pueden ser designadas por expresiones diferentes y realidades diferentes por expresiones idénticas, lo que todo hablante sabe perfectamente, aunque de manera intuitiva. De aquí que la gramática que parte de la designación para producir «todas las oraciones correctas de una lengua» —si se presenta como descripción integral y exclusiva de esta lengua— no sea adecuada y no corresponda a la intuición de los hablantes, pues éstos no hablan de la realidad como tal, sino de una realidad ya organizada por su lengua, y para ellos se trata de formar oraciones de acuerdo con las distinciones y las funciones de esta lengua. Pero de ello no se sigue que la gramática «sintética» sea superflua. En realidad, es necesaria; sólo que no tiene sentido sino al lado de —y en relación con— la gramática «analítica» (o semántica), que establece los paradigmas funcionales de la lengua considerada [72].

---

[71] En efecto, los límites de las funciones no aparecen como tales en cada oración por separado, sino sólo en la paradigmática de la lengua. Así, los límites de la función esp. «con x» no son de ningún modo evidentes en la oración *corto el pan con el cuchillo.*

[72] G. von der Gabelentz, que establece la distinción entre gramática sintética y gramática analítica (*Die Sprachwissenschaft*, págs. 84 y sigs.) observa, justamente, que la gramática de cualquier lengua debe hacerse dos veces: «die Sprachen wollen synoptisch, einmal in Rücksicht auf ihre Erscheinungen, und dann in Rücksicht auf ihre Leistungen beurtheilt werden» (*ibid.*, pág. 479) [«las lenguas deben ser consideradas de manera sinóptica: por un lado, con respecto a sus elementos, y, por otro, con respecto a las posibilidades de su funcionamiento»].

2.4. Así, pues, el error no está en referirse a la realidad designada. El error está en adoptar el punto de vista de la realidad designada como punto de vista exclusivo: en considerar esta realidad como un nivel de las lenguas y atribuirle «universales del lenguaje».

3.0. Ello implica que aun los universales de la designación deben establecerse en el lenguaje y desde el punto de vista de las funciones lingüísticas, no al revés. Un universal de la designación es una relación «general» (existente en todas las lenguas) entre una función lingüística y una «realidad» designada.

3.1. En una primera forma muy genérica («todas las lenguas tienen algo para designar la realidad x»), tal relación no implica delimitación idéntica en la designación y en la significación: la misma función semántica podría corresponder también a otras realidades y la misma realidad podría corresponder a varias funciones. Así, en el caso de un «universal» como: «todas las lenguas tienen una función léxica para designar la mano», la designación de la mano podría hallarse subsumida en una función más general (por ejemplo, «mano + brazo», «mano + pie», etc.) o, al contrario, estar repartida entre varias funciones (por ejemplo, «mano derecha» / «mano izquierda»). En este sentido, la búsqueda de universales de la designación no parece prometer mucho, ya que, en este caso —al menos tratándose de la realidad conocida por todos los seres humanos—, es probable que el único universal posible sea precisamente el universal genérico que hemos formulado [73]. Se ha afirmado,

---

[73] Se podrían, a lo sumo, establecer universales negativos; pero el número de éstos es por definición infinito.

por ejemplo, que la 'posesión' se expresa en todas las lenguas. Pero, en primer lugar, se trata de una categoría bastante mal definida. Si se considera un tipo particular de posesión («el hecho de ser propietario de un bien material o espiritual»), se observa que —salvo en los lenguajes «técnicos»— este tipo no se expresa como tal en las lenguas románicas, eslavas y germánicas, donde está englobado en una función mucho más general (más o menos: «conexión real o conceptual, en cuanto dependencia o interdependencia»). Así, en español, en francés y en alemán, los «posesivos» (el verbo «tener», los pronombres posesivos) aparecen en principio para todos los tipos de esta conexión y las diferencias de empleo conciernen únicamente a la distinción entre «dependencia» ($x \rightarrow y$: «y depende de x») e «interdependencia» ($x \leftrightarrow y$: «y depende de x y x depende de y») y, dentro de la «dependencia», a la distinción entre «relación vista en la perspectiva de x» / «relación vista en la perspectiva de y»[74]. Por otra parte, es posible que haya lenguas que delimiten precisamente «el hecho de ser propietario de x» o, incluso, que

---

[74] Las expresiones como *Pedro tiene ojos, Esta mano tiene dedos, Pablo tiene padre,* etc., parecen extrañas a primera vista, pero ello ocurre sólo porque afirman lo que se sabe ya por el «conocimiento general de la realidad». En efecto, basta que esta realidad se haya negado o puesto en duda, o que se la presente como extraordinaria, para que tales expresiones resulten perfectamente normales (así: *Esta mano no tiene dedos. Sí, tiene dedos*). Por lo demás, hay toda una serie de contextos en los que esas expresiones pueden presentarse; cf. «Bedeutung und Bezeichnung», págs. 113-114 (en *PSE*, págs. 198-200). Entre los verbos que expresan la «posesividad de dependencia», alem. *gehören,* empleado con el dativo sin preposición, está limitado, lo más a menudo, a la posesión en cuanto relación de propiedad (*Das Haus gehört dem Lehrer,* «la casa pertenece al maestro»), mientras que esp. *pertenecer,* fr. *appartenir* no están sometidos a tal limitación (cf. *las manos pertenecen al cuerpo; les mains appartiennent au corps*); pero en alemán encontramos también, por ejemplo, *der Tugend gehört Belohnung,* «conviene que la virtud sea recompensada».

distingan diferentes tipos del «hecho de ser propietario de *x*».

3.2.1. En un sentido más estricto, un universal de la designación sería una correspondencia constante entre realidad designada y función semántica; es decir, una implicación recíproca general entre la misma realidad designada y una función semántica determinada. A este respecto se pueden distinguir tres posibilidades: 1) que las funciones coincidan constantemente en la designación aun siendo de naturaleza semántica diferente (tal sería, por ejemplo, el caso de una función exclusiva para designar «el estado de enfermedad» pero expresada, según las lenguas, por un adjetivo, por un sustantivo o por un verbo); 2) que entre las funciones haya también identidad de naturaleza semántica; 3) que las funciones presenten analogía también en su expresión material. La probabilidad de estos casos decrece rápidamente de 1) a 3).

3.2.2. Pero a este respecto hay otra posibilidad, que nos parece mucho más importante, a saber; que haya coincidencia en la designación para varias funciones tomadas en conjunto, para «paradigmas», a pesar de las diferencias entre las funciones específicas dentro de cada paradigma. En efecto, cuando se dice, por ejemplo, que lat. *ater — niger* corresponden a esp. *negro*, se entiende que *ater* y *niger*, tomados en conjunto, designan precisamente la realidad designada por esp. *negro*; de otro modo la comparación no tendría sentido. Asimismo, cuando se comparan ciertos campos léxicos —por ejemplo, it. *fiume — ruscello //* fr. *fleuve — rivière — ruisseau*, o bien los adjetivos que designan la temperatura, los nombres de los colores de las distintas lenguas, etc.—, se admite implícitamente que estos campos, considerados en su conjunto, coinciden en la designación aunque esta coincidencia no se dé para cada uno de los lexemas que los constituyen. Ahora bien, no sólo en el léxico, sino también en la gramática hay «campos» (pues los «campos» léxicos no son, en rigor, sino paradigmas del léxico); por ejemplo, los sistemas de déicticos, los sistemas de personas, etc. Y existe la posibilidad de establecer «campos» en el mismo sentido para estructuras sintácticas complejas. Los paradigmas de los niveles superiores de estructuración gramatical son, lamentablemente, hoy por hoy, bastante mal conocidos, dado el estado deplorable de los estudios de sintaxis funcional propiamente dicha. Pero pensamos que precisamente en esta dirección —mucho más que en lo concerniente a las funciones particulares— se abren importantes posibilidades para la búsqueda de universales de la designación.

CONCLUSIONES

«Todas las lenguas son diferentes unas de otras» — «Todas las lenguas están construidas según los mismos principios y son, en este sentido, idénticas» son afirmaciones contrarias, pero no contradictorias. En efecto, las lenguas no son diferentes en el mismo sentido en que son análogas, y las diferencias no conciernen al mismo nivel que las analogías de principio. Las lenguas son diferentes en su organización semántica y material, pero todas están construidas para la misma función general y son, todas, realizaciones históricas de lo que ya Humboldt y Steinthal llamaban «la idea de lengua». Además, en las lenguas hay analogías que van más allá de la universalidad esencial, es decir, *analogías no exigidas por la idea misma de «lengua» para toda lengua posible.* Por ello la búsqueda de universales lingüísticos es importante y se anuncia como fructuosa, precisamente, *ante todo en el sentido en el que las lenguas son, en principio, diferentes.* Son esas analogías las que podrán revelarnos cuáles son las normas necesariamente seguidas o libremente adoptadas por todos los hablantes en su actividad de crear históricamente las lenguas.

Pero los universales lingüísticos deben buscarse en el lenguaje mismo, no fuera de él. No cabe buscarlos en la lingüística, ya que ésta puede ser artificialmente universalista; y no cabe buscarlos en la realidad designada, puesto que la identidad de la realidad está admitida de antemano. Y tampoco cabe buscarlos en un pensamiento concebido de antemano como «universal». Al contrario: es la doctrina del pensamiento la que puede esperar recibir importantes datos de las investigaciones sobre los universales del lenguaje, pues el lenguaje es el λόγος no diferenciado y, por tanto, el λόγος primario, anterior a cualquier otro tipo de λόγος. Añadamos que los universales deben buscarse en las manifestaciones mismas del lenguaje, y no en sus determinaciones externas. En cambio, la justificación de los universales podrá, sí, ser extralingüística: todo el lenguaje es un universal humano cuya justificación no es lingüística.

OBRAS CITADAS

Aristóteles, *Metaphysica.*
— *De interpretatione.*
Bach, E., «Nouns and noun phrases», en *ULT*, págs. 90-122.
Bloch, B. y Trager, G. L., *Outline of Linguistic Analysis*, Baltimore, 1942.
Chomsky, A. N., *Aspects of the Theory of Syntax*, Cambridge, Mass., 1965.

Coseriu, E., «Determinación y entorno», en *RJb*, VII, 1955-56, págs. 29-54 (reimpr. en *TLLG*, págs. 282-323).
— *Logicismo y antilogicismo en la gramática*, Montevideo, 1957 (reimpr. en *TLLG*, págs. 235-260).
— *Sincronía, diacronía e historia*, Montevideo, 1958 (2.ª ed., Madrid, 1973).
— «Bedeutung und Bezeichnung im Lichte der strukturellen Semantik», en *Sprachwissenschaft und Übersetzen*, publ. por P. Hartmann y H. Vernay, Munich, 1970, págs. 104-121 (trad. esp. en *PSE*, págs. 185-209).
— «Über Leistung und Grenzen der kontrastiven Grammatik», en *Probleme der kontrastiven Grammatik*, Düsseldorf, 1970, págs. 9-30 (trad. esp. en este volumen, páginas 80-111).
Ferguson, Ch. A., «Assumptions about Nasals: A Sample Study in Phonological Universals», en *UL*, págs. 42-47.
Gabelentz, G. von der, *Die Sprachwissenschaft, ihre Aufgaben, Methoden und bisherigen Ergebnisse*[2], Leipzig, 1901.
Greenberg, J. H., «Some Universals of Grammar with Particular Reference to the Order of Meaningful Elements», en *UL*, págs. 58-90.
— *Language Universals*, La Haya, 1966.
Herder, J. G., *Abhandlung über den Ursprung der Sprache*, Berlín, 1772.
Hockett, Ch. F., «The Problem of Universals in Language», en *UL*, págs. 1-22.
Householder, F., «What must a language be like?», en F. H., *Linguistic Speculations*, Cambridge, 1971, págs. 24-42.
Humboldt, W. von, *Über die Verschiedenheit des menschlichen Sprachbaues und ihren Einfluss auf die geistige Entwicklung des Menschengeschlechts* [1836], en W. v. H., *Werke in fünf Bänden*, vol. III, *Schriften zur Sprachphilosophie*, Stuttgart, 1963.
Husserl, E., *Erfahrung und Urteil. Untersuchungen zur Genealogie der Logik*, Hamburgo, 1948.
Jakobson, R., «Implications of Language Universals for Linguistics», en *UL*, págs. 208-219.
Katz, J. J. y Postal, P. M., *An Integrated Theory of Linguistic Descriptions*, Cambridge, Mass., 1964.

Kuryłowicz, J., «Universaux linguistiques», ponencia presentada en el mismo Congreso [cf. *Proceedings*, págs. 39-46].

Meiner, J. W., *Versuch einer an der menschlichen Sprache abgebildeten Vernunftlehre oder philosophische und allgemeine Sprachlehre*, Leipzig, 1781.

Moravcsik, J. M. E., «Linguistic Theory and the Philosophy of Language», en *FL*, 3, 1967, págs. 209-233.

Nebrija, A. de, *Gramática de la lengua castellana*, Salamanca, 1492.

Osgood, Ch. E., «Language Universals and Psycholinguistics», en *UL*, págs. 236-254.

Paul, H., *Prinzipien der Sprachgeschichte*[5], Halle, 1920.

Sánchez Ruipérez, M., *Estructura del sistema de aspectos y tiempos del verbo griego antiguo*, Salamanca, 1954.

Saporta, S., «Phoneme Distribution and Language Universals», en *UL*, págs. 48-57.

Saussure, F. de, *Cours de linguistique générale*, Lausana y París, 1916.

Steinthal, H., *Die Classification der Sprachen dargestellt als die Entwicklung der Sprachidee*, Berlín, 1850.

UL = *Universals of Language*, ed. by J. H. Greenberg, Cambridge, Mass., 1963.

ULT = *Universals in Linguistic Theory*, publ. by E. Bach and R. T. Harms, Nueva York, 1968.

Vives, J. L., *De censura veri in enuntiatione*, en J. L. V., *Opera omnia*, ed. Mayáns, vol. III, Valentiae Edetanorum, 1782.

(*Proceedings of the Eleventh International* Congress of Linguists [1972], Bolonia, 1974, págs. 47-73; trad. italiana en *La linguistica: aspetti e problemi*, publ. por L. Heilmann y E. Rigotti, Bolonia, 1975, págs. 377-412; trad. alemana en *Sprachtheorie*, publ. por B. Schlieben-Lange, Hamburgo, 1975, págs. 127-161; trad. inglesa en *Linguistics at the Crossroads*, publ. por A. Makkai, V. Becker Makkai y L. Heilmann, Padua y Lake Bluff, Ill., 1977, páginas 317-346).

VII

EL ESTUDIO FUNCIONAL DEL VOCABULARIO (COMPENDIO DE LEXEMÁTICA)

1.0. El estudio funcional del vocabulario —en adelante llamado también «lexemática»— es la investigación del contenido léxico de las lenguas, es decir, del s i g n i f i c a d o l é x i c o. El término «significado» presupone una delimitación exacta frente a otros tipos de «contenido» lingüístico; el término «léxico» presupone una delimitación igualmente exacta frente a otros tipos de significado.

1.1. El s i g n i f i c a d o es, en efecto, sólo uno de los tres tipos fundamentales de contenido lingüístico; los otros dos son la d e s i g n a c i ó n y el s e n t i d o. El significado es el contenido dado en cada caso por una lengua determinada; en este sentido, sólo hay significado en las lenguas, y no lo hay, en cambio, en el «hablar en general» considerado como tal (es decir, en la actividad de hablar considerada en sí misma y prescindiendo de las determinaciones que le imponen las distintas lenguas). Dicho de otro modo: el «significado» sólo existe como significado «español», «alemán», «francés», «inglés», etc. La designación es la referencia a la realidad entendida como extralingüística, o bien esta realidad misma (en cuanto «representación», «hecho», «estado de cosas»), independientemente de su estructuración por medio de tal o cual lengua, y, precisamente, se da ya en el hablar en general (o, como se dice, «en todas las lenguas»). Así, por ejemplo, alem. *bringen* y esp. *traer* pueden, en determinadas circunstancias, designar lo mismo, pero el significado de los dos verbos no es, sin embargo, idéntico, ya que esp. «traer» implica el rasgo de contenido «en dirección al lugar de la 1.ª persona», que no se da en alem. «bringen»; del mismo modo, fr. *porter* e it. *portare* designan frecuentemente el mismo «hecho», pero sus significados son diferentes (fr. «porter» implica que lo «llevado» no se mueve por sí mismo). Análogamente, *Caesar Pompeium vicit* y *Pompeius a Caesare victus est* designan el mismo 'estado de cosas', pero por medio de significados diferentes. El significado es siempre y exclusivamente, en sentido estricto, la faz de contenido de un signo lingüístico (o de una construcción constituida por varios signos): es la estructuración en una lengua de las posibilidades de designación. En cambio, la designación es, en un acto de hablar, la utilización de un significado, y no está determinada sólo por éste, sino, al mismo tiempo, también por principios generales del pensar y por la experiencia del mundo («conocimiento de las cosas»). El s e n t i d o es el contenido particular de un texto o de una unidad textual (por ejemplo: «pregunta», «respuesta», «súplica», «invitación», «rechazo»), precisamente aquel contenido que no coincide simplemente con el significado y la designación: sólo hay sentido a nivel del texto (es decir, del acto de hablar o del conjunto conexo de actos de hablar de un hablante, en una situación determinada), y no lo hay en el hablar en general, ni en las lenguas. Con respecto al sentido, el significado y la designación (y su combinación) funcionan como el signo material («significante») con respecto a su contenido («significado»).

1.2. El s i g n i f i c a d o l é x i c o es, a su vez, sólo uno de los tipos de significado; los otros son: el significado c a t e g o r i a l, el i n s t r u m e n t a l, el s i n t á c t i c o (o e s t r u c t u r a l) y el «ó n t i c o». El significado léxico corresponde al «qué» de lo aprehendido, sin ninguna determinación ulterior. Así, por ejemplo, en las series *rico — riqueza — enriquecer, pobre — pobreza — empobrecer*, el significado léxico es el que es común a las unidades de cada una de estas series, pero distinto en *rico — pobre, riqueza — pobreza, enriquecer — empobrecer*. El significado categorial corresponde a diferencias «en el modo de aprehender» (Husserl); así, el significado categorial es el que es diferente en cada unidad dentro de las series *rico — riqueza — enriquecer, pobre — pobreza — empobrecer*, pero que es el mismo en *rico — pobre, riqueza — pobreza, enriquecer — empobrecer*. «Sustantivo», «adjetivo», «verbo», «adverbio» son significados categoriales. Las palabras pronominales (*yo, tú, éste — ésta — esto, aquí, así*) tienen sólo significado categorial, y no tienen significado léxico: no son «lexemas», sino puros «categoremas». El significado instrumental es el significado de los instrumentos gramaticales («morfemas»), o sea, de los instrumentos empleados para formar las construcciones gramaticales, y, ello, independientemente de si se trata de formas ligadas a otras unidades (desinencias, sufijos, etc.), de «modificaciones» o de «palabras». Así, *-s* en esp. *mesa-s* tiene el significado instrumental «pluralizador», del mismo modo que la modificación $o \rightarrow \ddot{o}$ en alem. *Kloster* $\rightarrow$ *Klöster*, mientras que *la*, en *la mesa*, tiene el significado «actualizador». El significado sintáctico o estructural es el significado de las construcciones gramaticales, es decir, de las combinaciones de lexemas (o categoremas) con «morfemas». Así, esp. *mesa-s* tiene, en cuanto construcción, el significado «plural». «Singular», «plural», «activo», «pasivo», «presente», «pretérito», «actual», «no actual», etc., son significados sintácticos o estructurales. El significado óntico es el valor existencial asignado en la intención significativa al 'estado de cosas' presentado en una oración; así, *Juan lee* y *Juan no lee* tienen el mismo significado sintáctico, pero diferentes significados ónticos. «Afirmativo», «negativo», «interrogativo», «imperativo» (referidos a oraciones) son significados ónticos. El significado óntico sólo se da en el plano de las oraciones.

Los significados categorial, instrumental, sintáctico y óntico quedan fuera del objeto de la lexemática en sentido estricto (aunque los tres primeros deben ser tenidos en cuenta en el estudio lexemático de la formación de palabras). Por otra parte, puesto que hay palabras que no tienen significado léxico («categoremas», «instrumentos»), no todo lo que es «palabra» pertenece al vocabulario en cuanto objeto de la lexemática.

1.3. Además, la lexemática se ocupa únicamente —o, al menos, en primer lugar— del significado (contenido de lengua) c o m o   t a l , es decir que no estudia el significado en el discurso o texto. Así, por ejemplo, toda designación de lo que presenta duración puede emplearse, en principio, para indicar la duración. Así como se dice *Es hat zwei Tage gedauert* («Ha durado dos días»), *zwei Stunden lang* («durante dos horas»), *Es dauert nur eine Minute* («Dura sólo un minuto»), también puede decirse, eventualmente, *Es hat zwei Kriege gedauert* («Ha durado dos guerras»), *zwei Kriege lang* («a lo largo de dos guerras») y, por supuesto, *Was ich noch zu sagen hätte, dauert eine Zigarette* («Lo que tendría que decir todavía, dura un cigarrillo»). Pero esto no significa que *Krieg* («guerra») y *Zigarette* («cigarrillo») pertenezcan al paradigma léxico del modo de nombrar la duración en alemán con el mismo derecho que *Jahr, Monat, Woche, Tag, Stunde, Minute, Weile* («año», «mes», «semana», «día», «hora», «minuto», «rato»), etc., pues la relación de *Krieg* y *Zigarette* con este paradigma queda totalmente indeterminada, y estas palabras no se emplean sólo para indicar la duración (al contrario, para la duración se emplean únicamente en razón de una cualidad de los «hechos» designados). La lexemática no se ocupa de lo que es análogo como 'significado de habla', ni de lo que en ciertos actos de hablar p u e d e constituir una «oposición» (como en el caso de *Es dauert eine Stunde — Es dauert eine Zigarette*, «Dura una hora» — «Dura un cigarrillo»), sino del significado que d e s d e e l p u n t o d e v i s t a d e l a l e n g u a m i s-m a, es decir, aun en contextos totalmente diferentes, se presenta como idéntico (por ejemplo: *eine Zigarette anzünden — eine Zigarette dauern*, encender un c i g a r r i l l o » — «durar un c i g a r r i l l o », etc.), o sea de lo que en la lengua misma se halla (sincrónicamente) en una oposición constante (como, por ejemplo, *Jahr — Monat*, «año — mes»): *Krieg* («guerra») y *Jahr* («año») no están en una oposición de este tipo, ya que una guerra puede durar tanto un mes como uno o varios años. Y en lo que concierne a los textos, los mismos significados pueden aparecer para contenidos diferentes, y hasta contrarios: *Es dauert eine Zigarette* («dura un cigarrillo»), por ejemplo, puede entenderse y representarse como una duración, relativamente, muy breve o muy larga (cf., asimismo, *nur eine Minute — eine ganze Minute*, «sólo un minuto — todo un minuto»; *nur ein Jahr — ein ganzes langes Jahr*, «sólo un año — todo un largo año»). Hay, sin embargo, lexemas que en la lengua misma están

determinados para ciertos textos o para ciertos empleos
en los textos: estos lexemas tienen, por así decir, además
de su contenido lexemático, una determinación exterior su-
plementaria del tipo «para textos de la clase x», «para el
empleo x». Así, por ejemplo, lexemas como alem. *meckern*,
it. (*aver da*) *ridire*, fr. *bouder*, *rouspéter*, (*trouver à*) *redire*
(desde el punto de vista puramente lexemático: «hacer objeciones, poner reparos, protestar»), están determinados de
antemano «para rechazar la crítica (injustificada) hecha por
otro», «para rechazar reproches (carentes de fundamento)».
Así, se dice: alem. *Was hast du zu meckern?*, it. *Che cos'hai
da ridire?*, fr. *Qu'est-ce que tu as à rouspéter (à bouder)?*,
Qu'est-ce que tu trouves à redire?, «¿Qué tienes que objetar», pero no se dice, normalmente, *Ich meckere, Ho da ridire, Je rouspète, Je boude, Je trouve à redire*, «(yo) protesto
(u objeto)»; o, cuando estas últimas expresiones s e d i c e n,
es porque se trata de reproducir (eventualmente, con intención irónica) lo que ha sido dicho por otro.

2.0. El estudio funcional del vocabulario puede justificarse, tanto frente a la lexicología y semántica tradicionales como frente a la gramática generativa, en cuanto rama
autónoma e indispensable de la investigación lexicológica.

2.1.0. Frente a la lexicología y semántica tradicionales,
el punto de vista funcional halla su razón de ser y su justificación en la jerarquía de los hechos que han de investi-
garse.

2.1.1. La semántica tradicional se ciñe a menudo al plano
de los significados de habla («acepciones»), es decir, de las
v a r i a n t e s, mientras que la lexemática se ocupa, de las
i n v a r i a n t e s del s i g n i f i c a d o. Ahora bien, las va-

riantes del significado pueden explicarse a partir de las in-
variantes, mientras que lo contrario no es posible. Se ha
afirmado, por ejemplo, que el significado léxico sería contextual y se ha intentado determinarlo por medio de criterios
distribucionales. Así, se ha observado que alem. *schreiben*
(«escribir») significa cosas diferentes en *Dieser Kugelsschreiber schreibt gut* («Este bolígrafo escribe bien») y en *Thomas
Mann schreibt gut* («Thomas Mann escribe bien»); de aquí
que se pueda también decir *Mit diesem Kugelsschreiber
schreibt es sich* (o *schreibt man*) *gut* («Con este bolígrafo
se escribe bien»), pero no —o, al menos, no con el mismo
«significado» de *schreiben*— *Mit Thomas Mann schreibt es
sich* (o *schreibt man*) *gut* («Con Thomas Mann se escribe
bien»). Esto es totalmente cierto, pero concierne a las variantes del significado «schreiben», y no a este significado
como invariante, es decir, a aquello en virtud de lo cual es,
precisamente, «schreiben», y no «lesen» («leer»), «singen»
(«cantar»), etc. Y la diversidad de los «significados» (recte:
de las acepciones) de *schreiben* en las oraciones citadas
p u e d e explicarse y justificarse a partir de la invariante
«schreiben» (precisamente, por determinaciones suplementarias de esta invariante), mientras que ésta no puede ser
deducida a partir de las variantes, ya que la interpretación
de las variantes c o m o v a r i a n t e s (como «significados»
—es decir, como acepciones— diferentes) presupone el conocimiento de la invariante: las variantes son diferentes, precisamente, como «schreiben$_a$», «schreiben$_b$», etc. (es decir, por
las determinaciones *a, b,* etc.), no como «schreiben» y algo
distinto de «schreiben» (por ejemplo, «lesen» = «leer»). Por
lo demás, tampoco se sabe hasta qué punto las variantes que
se acaban de ver están condicionadas por la lengua alemana
como tal y no más bien por el conocimiento de las cosas:
en efecto, en otras varias lenguas pueden encontrarse exacta-

mente las mismas variantes contextuales (cf., por ejemplo, it. *Thomas Mann scrive bene — Questa penna scrive bene* y las correspondientes oraciones españolas). En cambio, se trataría de un hecho de lengua primario, e importante, si, por ejemplo, una lengua tuviera un único verbo para alem. «schreiben» y «malen» («pintar»): lo que caracteriza a las lenguas y las distingue unas de otras son, en efecto, diferencias como ésta última, no diferencias como las que se comprueban entre «schreiben$_a$» y «schreiben$_b$». Es necesario, sin duda, establecer y estudiar también los tipos de variantes de cada significado, pero éstas suponen el conocimiento de las unidades léxicas funcionales (y no a la inversa). Tampoco es cierto que los contextos «determinan» el significado: en realidad, sólo señalan al oyente (o al lector) cuál es la acepción (significado de habla) de un signo y, en el caso de signos homófonos, cuál es (probablemente) el signo en cuestión. Si no fuera así, los casos de ambigüedad y polisemia quedarían excluidos de antemano.

2.1.2. Algo similar ocurre con las desviaciones y fijaciones, con los «huecos» (o «lagunas») en la estructuración semántica y con la polisemia, que tan a menudo se aducen en contra del estudio funcional del vocabulario. Que existen numerosas desviaciones y fijaciones, nadie lo pondrá en duda: al contrario, se trata de hechos lingüísticos que deben ser cuidadosamente comprobados y descritos. Pero las desviaciones y las expresiones fijas son identificables como tales —y, eventualmente, explicables— sólo a partir de las funciones básicas, no a la inversa. En efecto, los conceptos mismos de «desviación» y «fijación» suponen tácitamente como previas la regularidad y la técnica funcional libre, con respecto a las cuales puedan comprobarse desviaciones y fijaciones: implican, justamente, que no todo es desviación y fi-

jación (o, si no, estos conceptos resultarían vacíos). Por esta
razón, aun ejemplos como alem. *ein junger Schnaps*, fr. *une
eau-de-vie jeune*, rum. *ţuică bătrînă*, no constituyen argumentos en contra del hecho de que *jung, jeune, bătrîn* son,
en principio, adjetivos para «seres animados». Lo mismo
cabe decir de los «huecos» o «lagunas» y de la polisemia.
Las lagunas son identificables como tales sólo con respecto
a lo que no es laguna, y el concepto mismo de «laguna» supone tácitamente la existencia de lo no hueco, es decir, precisamente, que no todo es «laguna» (pues, de otro modo,
todo el vocabulario quedaría vacío). Y en lo que concierne
a la polisemia, se trata, asimismo, de un hecho lingüístico
que debe ser comprobado y delimitado con exactitud en
cada caso, y no, como a veces se piensa, de una objeción
paralizante contra el punto de vista funcional. En efecto,
«estudio funcional» significa también, entre otras cosas, precisamente comprobación de los límites de todo uso lingüístico «polisémico». Admitir la existencia de unidades funcionales no significa en absoluto que, para cada unidad, sólo
se admita u n «significado» (= acepción, significado de discurso), sino más bien que se trata justamente de establecer
en cada caso los límites, dados por la lengua, dentro de los
cuales son posibles infinidad de acepciones. Por otra parte,
el concepto de «polisemia» sólo tiene sentido si no se presume una polisemia ilimitada; así, es lícito, en cierto sentido, hablar de 'polisemia' d e n t r o del significado «schreiben», pero esto implica, al mismo tiempo, que la polisemia
no es ilimitada, es decir, que *schreiben* no puede significar
simplemente t o d o (por ejemplo, también «correr», «asar»,
«suegra», «traducción»). Si la polisemia fuera ilimitada, no
podría ser estudiada; no sólo la semántica funcional, sino
toda semántica sería absurda (y, más aún, el hablar como
tal sería simplemente imposible). Por ello, señalar el hecho

de la polisemia y no tratar de determinar sus límites en cada caso es un acto carente de sentido desde el punto de vista operacional y que tiene efecto paralizante sólo para quienes se detienen en este hecho, en sí evidente.

2.2.0. Frente a la gramática generativa, el estudio funcional del vocabulario encuentra su razón de ser y su justificación en la autonomía del plano de las «lenguas» (y, por consiguiente, también del contenido léxico por ellas estructurado) dentro del lenguaje en general.

2.2.1. Si se persiste en la convicción, todavía no tan anticuada, de que la lingüística es ante todo ciencia de las l e n g u a s , el estudio analítico de las lenguas en cuanto estructuras paradigmáticas —es decir, lo que la mayoría de los generativistas rechazan con desdén como «taxonómico»—, es la primera tarea —y la tarea esencial— de esta ciencia. Por otra parte, cualquier otro enfoque del lenguaje (incluso la gramática generativa) supone el conocimiento del plano de las lenguas en el sentido que se acaba de indicar. Sólo que la gramática generativa no hace de las lenguas el objeto propio de su atención: no es ciencia de l a s l e n g u a s , sino ciencia del h a b l a r p o r m e d i o d e l a s l e n - g u a s . Por ello, la gramática generativa parte de la realidad extralingüística designada, o de un pensamiento «universal» prelingüístico (es decir, todavía no estructurado por una lengua determinada), y pasa, por así decir, a través y por encima de las lenguas para llegar al hablar, con lo cual ignora de hecho las estructuras paradigmáticas de las lenguas y las correspondientes unidades funcionales. Por la misma razón, no se da en la gramática generativa una teoría propiamente dicha del contenido lingüístico ni del significado: el concepto de «significado» (*meaning*) que se encuentra en

los generativistas es un concepto híbrido en el que se mez-
clan designación, significado y sentido, aunque con predo-
minio de la designación.

Ahora bien, hacer de las lenguas objeto de estudio significa analizar cada lengua en su peculiaridad, establecer sus
estructuras paradigmáticas y, por tanto, precisamente, no
partir de un pensamiento prelingüístico «universal» ni de la
realidad extralingüística designada. Evitar lo primero es relativamente fácil: simplemente, no se tomarán como punto
de partida «oraciones» con «significación universal» y no se
adoptarán transformaciones arbitrarias (que debieran conducir de esas supuestas oraciones universales a las oraciones
reales de las lenguas), sino que se procurará descubrir en
el hablar las estructuras que funcionan efectivamente en
cada una de las lenguas; dicho de otro modo, no se proce-
derá «onomasiológicamente», sino «semasiológicamente». En
lo que concierne al método, esto implica también no afe-
rrarse a un contenido «universal» establecido de antemano y
modificar el «análisis» (esto es, las reglas) tantas veces como
sea necesario para obtener como resultado, en el plano de la
expresión, lo que ya se conoce como hablante, sino, a la
inversa, considerar los análisis como provisionales mientras
no correspondan exactamente al contenido real de la lengua considerada, es decir, mientras no puedan explicar enteramente el funcionamiento de esta lengua en el hablar. Para
evitar lo segundo, es decir, la justificación del análisis por
la realidad designada extralingüísticamente, habría que tener constantemente el cuidado de adoptar el punto de vista
de la lengua estudiada, lo cual, sin embargo, en el caso del
vocabulario, donde el conocimiento de las cosas está presente de forma inmediata, no es nada fácil. Así, debido al
conocimiento de las cosas, se tendería muy probablemente
a relacionar «nieve» o «lluvia» con «agua» y definir estas

unidades «semánticamente» como clases de agua. Pero en la lengua española «nieve» y «lluvia» no se relacionan quizá en absoluto con «agua», sino más bien con «granizo», «niebla», «bruma», «temporal», «buen tiempo», etc. La lluvia como c o s a es, sin duda, normalmente, agua, pero no lo es como s i g n i f i c a d o : en efecto, podría ser también, por ejemplo, sangre o champán, y esto probablemente nos asombraría, pero no diríamos que por ello deja de ser lluvia.

2.2.2.   La autonomía del significado léxico implica, además, que se debe también tratarlo, precisamente, como autónomo, es decir, en cuanto tal y por sí mismo, y no, por ejemplo, desde el punto de vista de la sintaxis o de una «semántica universal» extralingüística, ya que las unidades funcionales y sus mutuas relaciones están dadas ya como tales en cada lengua. En el estudio funcional de las lenguas no es lícito partir de estructuras abstractas que luego se «lexicalizarían» (es decir, adquirirían su designación léxica en tal o cual lengua): en el proceso de la producción usual de oraciones no se «lexicaliza» nada: no se forma nada como unidad léxica primaria, pues las unidades léxicas primarias están ya dadas de antemano. Hay que advertir, asimismo, que la determinación de los procedimientos empleados en la producción de oraciones no podría nunca llevar a la delimitación de los significados y que, si se parte de un contenido «universal», no sería siquiera forzoso permanecer en el dominio del lenguaje. Las oraciones no contienen, en efecto, los significados, las unidades funcionales como tales (cuyo marco natural es la lengua misma), sino, en cada caso, únicamente acepciones, es decir, variantes particulares de los significados, a partir de las cuales éstos últimos no pueden, en principio, deducirse de manera inmediata. Y en lo que concierne a la relación de las estructuras abstractas con el lenguaje en general: si la estructura profunda se entiende como estructura de un contenido de pensamiento prelingüístico, de la «parole non-organisée», no es de ningún modo evidente que tal contenido deba necesariamente convertirse en estructura lingüística, pues de igual modo podría convertirse, según los casos, en otras formas expresivas (mímica, gestos, etc.).

2.2.3. Así pues, como en otros campos, tampoco en el campo lexicológico la gramática generativa puede reemplazar al estudio funcional de las lenguas, al que, en el fondo, presupone. En cambio, los planteamientos generativos pueden ser útiles para otros tipos de análisis (especialmente para los onomasiológicos).

3.0. Como todos los demás hechos de lengua, también los significados léxicos, como unidades funcionales, deben comprobarse allí donde se dan efectiva e inmediatamente de este modo, es decir, e n e l « s i s t e m a » d e u n a « l e n g u a f u n c i o n a l » e n c u a n t o « t é c n i c a d e l d i s c u r s o ». Esto supone una serie de distinciones previas: lenguaje primario — metalenguaje, sincronía — diacronía, técnica del discurso — discurso repetido, lengua funcional — lengua histórica, norma — sistema — tipo lingüístico.

3.1. Las unidades funcionales deben, precisamente, comprobarse ante todo en el l e n g u a j e p r i m a r i o —no en el metalenguaje—, en la s i n c r o n í a —no en la diacronía—, en la t é c n i c a l i b r e d e l d i s c u r s o —no en el discurso repetido (expresiones fijas, modismos, citas). Sólo en un segundo momento puede plantearse la cuestión de saber en qué medida ciertas estructuras del lenguaje primario funcionan también en el metalenguaje, en qué medida

ciertas estructuras se mantienen invariables en la diacronía
y en qué medida ciertas unidades son idénticas o análogas
en la técnica libre del discurso y en el discurso repetido.
En lo que concierne a este último punto, no tendría sentido,
por ejemplo, tratar de delimitar las unidades funcionales
alem. «Pferd» («caballo») y «stehlen» («robar») sobre la base
de frases como *Hans ist ein Pferdedieb; er hat mein Pferd
gestohlen* («Juan es un ladrón de caballos; ha robado mi
caballo») y, al mismo tiempo, sobre la base de un giro como
Mit Hans kann man Pferde stehlen, «Juan es hombre de fiar
en todo trance» (pero literalmente: «Con Juan puede uno
robar caballos»), donde no se trata ni de «Pferde», «caballos», ni de «stehlen», «robar», en el sentido propio de estos
términos; pero después de establecidas esas unidades, será
muy lícito preguntarse también cuál es el sentido metafórico de «Pferde stehlen» («robar caballos») en este giro.

3.2. Las unidades funcionales no pueden tampoco comprobarse en las lenguas históricas, pues no funcionan en
estas lenguas como tales (es decir, consideradas, en cada
caso, en su conjunto), sino sólo en variedades determinadas
de las mismas, y, según el grado de diversidad de estas variedades, las unidades funcionales puede ser, eventualmente,
total o, al menos, parcialmente diferentes. Una lengua histórica (es decir, una lengua históricamente delimitada y,
normalmente, identificada por medio de un «adjetivo propio», por ejemplo, la «lengua e s p a ñ o l a», la «lengua
a l e m a n a», la «lengua f r a n c e s a», la «lengua i n-
g l e s a») —aun prescindiendo del discurso repetido— no es
una técnica homogénea del discurso, sino normalmente un
conjunto complejo de tradiciones del hablar en parte con-
cordantes y en parte divergentes: presenta diferencias en el
espacio geográfico, entre los estratos socio-culturales y entre

los tipos, situacionalmente condicionados, de modalidades expresivas (diferencias d i a t ó p i c a s, d i a s t r á t i c a s y d i a f á s i c a s). Por ello, una lengua histórica es un conjunto («diasistema») de d i a l e c t o s, n i v e l e s y e s t i-l o s d e l e n g u a. Una l e n g u a f u n c i o n a l es una lengua delimitada dentro de una lengua histórica y homogénea desde estos tres puntos de vista; dicho de otro modo, es una lengua s i n t ó p i c a, s i n s t r á t i c a y s i n f á-s i c a, o sea, un dialecto determinado, en un determinado nivel y en un determinado estilo de lengua. Se la llama «funcional» justamente porque es la lengua que funciona de manera inmediata en el hablar: no se habla nunca «español» a secas, sino siempre una variedad determinada de español. En un mismo texto pueden, sin duda, presentarse diferentes lenguas funcionales, pero en cada punto de un texto se realiza siempre una lengua funcional determinada. Ahora bien, las unidades funcionales sólo pueden ser identificadas en la lengua funcional, precisamente porque sólo esta lengua funciona realmente. Posteriormente se pueden comprobar, sin embargo, unidades y estructuras comunes a varias lenguas funcionales dentro de una lengua histórica o aun a toda una lengua histórica en su conjunto. A este respecto, hay que destacar, además, que la lengua funcional no es en absoluto una abstracción o una construcción artificial; o, al menos, no lo es en medida mayor que la lengua en general, pues es reconocida por la conciencia lingüística de los hablantes, quienes, tanto en el hablar como en la comprensión y valoración de lo hablado, distinguen, precisamente, diferentes lenguas funcionales. Las dificultades que se tienen para delimitar objetivamente las lenguas funcionales no deben interpretarse como señales del carácter abstracto o «irreal» de los objetos que se quieren delimitar. En la práctica, por lo demás, la referencia a la lengua funcional significa únicamente que con respecto a cada diferencia que se comprueba como tal hay que preguntarse si se trata de una distinción funcional inmediata o de una diferencia que pertenece a la variedad interna de la lengua histórica (cf., por ejemplo, en español, los varios significados regionales de *carro, pollera, saco, vereda,* etc.).

3.3. Finalmente, en la lengua funcional misma, las unidades y sus estructuras deben identificarse en el plano funcional del s i s t e m a de la lengua. El sistema es, precisamente, el plano de las distinciones funcionales u «oposiciones»; la n o r m a , en cambio, es el plano de la realización tradicional de un sistema; realización que, por un lado, representa una selección entre las posibilidades ofrecidas por el sistema, pero, por otro, no comporta sólo rasgos funcionales, sino también rasgos simplemente «usuales» (tradicionales). El t i p o l i n g ü í s t i c o es, por su parte, el plano de los tipos y categorías de las funciones y de los procedimientos lingüísticos que se dan en un sistema. Así, por ejemplo, el significado de *Hauptstadt* y *Hauptmann* sería en alemán, desde el punto de vista del sistema de la lengua, «ciudad principal» y «hombre principal» (cf. *Hauptsache,* «cosa principal», *Hauptgrund* «razón principal», *Haupteingang,* «entrada principal», etc.). En cambio, el hecho de que se trata de «ciudad principal» y «hombre principal» en un sentido determinado (esp. «capital», «capitán»), o sea, de que en estos casos se ha realizado una selección determinada dentro de las posibilidades ofrecidas por el sistema, es un hecho perteneciente a la norma. Y el hecho de que una lengua prefiera, por ejemplo, la estructuración verbal o la estructuración sustantiva de la realidad correspondería al tipo lingüístico. Las unidades funcionales deben identificarse en el plano del sistema también porque tanto el estudio de la norma como el del tipo lingüístico suponen este plano como ya conocido.

3.4. Todo esto vale, por lo demás, no sólo para la lexemática, sino para el estudio funcional de las lenguas en general.

4.0. También los principios generales de la lexemática son los de todo estudio funcional de las lenguas. Estos principios son los siguientes: a) principio de la funcionalidad (con los corolarios del significado unitario y de la conmutación); b) principio de la oposición (con el corolario de la posibilidad de analizar las unidades lingüísticas en rasgos distintivos); c) principio de la sistematicidad; d) principio de la neutralización.

4.1.1. El p r i n c i p i o d e l a f u n c i o n a l i d a d concierne a lo constitutivo de la lengua, es decir, a la existencia misma de las unidades funcionales (unidades «de lengua» o «idiomáticas») como tales, y se basa en la solidaridad entre el plano del contenido y el plano de la expresión en el lenguaje en general y en las lenguas. De acuerdo con este principio, es unidad funcional en una lengua (y, por tanto, hecho constitutivo de tal lengua) sólo aquello que en la lengua misma se presenta como delimitado por la solidaridad entre esos dos planos: existen unidades de expresión si corresponden también a unidades de contenido, y viceversa. Así, por ejemplo, en alemán existe sólo una unidad de expresión *benutzen — benützen*, «emplear», porque la diferencia entre estas dos formas no corresponde al mismo tiempo a una diferencia en el contenido, es decir, porque la unidad de contenido correspondiente es una sola. Y al revés: existen las unidades de contenido «canere» (semelfactivo) y «cantare» (frecuentativo) en una determinada forma del latín, porque a éstas corresponden también dos unidades de expresión diferentes (*canere, cantare*), pero no en alemán, ni en español, donde no tenemos en este caso más que una unidad de expresión, alem. *singen*, esp. *cantar*; existen en alemán las unidades de contenido «tragen» — «bringen», precisamente porque el alemán tiene para ellas las expresiones *tragen* — *bringen*, pero no en italiano, donde a estos contenidos corresponde sólo *portare*. Obsérvese, sin embargo, que se trata sólo de «existencia» en el plano de las unidades idiomáticas, es decir, en el fondo, de una jerarquización de los hechos lingüísticos. Las formas materiales cuya diversidad no corresponde a una diferencia en el contenido, y los contenidos cuya diversidad no corresponde a una diferencia en la expresión, no son por ello simplemente «inexistentes», pero no constituyen unidades funcionales, sino «variantes». Así, *benutzen* — *benützen* son, en alemán, variantes de expresión, y los contenidos «singen (semelfactivo)» — «singen (frecuentativo)» son variantes de contenido, mientras que en latín estos últimos eran unidades funcionales. A las «variantes» de una lengua pueden, por tanto, corresponder unidades funcionales en otra, y viceversa. Hay que advertir, además, que en todos estos casos se trata de «diferencias» en la expresión o en el contenido, es decir, de una diversidad sólo parcial.

4.1.2. La diversidad total en un plano que no encuentra correspondencia en el otro es en las lenguas un fenómeno marginal que se relaciona con el primer corolario del principio de la funcionalidad. Este corolario dice que para toda forma lingüística distinta se debe suponer, en principio, también un significado distinto, y, precisamente, un significado unitario, válido para todos los contextos en que aparece la forma; esto, por supuesto, independientemente de las ulteriores determinaciones de este significado unitario, que constituyen sus variantes. Las formas radicalmente diferentes a las que, sin embargo, puede asignarse un significado unitario (y, ello, sin que la variación contextual corresponda a la sustitución de una forma por otra), constituyen «sinónimos»; y las formas idénticas a las que no puede asignarse un significado unitario, son formas homófonas. Así, por ejemplo, fr. *seau, sot* y *sceau* son formas homófonas, ya que es imposible reducir sus contenidos («cubo», «tonto» y «sello») a un significado unitario, válido para todos los contextos en que aparece /so/.

4.1.3. El corolario de la conmutación convierte la solidaridad entre expresión y contenido en método de identificación y deslinde de las unidades funcionales. La conmutación consiste en suprimir o sustituir en uno de los planos un elemento de una unidad considerada provisionalmente como tal, o bien en añadir un elemento a esta unidad, para observar los efectos que esto suscita en el otro plano. Si en el otro plano no ocurre nada, el cambio realizado no es funcional: la unidad considerada antes de la operación y la que resulta de ésta son variantes de una misma unidad funcional. Si, por el contrario, el cambio realizado ocasiona un cambio también en el otro plano, ello es indicio de que se ha rebasado un límite funcional y de que las dos formas o los dos contenidos en cuestión pertenecen a unidades funcionales diferentes. Así, por ejemplo, la sustitución de *u* por *ü* en alem. *benutzen* no provoca ningún cambio en el contenido; por ello, *benutzen* y *benützen* son sólo variantes de expresión (cf., por el contrario, la sustitución de *u* por *e*: *benutzen* → *benetzen*, «utilizar» → «humedecer»). Análogamente, la sustitución de «semelfactivo» por «frecuentativo» en el contenido alem. «singen (semelfactivo)» no tiene ningún efecto en el plano de la expresión, donde la expresión sigue siendo *singen* (cf., en cambio, la sustitución análoga en lat. *canere — cantare*). El método de la conmutación sólo ha adquirido forma explícita en nuestro siglo, dentro del estructuralismo europeo; pero como método empleado intuitiva y tácitamente es, en realidad, muy antiguo: se podría decir incluso que, en el fondo, ha sido siempre el método de identificación empleado en la lingüística descriptiva. En los últimos tiempos este método ha sido varias veces criticado, pero, en verdad, sin ninguna comprensión de lo que es realmente: en efecto, la conmutación no se basa en la hipótesis de que a toda variación fonemática en la expresión deba corresponder también una variación en el contenido (y viceversa), ni tampoco en la hipótesis de que no habría sinónimos ni formas homófonas; y no consiste, como lo ha creído erróneamente la crítica, en la sustitución de unidades enteras en el plano de la expresión o del contenido, sino en un cambio sólo parcial de una unidad en uno de estos planos. Por lo demás, las formas homófonas y los sinónimos se delimitan como tales precisamente mediante una aplicación (al menos implícita) de la conmutación.

4.2. El p r i n c i p i o d e l a o p o s i c i ó n se refiere al mo d o de existir las unidades idiomáticas desde el punto de vista funcional y, por ende, al mismo tiempo, a la manera como funcionan en cuanto unidades. Las unidades funcionales existen (funcionan) primariamente por medio de «oposiciones», es decir, por medio de rasgos que las distinguen parcialmente unas de otras. Una unidad existe como tal en una lengua si en la misma lengua hay al menos otra unidad con la que la primera tiene algo en común y de la que ésta se distingue por un rasgo diferente o por la ausencia o la presencia adicional de un rasgo. Las unidades que se distinguen unas de otras de este modo (o sea, independientemente de la parte común: $rasgo_1$ / $rasgo_2$, $\emptyset$ / $rasgo_2$, $rasgo_1$ / $\emptyset$) están en «oposición» entre sí. Así, por ejemplo, las unidades alem. «sitzen», «stehen», «liegen» («estar sentado», «estar de pie», «estar echado») tienen un contenido común y presentan además, cada una, un rasgo distinto (a saber, la «posición», diferente en cada caso, con respecto a una superficie de apoyo); en cambio, lo común en alem. «nehmen» — «holen» («tomar» — «tomar y traer [o llevar]») es todo el contenido de «nehmen», pero «holen» tiene, además, un rasgo adicional (aproximadamente: «traslado [del agente]»). Ahora bien, puesto que normalmente una unidad está en oposición con otras varias unidades, y, precisamente, en cada caso por medio de otra diferencia (= «marca», «rasgo distintivo»), el principio de la oposición implica como corolario la 'analizabilidad' de las unidades funcionales: la posibilidad de analizarlas en «marcas» o rasgos distintivos. Así, por ejemplo, esp. «joven» — en virtud de su oposición inmediata a «viejo» y «nuevo»; puede analizarse como: «no viejo» + «para seres animados»; del mismo modo, alem. «liegen» podrá analizarse como: «hallarse, estar» + «en posición horizontal». Este corolario no significa, sin embargo, que las unidades s e c o m p o n g a n de rasgos distintivos, ni que estas unidades se originen por la unión (combinación) de rasgos ya dados como tales. Al contrario: son los rasgos distintivos los que se originan por la oposición entre las unidades. Las unidades funcionales corresponden fundamentalmente a intuiciones unitarias, y los rasgos distintivos no son sino las diferencias que se comprueban entre tales intuiciones. Por lo mismo, la aparición de una nueva unidad puede modificar un rasgo distintivo ya existente o bien escindirlo en dos nuevos rasgos. El corolario de la 'analizabilidad' atañe sólo a la relación mutua entre las unidades: a las condiciones de su funcionalidad diferenciada en un determinado estado de lengua.

4.3. El p r i n c i p i o d e l a s i s t e m a t i c i d a d se refiere a una suposición razonable y empíricamente justificada. Este principio dice que, en un sistema lingüístico, las mismas diferencias se presentan comúnmente, o a menudo, de manera «sistemática» (es decir, varias veces, en diferentes unidades), originando con ello varias oposiciones homólogas. Así, por ejemplo, la diferencia que vale para esp. *ir — venir* se presenta también en *llevar — traer*; y en alemán, las diferencias entre los verbos 'de colocación' *stellen, legen, setzen* son las mismas que entre *stehen, liegen, sitzen*. Con todo, esta repetición de las diferencias, o «regularidad» de las oposiciones, aun siendo un hecho frecuente en las lenguas, no es de ningún modo algo absolutamente necesario; así, en alemán, la diferencia que existe entre *jung*, «joven», y *neu* «nuevo», no se presenta también para «viejo» (*alt*); y en italiano, la diferencia entre *andare* y *venire* no se da en *portare*. Justamente por esto se trata sólo de una «suposición» razonable: cabe esperar la repetición de diferencias, pero no se la puede dar por segura de antemano para tal o cual caso particular: hay que comprobar en cada caso si la repetición se da efectivamente o no.

4.4. El p r i n c i p i o d e l a n e u t r a l i z a c i ó n introduce una importante excepción en lo que respecta al funcionamiento concreto de las oposiciones idiomáticas. Este principio dice que las oposiciones existentes en una lengua no funcionan necesariamente en todo caso en el hablar, pues en ciertos casos —determinables para cada lengua— pueden quedar «neutralizadas». En tales casos, un término de la oposición en cuestión asume normalmente el cometido de representar el valor común que constituye la base de la oposición misma. Es decir que este término tiene ya en el plano de la lengua dos valores diferentes: el opositivo y el no opositivo (que se presenta, precisamente, en los casos de neutralización). Así, esp. *día* y *noche* se oponen entre sí, y *día* se emplea a menudo, al igual que *noche,* con su valor opositivo (por ejemplo: *dos días y dos noches; es ya de día,* etc.); pero *día* puede emplearse también para «día» + «noche» (por ejemplo, *Juan estuvo quince días en Alemania*), lo que, en cambio, no ocurre con *noche.* En las oposiciones léxicas, la neutralización se da en contextos y situaciones en que no se busca la precisión, o bien ésta es superflua, y, sobre todo, cuando se quiere expresar precisamente lo más general, lo que es común a los términos de una oposición (como ocurre, justamente, en el caso de *día*). Sin embargo, si una determinada oposición es o no es neutralizable, es algo que debe comprobarse en cada caso en la lengua considerada; así, las oposiciones esp. *hermano — hermana,* it. *fratello — sorella* son neutralizables, en particular en plural (en efecto, *hermanos* y *fratelli,* significan también «hermano[s] y hermana[s]», alem. «Geschwister»), mientras que la oposición análoga del francés, *frère — sœur,* no lo es (para alem. «Geschwister» se dice en francés *frère[s] et sœur[s]*). En el vocabulario, muchas oposiciones no son neutralizables también porque, para los significados 'neutros', existen en las lenguas correspondientes términos especiales «archilexemáticos»; así, en italiano la oposición *uomo — donna* es neutralizable (*uomo* significa también «persona», «ser humano»), mientras que la oposición análoga alemana, *Mann — Frau* no lo es, ya que para el significado genérico el alemán posee la unidad superior *Mensch,* «hombre en general», «ser humano» (cf. también alem. *Bruder — Schwester / Geschwi-*

ster o *Vater — Mutter / Eltern* frente a esp. *hermano — hermana / hermanos, padre — madre / padres*).

5.0. La tarea fundamental de la lexemática en cuanto disciplina estructural descriptiva consiste en deslindar dentro de las lenguas funcionales y describir de manera sistemática y exhaustiva la paradigmática y sintagmática del vocabulario en el plano del contenido. Su especificidad frente al estudio funcional de las lenguas en general resulta de lo específico de las estructuras paradigmáticas y sintagmáticas que considera. Existen, en efecto, los siguientes tipos de estructuras lexemáticas (los términos con que se designan son, por supuesto, convencionales):

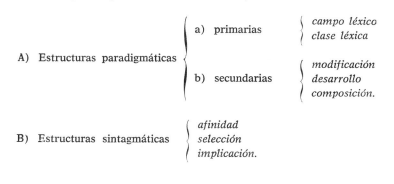

A) Estructuras paradigmáticas
  a) primarias
    campo léxico
    clase léxica
  b) secundarias
    modificación
    desarrollo
    composición.

B) Estructuras sintagmáticas
  afinidad
  selección
  implicación.

Estos tipos de estructuras ya los hemos justificado y caracterizado ampliamente en otros escritos (véanse las indicaciones bibliográficas). Aquí nos limitaremos, por tanto, a algunas apuntaciones de carácter general y a unas pocas precisiones complementarias.

5.1. El campo léxico y la clase léxica son estructuras «primarias» en el sentido de que su definición no implica otras estructuras léxicas como ya dadas y de que se trata de estructuras que pueden ser comprobadas en el léxico como tal, sin referencia a su eventual «gramaticalización». El c a m p o   l é x i c o es una estructura paradigmática constituida por unidades léxicas («lexemas») que se reparten entre sí una zona de significación común y que se hallan en oposición inmediata las unas con las otras. Así, por ejemplo, los verbos 'de movimiento' en alemán (*gehen — laufen — rennen — fliegen — schwimmen — fahren*, etc.), representan un campo léxico, al igual que esp. *viejo / joven — nuevo*, alem. *alt / jung — neu* (con sus ulteriores determinaciones), o los adjetivos para la temperatura (esp. *frío — fresco — tibio — caliente*, etc.; alem. *kalt — kühl — lau — warm — heiss*). La c l a s e   l é x i c a es una clase de lexemas que, independientemente de las estructuras de campo, se relacionan entre sí por un «clasema», es decir, por un rasgo distintivo común que funciona en toda una categoría verbal (o en otra clase ya dada como tal dentro de una categoría verbal). Las clases se manifiestan por la «distribución» gramatical y / o léxica, es decir, por el hecho de que los lexemas pertenecientes a una clase se presentan en combinaciones gramaticales y / o léxicas análogas. Así, por ejemplo, dentro de la categoría verbal 'sustantivo', las distinciones «animado» — «no animado», «humano» — «no humano», «masculino» — «femenino» pueden constituir clases si en la lengua considerada los lexemas correspondientes exigen ciertas combinaciones que les son específicas. Desde este punto de vista, se pueden distinguir lexemas clasemáticamente d e t e r m i-n a n t e s y lexemas clasemáticamente d e t e r m i n a d o s. «Clasemáticamente determinantes» son los lexemas que exigen ciertas combinaciones; «clasemáticamente determinados» son los lexemas que se presentan sólo en combinación (explícita o implícita) con tales o cuales clases, es decir, los lexemas que contienen una determinación del tipo: «para la clase x», «dicho de la clase x»; así, por ejemplo, en alemán, *Arzt*, «médico», y *Löwe*, «león», son lexemas clasemáticamente determinantes, mientras que *essen* y *fressen*, «comer», *Mund* y *Maul*, «boca», (empleados, respectivamente, al hablar de seres humanos o de animales) son lexemas clasemáticamente determinados.

5.2. La modificación, el desarrollo y la composición son estructuras «secundarias» en el sentido de que su definición presupone los campos léxicos (y, eventualmente, también las clases léxicas) y de que se trata de estructuras que corresponden a una «gramaticalización» del léxico. La modificación, el desarrollo y la composición son, en efecto, tipos (o procedimientos) de la formación de palabras (considerada en el plano del contenido), y la formación de palabras implica siempre determinaciones de índole gramatical. La m o d i f i c a c i ó n corresponde a una determinación gramatical «inactual», o sea, a una determinación que no implica una función oracional del lexema modificado; éste es el caso, entre otros, de los diminutivos, de los colectivos y de los verbos formados con prefijos. Los lexemas formados por modificación pertenecen siempre a la misma categoría verbal que los lexemas modificados que les sirven de base (cf., en español, *caballo* → *caballito*, *rojo* → *rojizo*, *llorar* → *lloriquear*, *besar* → *besuquear*, *árbol* → *arboleda*, *peñasco* → *peñascal*, *ver* → *prever*, *pasar* → *traspasar*; en alemán: *Pferd* → *Pferdchen*, *rot* → *rötlich*, *lachen* → *lächeln*, *Tier* → *Getier*, *Schrift* → *Schrifttum*, *fahren* → *abfahren*, *fallen* → *hinfallen*; en francés: *maison* → *maisonnette*, *rouge* → *rougeâtre*, *crier* → *criailler*, *pleurer* → *pleurnicher*, *chêne* → *chênaie*, *voir* → *prévoir*) En el d e s a r r o l l o , en cambio, se da una determinación gramatical que implica una función oracional; así, por ejemplo, esp. *belleza*, *riqueza*, *llegada* implican la función predicativa de los lexemas *bello, rico, lle-gar* que les sirven de base (aunque no implican oraciones concretas como *María es bella, Juan llega,* pues la persona, el número, el tiempo y el modo no están dados en estos des-arrollos). Los lexemas formados por desarrollo pertenecen siempre a una categoría verbal distinta de la de los lexemas que les sirven de base (cf. esp. *bello* → *belleza, salir* → *salida, rico* → *enriquecer* → *enriquecimiento*; alem. *Kreis* → *einkreisen, Tisch* → *auftischen, Art* → *ausarten*; fr. *beau* → *beauté, partir* → *départ, riche* → *enrichir* → *enrichissement, cercle* → *encercler*). En la c o m p o s i c i ó n participan en cada caso dos unidades relacionadas entre sí por una deter-minación de carácter gramatical. La composición puede ser «prolexemática» o «lexemática»: es prolexemática si una de las dos unidades implicadas es un elemento de naturaleza pronominal, es decir, un «prolexema» (por ejemplo: «agente pronominal» + *despertar* → *despertador*); y es lexemática si las dos unidades son lexemas (por ejemplo: esp. *rojo* + *pelo* → *pelirrojo*; alem. *Korb* + *Papier* → *Papierkorb*). La categoría verbal de los compuestos es siempre la de los lexemas (o prolexemas) determinados en la composición.

Las estructuras secundarias pueden a menudo combinarse unas con otras; cf., por ejemplo, esp. *pasar* → *pasada* (des-arrollo) → *pasadita* (modificación); alem. *gehen* → *ausgehen* (modificación) → *Ausgang* (desarrollo), «agente pronomi-nal» + *lehren* («enseñar») → *Lehrer* (composición prole-xemática) + *Schule* («escuela») → *Schullehrer* (composición lexemática).

5.3. Las estructuras lexemáticas sintagmáticas («solida-ridades léxicas») son combinaciones léxicas determinadas por la lengua y son de tres tipos (a f i n i d a d , s e l e c c i ó n , i m p l i c a c i ó n), según que el elemento que exige la com-

binación sea un clasema, un archilexema o un lexema. Así,
por ejemplo, entre alem. *Löwe* y *fressen*, en *der Löwe frisst*,
«el león come», hay «afinidad» (la combinación está determinada por el clasema del lexema *Löwe* [clase «animal»]);
entre alem. *Wagen* y *fahren*, en *ich fahre mit dem Wagen*,
«voy en coche», hay «selección» (el elemento condicionante
es en este caso el archilexema *Fahrzeug*, «vehículo», al que
pertenece el lexema *Wagen*); y en el caso de alem. *seit ge-
raumer Zeit*, «desde (hace) bastante tiempo», hay «implicación» (*geraum* sólo aparece con el lexema *Zeit*).

6.1.   La lexemática es una disciplina relativamente joven:
como rama autónoma de la investigación semántica y como
forma especial de la lexicología sólo ha sido fundada en los
años 60. Sin embargo, hoy se la puede considerar ampliamente desarrollada, por lo menos en lo que atañe a la teoría y metodología. En la actualidad, disponemos ya de varios
modelos de descripción, entre ellos al menos uno bastante
completo (que abarca también la formación de palabras considerada desde el punto de vista del contenido y la sintagmática del léxico). En cambio, como disciplina descriptiva,
como estudio sistemático del vocabulario de diferentes lenguas, la lexemática sigue hallándose en sus comienzos. Hasta
ahora, sólo unos cuantos dominios, relativamente limitados,
y de muy pocas lenguas, han sido estudiados y descritos con
suficiente amplitud y precisión desde el punto de vista lexemático.

6.2.   Las investigaciones emprendidas hasta el momento,
incluso los estudios parciales y los de orientación más o menos teórica o metodológica, han puesto de manifiesto, con
todo, que la lexemática abre perspectivas muy importantes
(y que le son específicas) para la comprensión de la estruc-

tura de las lenguas. Muy prometedores en este sentido se muestran, en particular, los estudios clasemáticos, el estudio del desarrollo y de la composición y la tipología de los campos léxicos. En lo que ce refiere a los primeros, parece, por ejemplo, que la mayoría de los adjetivos pertenecen al léxico clasemáticamente «determinado». Ciertos adjetivos sólo se emplean para determinadas clases, y otros son diferentes en la expresión o en el contenido según las clases con las que se combinen. Así, por ejemplo, la cualidad de «inteligente» se atribuye sólo a seres vivos dotados de intencionalidad o a sus manifestaciones: una persona, un animal, una frase, un libro pueden ser «inteligentes», incluso los ojos, como expresión de la psique, pero no los oídos, el pelo, una botella o una mesa. Para los otros dos casos, cf. fr. *rouge* y *roux*, y alem. *ein warmes Essen*, «una comida caliente» — *ein warmer Empfang*, «una acogida calurosa». En lo que concierne a los desarrollos, se observa que los tipos de desarrollo, y, en general, las posibilidades de desarrollo, son en parte diferentes en las diferentes lenguas; lo mismo ocurre con el número de las fases presentes en series desarrolladas análogas y de las casillas vacías que pueden comprobarse en estas series, así como, a veces, con los puntos de partida de desarrollos análogos (cf., para esto último, alem. *wahr* → *Wahrheit*, it. *vero* → *verità*, frente a esp. *verdad* → *verdadero*). En lo referente a la composición, se advierte, entre otras cosas, que la diferencia tipológica entre las lenguas supuestamente «propensas a la derivación» y las supuestamente «propensas a la composición» no concierne propiamente a la «derivación» (modificación y desarrollo), por un lado, y a la composición, por otro, sino sólo a los dos tipos de composición (la prolexemática y la lexemática), es decir, a dos procedimientos de formación de palabras muy próximos (las lenguas románicas, por ejemplo, prefieren muy a menudo una composición prolexemática en casos en que el alemán prefiere una composición lexemática: cf. fr. *pommier* — alem. *Apfelbaum,* fr. *arrosoir* — alem. *Giesskanne,* fr. *tiroir* — alem. *Schublade).* Y en la tipología de los campos léxicos, se perfila, entre otros, el resultado de que la imagen del «mosaico» que recubriría la realidad organizada por las lenguas —imagen tan usual en las investigaciones sobre los campos «conceptuales» que, por lo demás, han preparado el terreno a la lexemática)—, no se ajusta a la estructuración efectiva del léxico: el léxico no es un «mosaico», sino, más bien, un edificio complejo de varios pisos, con muchas piezas vacías en cada uno de ellos; además, los planos de los pisos de este edificio (incluyendo las piezas vacías) son distintos en las diversas lenguas, y las mismas realidades extralingüísticas a menudo no se elaboran y estructuran en el mismo piso en lenguas diferentes.

6.3. Por otra parte, la lexemática se revela como indispensable para la lingüística aplicada (enseñanza de las lenguas, lexicografía unilingüe y plurilingüe, teoría y práctica de la traducción). El aprendizaje del vocabulario, en especial del de una lengua extranjera, se hacía hasta hace poco de manera totalmente asistemática, según el antojo de la ejemplificación gramatical y el azar de los textos de lectura. La determinación de la frecuencia de las palabras ha introducido en este campo un primer principio de racionalización, y la clasificación onomasiológica por dominios de «cosas» designadas, un segundo. Pero estos principios, aunque, sin duda, importantes, siguen siendo insuficientes para un aprendizaje racional y sistemático del vocabulario. La clasificación de las palabras según su frecuencia no dice nada con respecto al significado y a la designación; y el proceder onomasiológico es enteramente idóneo sólo para el léxico terminológico, no estructurado desde el punto de vista propiamente idiomático (y, claro está, también para las secciones terminológicas de la lengua corriente, no científica). Pero tan pronto como se trate del léxico estructurado, resulta imprescindible acudir a la lexemática (o, por lo menos, a técnicas implícitamente lexemáticas). Así, por ejemplo, no tiene sentido —y, en realidad, es casi imposible— aprender un contenido como alem. «stehen» aisladamente, es decir, sin enterarse al mismo tiempo de su relación con «sich befinden», «liegen», «sitzen», «stecken», etc. (y también con «Stand», «Lage», «Sitz», etc.). Y un francés o un italiano sólo pueden aprender real y correctamente el contenido, por ejemplo, de alem. *heiss* si saben que los límites entre *warm* y *heiss*, en el campo léxico correspondiente, son diferentes de los límites entre *chaud* y *brûlant* y entre *caldo* y *bollente*. Asimismo, de los diccionarios unilingües y plurilingües cabría esperar que proporcionaran todos los datos acerca de las relaciones estructurales de los contenidos de las palabras que explican. Por ejemplo: ¿pertenece tal palabra al vocabulario estructurado? En caso afirmativo, ¿a qué campo léxico corresponde? ¿Cuál es su determinación clasemática? ¿Es un archilexema o, si no, cuál es su archilexema? ¿Cuáles son sus rasgos distintivos frente a otras palabras del mismo campo léxico? ¿Cuál es su comportamiento con respecto a la modificación, al desarrollo, a la composición y a las solidaridades? Que todo esto tendría efectos saludables también para la teoría y práctica de la traducción, nos parece evidente; y, dada su experiencia tan frecuentemente negativa, los traductores que emplean los diccionarios usuales serán, sin duda, los primeros en advertirlo.

INDICACIONES BIBLIOGRÁFICAS

A la justificación y a los fundamentos de la lexemática, así como a los principales problemas de esta nueva disciplina, el autor de este «compendio» ha dedicado en los últimos años una serie de publicaciones, además de referirse a cuestiones relacionadas con la misma disciplina en escritos concernientes a otros temas. Cf., en particular, para las distinciones previas, válidas para cualquier estudio funcional del lenguaje: «Structure lexicale et enseignement du vocabulaire» [1], en *Actes du premier colloque international de linguistique appliquée*, Nancy, 1966, págs. 175-217 (en especial, págs. 190-208); sobre los principios de la lexemática y los tipos de estructuras lexemáticas: «Les structures lexématiques» [2], en *Probleme der Semantik*, publ. por W. Th. Elwert, Wiesbaden, 1968, págs. 3-16, y *Probleme der strukturellen Semantik* (curso dado en el semestre de invierno 1965/66 en la Universidad de Tübingen), nueva edición, publ. por D. Kastovsky, Tübingen, 1973; sobre la distinción entre designación — significado — sentido: *Die Lage in der Linguistik* [3], Innsbruck, 1973 (especialmente, págs. 7-10); sobre la problemática de la designación: «Bedeutung und Bezeichnung im Lichte der strukturellen Semantik» [4], en *Sprachwissenschaft und Übersetzen*, publ. por P. Hartmann y H. Vernay, Munich, 1970, págs. 104-121; sobre la relación lexemática — gramática: «Semantik und Grammatik» [5], en *Neue Grammatiktheorien und ihre Anwendung auf das heutige Deutsch*, Jahrbuch IDS 1971 (= *Sprache der Gegenwart*, 20), Düsseldorf, 1973, págs. 77-89; sobre la sintagmática lexemática: «Lexikalische Solidaritäten» [6], en *Poetica*, I, 1967, págs. 293-303; sobre la lexemática histórica: «Pour une sémantique diachronique structurale» [7], en *TLL*, II, 1964, págs. 139-186; sobre la tipología de los campos léxicos: «Vers une typologie des champs lexicaux» [8], en *Cahiers de Lexicologie*, 27 (= 1975, 2), 1976, págs. 30-51; finalmente, por lo que concierne a la formación de palabras considerada desde el punto de vista lexemático, cf., en este mismo volumen, el estudio n. VIII. Los estudios ns. 1, 2, 4, 6, 7 y 8, traducidos al español, se hallan ahora reunidos en *PSE*. El estudio n. 3 se ha publicado en traducción española en *El hombre y su lenguaje*, Madrid, 1977, págs. 240-256. Del estudio n. 5, v. la trad. esp. en este volumen, págs. 128-147.

Para puntos de vista similares en la lexemática, cf. B. Pottier, *Recherches sur l'analyse sémantique en linguistique et en traduction mécanique*, Nancy, 1963, y «Vers une sémantique moderne», en *TLL*, II, 1964, págs. 107-137; A. Greimas, *Sémantique structurale*, París, 1966.

Sobre el estado actual de la lexemática, cf. E. Coseriu y H. Geckeler, «Linguistics and Semantics», en *Current Trends in Linguistics*, 12, La Haya, 1974, págs. 103-171.

Entre los estudios descriptivos de entidad realizados desde el punto de vista de la lexemática, véanse especialmente: R. Trujillo, *El campo semántico de la valoración intelectual en español*, La Laguna, 1970, y H. Geckeler, *Zur Wortfelddiskussion. Untersuchungen zur Gliederung des Wortfeldes «alt — jung — neu» im heutigen Französisch*, Munich, 1971.

Como introducción a la lexemática de una lengua, es particularmente recomendable —también, y sobre todo, desde el punto de vista didáctico— H. Geckeler, *Strukturelle Semantik des Französischen* (= Romanistische Arbeitshefte, 6), Tübingen, 1973.

> *(Probleme der Lexikologie und Lexikographie* [= *Jahrbuch 1975 des Instituts für deutsche Sprache*], Düsseldorf, 1976, págs. 7-25; en trad. francesa, en *Cahiers de Lexicologie*, 29 [= 1976, 2], páginas 5-23.)

LA FORMACIÓN DE PALABRAS DESDE EL PUNTO DE VISTA DEL CONTENIDO

(A propósito del tipo «coupe-papier»)

0.1. El tipo de composición fr. *coupe-papier*, it. *tagliacarte* es, como es sabido, característico de las lenguas románicas; llama la atención por cierto, como fuertemente desarrollado, sobre todo en algunas de estas lenguas (francés italiano), pero está ampliamente representado en todas partes dentro de la Romania: cf., por ejemplo, esp. *cortapapeles, cortaplumas, cuentapasos, cuentagotas, matamoros*; port. *corta-papel, conta-gotas*; cat. *tallaferro, tallapapers, tallaplomes, comptagotes*; rum. *papă-lapte, pierde-vară, Strîmbălemne, Sfarmă-piatră*, etc. El tipo tiene raíces indoeuropeas; existía en sánscrito y antiguo persa y está bien documentado, en particular, en griego antiguo: cf. los conocidos ejemplos ἀγέλαος ('Αγέλαος), ἐχέφρων, φερέκαρπος, o también σεισίχθων (epíteto de Poseidón), que en francés sería «secoue-terre», en italiano, «scuotiterra», y en español, «sacude-tierra». Por lo demás, el griego contribuyó muy probablemente al nacimiento y desarrollo de este tipo en las lenguas románicas. En otras lenguas europeas, donde se presenta sólo esporádicamente (cf. ingl. *breakfast, pickpocket,* alem. *Taugenichts*), es de suponer que se deba a imitación de modelos románicos.

0.2. Ahora bien, en los estudios y en las consideraciones sueltas sobre la formación de palabras, desde L. F. Meunier *Les composés syntactiques en grec, en latin, en français, en italien et en espagnol,* París, 1874 (en parte, incluso desde F. Diez, *Grammatik der romanischen Sprachen,* II, Bonn, 1838), se ha dicho de este tipo casi todo lo imaginable; cf. el cuadro delineado por A. Pagliaro, *Sommario di linguistica arioeuropea,* I, Roma, 1930, págs. 158-162. El tipo se interpreta, naturalmente, como «composición», puesto que contiene dos unidades léxicas autónomas fácilmente identificables como tales, y, precisamente, como composición simple («inmediata»), ya que no parece contener otra cosa que esas dos unidades. Y en lo que concierne a su caracterización específica, se habla de composición de «frases» —pues se trataría de oraciones con (sujeto)—verbo—objeto, o, al menos, de construcciones de verbo y objeto, convertidas en palabras—, de «compuestos de rección» (así —después de la época considerada por Pagliaro en su panorama—, Charles Bally: fr. *porte-plume* sería un compuesto «como» *fils de roi* y *prendre la fuite*) o simplemente —y mucho más a menudo— de composición de verbo + sustantivo. Además, se pregunta —y, ello, sin que se plantee previamente la cuestión de si la forma aparentemente «verbal» que se presenta en este tipo de composición es realmente «verbo»— de qué forma del verbo se trata: ¿es la tercera persona singular del presente de indicativo?, ¿o quizá la segunda persona?, ¿o es un imperativo? Claro está que a veces se encuentra también la interpretación correcta a este respecto (o sea que se trata simplemente del tema verbal puro): así, desde un punto de vista histórico y glotogónico, ya en H. Jacobi, *Compositum und Nebensatz. Studien über die indogermanische Sprachentwicklung,* Bonn, 1897, págs. 46 y sigs., y, con argumentos mucho más convincentes, teóricos y sincrónico-funcionales, en A. Pagliaro, *ob. cit.,* págs. 160-162; pero esta interpretación es con mucho la menos frecuente. Por otra parte, nuestro tipo de composición se interpreta comúnmente como «exocéntrico»: *coupe-papier* correspondería a algo así como «(x) corta papel» y, justamente, «x» no estaría presente en el compuesto, sino que quedaría fuera del mismo.

0.3.   En este trabajo nos proponemos mostrar en lo esencial lo que un tratamiento estrictamente semántico de la formación de palabras puede aportar a la comprensión de este tipo de composición.

1.1.   Los planteamientos tradicionales en el campo de la formación de palabras —así como, en verdad, la mayoría de los más modernos— no pueden corresponder exactamente a su objeto debido a que, por un lado, se refieren en parte a la expresión y en parte al contenido y, por otro, no distinguen, en el plano del contenido, entre d e s i g n a c i ó n y s i g n i f i c a d o y las más de las veces se ciñen a la mera designación.

1.2.   En efecto, el tratamiento simultáneo de la expresión y del contenido no puede conducir a un deslinde adecuado y enteramente coherente de los procedimientos de formación de palabras. Por lo mismo, en los estudios corrientes se encuentran ciertos tipos de procedimientos puramente materiales, como, por ejemplo, la «formación por medio de prefijos», al lado de ciertos tipos considerados, en cambio, desde el punto de vista del contenido, como la formación de «colectivos», «diminutivos», «abstractos», «nomina agentis», etc. Así, también, la formación por medio de prefijos se incluye la mayoría de las veces dentro de la composición (de manera que, por ejemplo, en el caso de los verbos como alem. *hinfallen* o esp. *contener, traspasar*, se habla de «verbos compuestos»), sólo porque las formas identificables en estos presuntos «compuestos» existen normalmente, o lo más a menudo, también como «palabras» autónomas y a pesar de que, en otro sentido, esas formaciones no funcionan de otro modo que, por ejemplo, los colectivos o los diminutivos, que, sin embargo, se incluyen dentro de la derivación. Y se habla incluso como de un tipo particular de las llamadas «formas parasintéticas» (como it. *sfacciato, fannullone, fruttivendolo, pescivendolo*, esp. *pordiosero*, alem. *Dickhäuter, Einhänder, Vierfüsser, dickköpfig*), que presentarían simultáneamente prefijación y sufijación, o composición y derivación, simplemente porque las formas **facciato, *nullone, *vendolo, *diosero, *Häuter *Händer, *Füsser *köpfig* no existen como tales y a pesar de que este tipo es totalmente heterogéneo desde el punto de vista funcional. El hecho de que, aunque no existen **diosero* y **köpfig*, sí existen, en cambio, *por Dios* y *Dickkopf* —por lo cual sería más razonable no suponer formaciones como *por + diosero* y *dick + köpfig*, sino admitir sencillamente *por Dios + -ero* y *Dickkopf + -ig*—, no inquieta mucho, al parecer, a quienes adoptan ese tipo de análisis.

1.3.1. En cuanto a la designación, ésta no puede corresponder a los tipos de formación de palabras como procedimientos idiomáticos funcionales. Los tipos de formación de palabras son, en efecto, procedimientos sistemáticos de las lenguas y, como tales, tienen en cada caso un significado dado por la lengua correspondiente y que coincide con su función en el respectivo sistema lingüístico (el «significado» es por definición el contenido dado por la lengua como tal). Y la designación (es decir, la relación signo[s] — realidad extralingüística, o la realidad extralingüística misma, en cuanto «hecho» designado en cada caso) no coincide en absoluto con el significado sistemático: resulta más bien de la norma de la lengua (incluso de sendas fijaciones dentro de la norma) y / o del conocimiento general y particular de las «cosas» extralingüísticas. La designación puede, ciertamente, considerarse como determinación ulterior y complementaria de los procedimientos de formación de palabras, pero no puede considerarse a n t e s d e l s i g n i f i c a d o y como determinación primaria (definitoria).

1.3.2. Con una consideración primaria o exclusiva de la designación se relaciona, entre otras cosas, la conocida distinción entre compuestos «endocéntricos» y «exocéntricos», que, con distintos términos, se viene haciendo desde la gramática sánscrita. Así, ant. ind. *bahuvrīhi*, «[que tiene] mucho arroz», sería, precisamente, un «compuesto bahuvrīhi», es decir, exocéntrico, ya que se aplica a una persona (o a una clase) que no se nombra en ese compuesto, del mismo modo que alem. *Dickkopf, Dummkopf, Rotkäppchen*, fr. *rougegorge*, lat. *magnanimus*, que no designan una 'cabeza' («Kopf»), una 'caperucita' («Käppchen»), una 'garganta' («gorge»), ni un 'espíritu' («animus»), sino, en cada caso, algo exterior a ellos. En cambio, alem. *Haustier, Rotwein, Grossstadt* serían endocéntricos, ya que contienen, precisamente, lo designado en cada caso («animal», «vino», «ciudad»). En consecuencia, los compuestos exocéntricos se denominan también «mutata» (Schröder), «compuestos mudados» (Brugmann), «compuestos posesivos» (Miklosich), etc., sin que se plantee el problema de si la supuesta «mutación» o «posesividad» está implicada en el procedimiento de composición como tal. Y alem. *Goldhaar* sería, desde luego, endocéntrico o exocéntrico, según que «signifique» (= designe) un «pelo dorado» o una «persona con el pelo dorado». Pero en realidad, desde el punto de vista del significado idiomático, que para el deslinde de los procedimientos de formación de palabras es lo determinante, simplemente no hay compuestos exocéntricos, sino sólo endocéntricos: *Dickkopf* es un compuesto exactamente del mismo tipo que *Rotwein*, ya que en el plano del sistema de la lengua alemana significa «dicker Kopf», 'cabeza gruesa', del mismo modo que *Rotwein* significa «roter Wein», 'vino rojo', o sea, 'tinto' (a este respecto, cf., sin embargo, infra, 3.3.). La «exocentricidad» no concierne al significado como tal, en cuanto dado por la lengua, sino que es un hecho de designación antonomástica. Pero la designación antonomástica se encuentra también en los no compuestos: en sintagmas libres y hasta en palabras simples; cf. el uso antonomástico de *böse Zunge, cattiva lingua, mala lengua, Cappuccetto Rosso, Caperucita Roja,* e incluso de *capelli rossi, rote Haare, Hase, Löwe nasone, pisello,* etc. (por ejemplo: *Senti, Capelli Rossi!* [«¡Oye, Pelo Rojo!»]; *Du, Hase!* [«¡Tú, Liebre!»]; *Nasone* [«Narizón»]; *la principessa Pisello* [«la princesa Guisante»]). La única diferencia reside en que en los llamados compuestos «exocéntricos» se trata de una designación antonomástica tradicionalmente fijada y en que, en su caso, la designación «propia» queda normalmente excluida; pero esto ocurre a veces también con los no compuestos (cf. la fijación de alem. *Stift,* «punta, clavija», para «Lehrling» ['aprendiz'] y la designación, únicamente figurada, de fr. *pieds-noirs*) y, viceversa, ciertos compuestos típicamente «exocéntricos» pueden emplearse a veces también para la designación no figurada (cf. el caso ya señalado de *Goldhaar*).

1.3.3. En la designación se basan asimismo las interpretaciones que pretenden «explicar» el valor de los compuestos como alem. *Papierkorb, Goldwaage, Sommerhut, Filzhut*, reduciéndolos a oraciones concretas como «Der Korb ist für das Papier» ('el cesto es para el papel'), «Die Waage ist für Gold» ('la balanza es para oro'), «Der Hut ist für den Sommer» ('el sombrero es para el verano'), «Der Hut ist aus Filz» ('el sombrero es de fieltro'), con lo cual, entre otras cosas, se rompe la unidad de estos compuestos, ya que, por ejemplo, *Goldwaage* podría corresponder a dos compuestos diferentes, según se trate de una balanza p a r a oro o de una balanza d e oro. En efecto, desde el punto de vista del significado, las relaciones gramaticales dentro de los compuestos son, en realidad, de naturaleza mucho más abstracta; así, por ejemplo, en el caso de *Papierkorb*, «papelera», serían aproximadamente: «cesto — función 'preposicional' — papel», es decir, «cesto que tiene algo que ver con el papel». En el compuesto se expresa sólo una relación como tal, una función «preposicional» general, pero no se dice c u á l es esta relación: podría ser «cesto p a r a papel», «cesto d e papel», «cesto c o n papel», etc. Ya Brugmann señalaba, como es sabido, que en los compuestos se suele ver demasiado significado, más que los hablantes de las lenguas correspondientes, sobre todo al traducirlos a otras lenguas; y Jespersen observaba, por su parte, que los compuestos expresan relaciones genéricas entre conceptos sin decir nada acerca de la modalidad específica de tales relaciones. Pero ha sido especialmente N. Morciniec, *Die nominalen Wortzusammensetzungen in den westgermanischen Sprachen*, Breslau, 1964, quien se ha ocupado detenidamente de este problema. Morciniec llega a la conclusión de que —desde el punto de vista puramente lingüístico— *Sommerhut* significa sólo «Hut durch Sommer bestimmt» ('s o m b r e r o determinado por v e r a n o'), lo que equivale a una confirmación de la relación «determinado — determinante», ya tradicionalmente reconocida en los compuestos. Las determinaciones complementarias, que llevan por lo común (aunque no siempre y necesariamente) a una interpretación exhaustiva de los compuestos, con respecto a lo que designan en oraciones concretas, están dadas, como con razón observa Morciniec, por el conocimiento general y particular de las cosas, este último relacionado con el contexto y la situación (así, en el caso de *Goldwaage,* el conocimiento general de las cosas nos dice que será muy probablemente una balanza p a r a o d e oro, y en una situación concreta podemos comprobar que se trata precisamente de una balanza d e oro). Entre el significado dado por el sistema de la lengua y el conocimiento general de las cosas, habría, sin embargo, que añadir todavía la eventual fijación por la norma de la lengua (cf. nuestro estudio «Bedeutung und Bezeichnung im Lichte der strukturellen Semantik, en *Sprachwissenschaft und Übersetzen,* publ. por P. Hartmann y H. Vernay, Munich, 1970, páginas 111, 116-117 [y, en trad. esp., en *PSE,* págs. 195-196, 203-204]). El hecho de que *Papierkorb,* por ejemplo, surgió muy probablemente con y para la designación «cesto para papel» (los compuestos se crean, en efecto, para corresponder a necesidades de la designación) no es decisivo para su significado, pues, precisamente, la lengua alemana no expresa por medio del correspondiente procedimiento de composición esta relación como tal, sino una mucho más general, de suerte que *Papierkorb* puede emplearse también para otras designaciones, diferentes de la entendida originariamente.

1.3.4. Con la designación se relaciona, además, la distinción entre «transposition syntaxique» y «transposition sémantique» (Bally), por ejemplo, en el caso de fr. *chaleur tropicale, végétation tropicale,* según se trate de calor y vegetación e n los trópicos o c o m o en los trópicos, o en el de fr. *héroïne cornélienne,* según se trate de Chimène o de Charlotte Corday. ¿Acaso no se conoce el significado de *cornélien* si se sabe francés y se conoce a Corneille pero no se sabe que Chimène aparece en una de sus tragedias? ¿Y qué ocurre si con la misma expresión nos referimos a la figura histórica de Doña Ximena (por ejemplo: *Ximena, c'est l'héroïne cornélienne*)? En realidad, *tropical, cornélien,* etc., son en cada caso una misma palabra y una sola formación, pero presentan el fenómeno, usual en los «desarrollos» (cf. infra, 3.2.2.), de la «rarefacción (pérdida de densidad) semántica», por el cual su dominio designativo es más amplio que el de las construcciones que les sirven de base (*des tropiques, de Corneille*).

1.3.5. También en el caso de nuestro tipo de composición *coupe-papier,* debemos separar estrictamente significado y designación. Como significado de un compuesto sólo puede considerarse lo que está dado por la lengua misma, es decir, por los lexemas que en él participan y por el correspondiente procedimiento de composición. Por consiguiente, la pregunta acerca del significado de it. *scacciapensieri* o *spaventapasseri,* e n c u a n t o c o m p u e s t o s, debe ser: «¿Qué sé yo, si sé italiano, pero no sé que un 'scacciapensieri' es un determinado instrumento musical [birimbao] y que un 'spaventapasseri' es un muñeco que se coloca en los campos [espantapájaros]?». Y la respuesta a esta pregunta debe rezar: «Sé sólo que se trata de «qualcuno (o qualcosa) che scaccia i pensieri» ['alguien o algo que ahuyenta los pensamientos'], de «qualcuno (o qualcosa) che spaventa i passe-ri» ['alguien o algo que espanta a los gorriones']», pues sólo esto está dado por el sistema de la lengua italiana.

2.   Un estudio coherente de la formación de palabras realizado estricta y exclusivamente desde el punto de vista de la expresión es, en principio, posible. Sin embargo, desde el punto de vista funcional —y, por tanto, también en lo que respecta a la comprensión y a la descripción adecuada de las lenguas—, tal estudio sería totalmente estéril, puesto que entre los tipos de procedimientos materiales (por ejemplo: prefijación, sufijación, infijación, adición) y los tipos funcionales no hay ningún paralelismo: procedimientos materiales distintos pueden corresponder al mismo tipo funcional, y viceversa. Además, un estudio que se atuviera estrictamente a lo material (es decir, que prescindiera efectiva y totalmente del contenido) atribuiría, por un lado, demasiado y, por otro, demasiado poco al dominio de la formación de palabras. En efecto, tal estudio debería, por una parte, considerar también las yuxtaposiciones casuales (como: *un sauve qui peut, pedis ungula > pezuña, manu tenere > mantenere, maris lucius > merluzzo, bonjour, mezzaluna, rendez-vous, corre-veidile*) —que no constituyen propiamente p r o c e d i m i e n - t o s de la formación de palabras—, mientras que, por otra parte, no podría identificar como procedimientos ciertas formaciones que, sí, lo son, como las derivaciones regresivas del tipo fr. *garde*, esp. *guarda*, y, en general, las formaciones con morfemas cero). Por consiguiente, un estudio semejante tampoco podría corresponder con exactitud al dominio de la formación de palabras.

3.1.   Totalmente coherente y rigurosamente ajustado a su objeto puede ser, en cambio, un estudio de la formación de palabras desde el punto de vista del contenido, es decir, fundado en el s i g n i f i c a d o . Desde el punto de vista del contenido (significado), la formación de palabras correspon- de a una particular g r a m a t i c a l i z a c i ó n del léxico «primario» —es decir, del léxico al que se aplican en cada caso los procedimientos formativos (y que, por supuesto, puede estar ya «gramaticalizado» por procedimientos que se le hayan aplicado anteriormente; cf. infra, 3.5.), y los tipos de procedimientos formativos corresponden a los tipos y condiciones de esta gramaticalización. Las relaciones 'grama- ticales' —o, mejor dicho, semejantes a las de la gramática («paragramaticales»)— que se dan en los productos de la formación de palabras resultan de las equivalencias se- mánticas entre estos productos y las construcciones que les corresponden desde el punto de vista del contenido, como, por ejemplo, fr. *beauté* = «le fait d'être beau / belle», acer- ca de lo cual hay que advertir, sin embargo, que semejantes fórmulas tienen función a n a l í t i c a , es decir, metalin- güística. Así, «fait», en la fórmula que se acaba de propo- ner, no es la palabra *fait* del lenguaje primario y que poste- riormente quedaría determinada por «ser bello», sino sólo un n o m b r e para la sustantivación efectuada en esta for- mación; del mismo modo, «être» es nombre de la 'predica- tividad de ser', es decir, de la predicación atributiva, y «beau / belle» es nombre de la unidad de $beau(x) + belle(s)$ en el lenguaje primario (o «lenguaje objeto»), o sea, un *beau* sin género y número. Desde un punto de vista más abstrac- to —o más formal— nuestra fórmula significa, por tanto, algo así como: «$beau(x) — belle(s)$, gramaticalizado por pre- dicación atributiva y con consiguiente sustantivación». Las relaciones entre las bases a las que se aplican los procedi- mientos de formación de palabras y sus productos resultan de la comparación semántica entre estas bases y las equi-

valencias explícitas de los productos; así, *beauté*, con respecto a *beau*(*x*) — *belle*(*s*), contiene las determinaciones
complementarias «predicatividad» y «sustantividad». Ello
quiere decir que los productos de los procedimientos formativos no son nunca equivalentes en el significado a las bases
a que se aplican y, por esta razón, tampoco pueden ser gene-
rados por transformaciones que 'conserven el significado':
los productos de la formación de palabras contienen siempre
m á s que sus respectivas bases léxicas.

3.2.1. Desde el punto de vista del contenido, se pueden
distinguir tres tipos fundamentales de formación de palabras, y, ello, de acuerdo con dos criterios que se entrecruzan,
a saber: según que la gramaticalización implícita afecte a
un solo elemento o a dos elementos en la base de la formación («modificación» y «desarrollo», por un lado, «composición», por el otro), y según que la gramaticalización corresponda a una función i n a c t u a l [«no semejante a una función oracional»] o a una función a c t u a l [«semejante a
una función oracional] (lo que distingue la «modificación» del «desarrollo»). Es decir que los dos criterios
son: 1) número de los elementos en la base correspondiente (uno o dos); 2) tipo general de la función 'gramatical' implicada («inactual» o «actual»). En la m o d i -
f i c a c i ó n y en el d e s a r r o l l o , se trata de la gramaticalización de un único elemento; en la c o m p o s i c i ó n ,
hay en la base dos elementos en una relación de tipo gramatical el uno con el otro. En la modificación, la función
gramatical implicada es «inactual» (del tipo del género o
del número), mientras que en el desarrollo es «actual» (del
tipo de las funciones «sujeto», «predicado», «complemento
verbal»), y en la composición, puede ser inactual o actual

(cf., en alemán, *Rotwein*, «vino tinto», frente a *Leser*, «lector»).

3.2.2. Así, por ejemplo, *caballo* → *caballito, cavallo* → *cavallino, árbol* → *arboleda, quercia* → *querceto, rouge* → *rougeâtre, viridis* → *subviridis, crier* → *criailler, besar* → *besuquear, voir* → *prévoir, fallen* → *hinfallen* son modificaciones. En la modificación, la categoría verbal de los productos es siempre la de las bases respectivas (los sustantivos producen sustantivos, los adjetivos producen adjetivos, etc.), precisamente porque la función gramatical implicada es en este caso «inactual», o sea, una función que afecta a los lexemas modificandos como tales (no a estos lexemas como miembros de oración o miembros de sintagmas). En cambio, *bello* → *belleza, schön* → *Schönheit, salir* → *salida, partir* → *départ, abfahren* → *Abfahrt, barque* → *embarquer, inverno* → *invernale, riche* → *enrichir* → *enrichissement* son desarrollos. En el desarrollo —que siempre parte de lexemas con función de miembros de oración o miembros de sintagmas—, la categoría verbal de los productos formados es en todo caso otra que la de las bases correspondientes: tenemos, por ejemplo, sustantivo → adjetivo, sustantivo → verbo, adjetivo → sustantivo, etc. (aunque a este respecto hay que advertir que puede tratarse también de bases no realizadas como tales en la norma de la lengua; cf. fr. *Gascon* → [verbo] → *gasconnade*, esp. *gaucho* → [verbo] → *gauchada*, it. *americano* → [verbo] → *americanata*, donde los verbos implicados por estos desarrollos —*gasconner, *gauchar, *americanare— no existen en la norma del francés, del español y del italiano). La composición, por su parte, puede ser de dos tipos: p r o l e x e m á t i c a y l e x e m á t i c a. Es «prolexemática» si uno de los dos elementos de la base es un «prolexema», es decir, un elemento de naturaleza pronominal; y es «lexemática» si los dos elementos de la base son lexemas. Así, por ejemplo, «elemento sustantivo-pronominal genérico» [como «alguien» o «algo»] + *leer* → *lector*, ídem + *despertar* → *despertador* son composiciones «prolexemáticas», mientras que alem. *Wein* + *rot* → *Rotwein*, *Kopf* + *dick* → *Dickkopf*, *Baum* + *Apfel* → *Apfelbaum* son composiciones lexemáticas. La categoría verbal de los compuestos es siempre la de los elementos «determinados» en la composición.

3.3.1. Que en la formación de palabras (o, al menos, en ciertos procedimientos de la misma) se trata de una «gramaticalización» del léxico ha sido observado ya en fecha muy temprana. Así, ya Chr. Wolff, *Philosophia prima sive ontologia*, Frankfurt y Leipzig, 1730, II, 3, 3, § 967, considera los «signa derivativa» como «definitionum ac propositionum vicaria». Wolff se basa en el hecho de que los «signa derivativa», en cuanto tales, están motivados extralingüísticamente (es decir, por propiedades y relaciones de las «cosas» designadas: «Quoniam *signa derivativa* ... significatum primitivum ab arbitrio significatum imponentis, derivativum autem a rebus significatis habent ... ideo respectu illius artificialia sunt..., respectu hujus naturalia imitantur»), lo cual es una idea mucho más antigua todavía (se encuentra ya, por ejemplo, en F. de Oliveira, *Grammatica da lingoagem portuguesa*, Lisboa, 1536, cap. 39) y, en último término, se remonta muy probablemente a la Antigüedad (posiblemente a Varrón). Es sabido también (o debería serlo) que G. von der Gabelentz, *Die Sprachwissenschaft*[2], Leipzig, 1901, págs. 463-470, habla, a propósito de la composición, de una «transformación de oraciones en miembros de la oración». Por otra parte, Brugmann y Jacobi, por ejemplo, han reconocido relaciones sintácticas implícitas en los compuestos; y Couturat, Jespersen,

Porzig, Bally, Kuryłowicz y otros, determinaciones gramaticales implícitas, en particular, en los «abstractos» (es decir, en los desarrollos predicativos del tipo *llegada, belleza,* etc.).

3.3.2. A este respecto hay que hacer, sin embargo, dos observaciones de carácter general. En primer lugar, la gramaticalización no se da sólo en c i e r t o s procedimientos formativos, sino en t o d o s : la gramaticalización es, en realidad, aquello por lo que la formación de palabras es, precisamente, lo que es, y los tipos fundamentales de ésta corresponden esencialmente a los tipos y modalidades de la gramaticalización implícita. En segundo lugar, en la formación de palabras se trata, ciertamente, de una «gramática del léxico», pero esta «gramática» no debe confundirse con la gramática en sentido estricto, ya que en este caso se trata de funciones gramaticales diferentes de las que se presentan en la morfosintaxis. Por ello, justamente, es preferible hablar, no de funciones «gramaticales» simplemente, sino de funciones «semejantes a las de la gramática» o «paragramaticales». Así, por ejemplo, la formación de «colectivos» implica, por cierto, una pluralización, pero no se trata en tal caso de un simple «plural», sino de una «pluralidad que se da y se considera como unidad» (*arboleda* no es lo mismo que *árboles,* ni *Schrifttum* lo mismo que *Schriften*). *Rotwein* no es exactamente *roter Wein* («Rotwein» es una especie de vino, mientras que un «roter Wein» podría ser también un vino coloreado de rojo). Las formaciones como *llegada* implican, sin duda, un verbo predicativo, pero no implican ni modo, ni tiempo, ni número, ni persona; y las formaciones como *beauté* implican un nombre predicativo, pero no implican las diferencias de género y número. Precisamente por ello tales formaciones no se remontan de ningún modo a oraciones concretas como *Juan llega* y *Jean est beau* (o *Marie est belle*), sino sólo a una función predicativa genérica de *llegar* y *beau*(*x*) — *belle*(*s*). Del mismo modo, en *Papierkorb* está contenida una «función preposicional», pero no una determinada preposición como tal; y *despertador* implica un elemento pronominal genérico «alguien-o-algo» que, de otro modo, no tiene realización en español. Justamente por esto existe la formación de palabras: para expresar funciones «gramaticales» más generales o d i f e r e n t e s de las usuales en la gramática propiamente dicha de las lenguas correspondientes.

3.4.1. Dentro de los tres tipos fundamentales de procedimientos formativos (o cuatro, si se considera la composición como dos tipos), se dan varios subtipos, de acuerdo con los subtipos de funciones «paragramaticales» que implican. Así, por ejemplo, en la modificación puede tratarse de un cambio de género «natural» (alem. *König*, «rey» → *Königin* «reina») o de una cuantificación; y ésta puede ser, a su vez, formación diminutiva (esp. *mesa* → *mesita, blanco* → *blanquecino, llorar* → *lloriquear*; it. *casa* → *casetta, magro* → *magrolino, piangere* → *piagnucolare*; con la variante «apreciación aproximativa»: fr. *vieux* → *vieillot*, it. *grande* → *grandotto*), aumentativa (esp. *grande* → *grandote*; it. *libro* → *librone, grande* → *grandone, vecchio* → *stravecchio*), colectiva (it. *quercia* → *querceto, scatola* → *scatolame*), intensificación (fr. *jour* → *journée*), repetición (fr. *voir* → *revoir*), negación (esp. *útil* → *inútil, leal* → *desleal*; it. *utile* → *inutile, leale* → *sleale*; fr. *content* → *mécontent*; esp. *hacer* → *deshacer, atar* → *desatar*; it. *legare* → *slegare*; fr. *faire* → *défaire*), parcialización (esp. *ver* → *prever*, alem. *fallen* → *hinfallen*), etc. En el caso del desarrollo, pueden distinguirse, según la función «oracional» implícita de su base, desarrollos predicativos (esp. *llegar* → *llegada, bello* → *belleza*; alem.

ankommen → *Ankunft, schön* → *Schönheit*), desarrollos atributivos (it. *d'inverno* → *invernale*, fr. *des tropiques* → *tropical*), desarrollos de objetos preposicionales (fr. *en barque* → *embarquer, de [la] barque* → *débarquer, en riche* → *enrichir*), etc. Y en la composición, se pueden distinguir la composición atributiva y la composición de rección, con varios subtipos.

3.4.2. Otras divisiones aún pueden resultar, en particular en el desarrollo, de ciertas determinaciones gramaticales complementarias de la base que pueden mantenerse en el producto desarrollado. Así, por ejemplo, lat. *victoria* implica la voz activa de la base *vincere*; lat. *clades*, en cambio, la voz pasiva (cf. también fr. *vaincre* → *victoire*, it. *vincere* → *vittoria*, esp. *vencer* → *victoria*, frente a *défaire* → *défaite, sconfiggere* → *sconfitta*, derrotar → *derrota*). Del mismo modo, puede comprobarse el mantenimiento de la reflexividad (fr. *s'obstiner* → *obstination*), del aspecto resultativo (fr. *blesser* → *blessure*, it. *ferire* → *ferita*, esp. *herir* → *herida*), de la frecuentatividad (fr. *piller* → *pillard*), de la eventualidad pasiva (it. *mangiare* → *mangiabile*), de la semelfactividad (esp. *martillar* → *martillazo*, it. *coltello* → [verbo] → *coltellata*), etc. A ello se añaden todavía la puesta en relieve («topicalización») de una determinada relación sintáctica de la base (por ejemplo, puesta en relieve del objeto: it. *pesce* → *pescare*; del lugar: fr. *loger* → *logement*; del tiempo: fr. *faucher* → *fauchaison, fleurir* → *floraison*), la limitación —total o parcial— a determinados dominios designativos (por ejemplo, agricultura, operaciones técnicas, política, administración) y, finalmente, las «lexicalizaciones» (fijaciones) particulares; cf. sobre esto la tesis doctoral de mi discípulo Jens Lüdtke, *Prädikative Nominalisierungen mit Suffixen im Französischen, Katalanischen und Spani-*

schen, Tübingen (en prensa). Y es interesante observar que estas determinaciones complementarias, en el caso del desarrollo predicativo (como, por lo demás, también en otros casos) se presentan precisamente en el orden indicado (pudiendo, naturalmente, faltar algunas de ellas, o incluso todas, salvo la función predicativa misma).

3.4.3. Por todo ello, la cuestión de si la formación de palabras ha de tratarse en la sintaxis o en el léxico, que tanto ocupa hoy en día a los generativistas de varios colores, carece de sentido y fundamento racional y es, por tanto, falsa ya como alternativa, puesto que la formación de palabres simplemente no puede pertenecer «o a la sintaxis o al léxico». La formación de palabras es un dominio autónomo de las lenguas que abarca hechos «paragramaticales» y hechos puramente léxicos: un continuo jerárquicamente ordenado, desde los tipos fundamentales de procedimientos formativos hasta las fijaciones aisladas; y su estudio es una rama autónoma de la semántica funcional, que debe empezar por las funciones «paragramaticales» de los procedimientos formativos y llegar hasta las fijaciones en la designación. Aun dejando de lado el hecho de que las funciones gramaticales no son las mismas en la formación de palabras y en la morfosintaxis —y de que una sintaxis entendida como generación de oraciones y comprobación de las reglas ya dadas que valen para éstas, si se mantiene coherente consigo misma, no puede decir absolutamente nada sobre la creación de nuevos significados que se da en la formación de palabras—, en la llamada «sintaxis» no se pueden comprobar ni justificar, por ejemplo, los dominios designativos ni las «lexicalizaciones»; y en el llamado «léxico» (o «lexicón»), donde, sí, pueden comprobarse y, eventualmente, justificarse estos aspectos, no es posible, en cambio, determinar la uni dad de las funciones «paragramaticales» de los tipos de formación de palabras, de suerte que la unidad funcional de cada uno de estos tipos se disuelve en una casuística heterogénea.

3.5. Otra propiedad de los procedimientos de formación de palabras es que pueden combinarse entre sí, y, ello, varias veces, siendo el orden de las combinaciones decisivo para el significado del producto final (que, por otra parte, puede implicar como combinaciones «previas» también formaciones que no se realizan como hechos autónomos en la norma de la lengua). Así, por ejemplo, en alem. *Durchgang* tenemos: *gehen* → *durchgehen* (modificación) → *Durchgang* (desarrollo); en it. *passeggiatina* : *passeggiare* → *passeggiata* (desarrollo) → *passeggiatina* (modificación). Cf. también: alem. *los* + *Rat* → *ratlos* (composición) → *Ratlosigkeit* (desarrollo); *Garten* + *Kinder* → *Kindergarten* (composición lexemática) → *Kindergärtner* (composición prolexemática) → *Kindergärtnerin* (modificación); *Schule* + *Volk* → *Volksschule* (composición lexemática) + *Lehrer* (composición prolexemática) → *Volksschullehrer* (composición lexemática). O, en el caso de nuestro tipo de composición: it. **fannulla* → *fannullone* (modificación); este último es al mismo tiempo un ejemplo de que una combinación implicada por un producto final puede, eventualmente, no realizarse como formación autónoma, pues *fannulla* no existe en la norma de la lengua italiana.

3.6. Obsérvese además que formaciones equivalentes en la designación, en distintas lenguas (pero, en parte, también en una misma lengua), pueden corresponder a procedimientos, o combinaciones de procedimientos, diferentes y, por ello, también a diferentes significados. Así, fr. *sans-gêne* (adjetivo) es una desarrollo de *sans gêne,* mientras que alem. *schamlos* es un compuesto; fr. *débarquer* es un desarrollo primario de *de* [*la*] *barque,* mientras que esp. *desembarcar* es una combinación de desarrollo (*en barco* → *embarcar*) y modificación (→ *des-embarcar*). Menos radical de lo que comúnmente se piensa es la diferencia entre fr. *pommier* y alem. *Apfelbaum,* fr. *arrosoir* y alem. *Giesskanne.* Se ha querido hacer de esta diferencia una diferencia tipológica entre las lenguas y se ha hablado, en consecuencia, de lenguas «propensas a la derivación» y lenguas «propensas a la composición»: así, las lenguas románicas serían lenguas «propensas a la derivación», mientras que el alemán sería una lengua «propensa a la composición». Pero, en realidad, se trata de dos procedimientos de formación de palabras muy próximos, precisamente de los dos tipos de composición: *pommier* y *arrosoir* son compuestos prolexemáticos, mientras que *Apfelbaum* y *Giesskanne* son compuestos lexemáticos; y este tipo de equivalencias en la designación se encuentra también en una misma lengua (cf. alem. *Händler* frente a *Handelsmann*).

4.1.1. Con la última propiedad de los tipos fundamentales de formación de palabras, o sea, con la posibilidad de que los procedimientos formativos se combinen entre sí varias veces, se relaciona también nuestro tipo de composición *coupe-papier, tagliacarte.* En el análisis de este tipo hay que partir —como se ha señalado más arriba (y como, por lo demás, es siempre conveniente en el estudio de la formación de palabras)— del correspondiente significado sistemático: '¿Qué sé yo, si conozco los lexemas *tagliare* y *carte* y este procedimiento de composición en italiano, pero no sé que un «tagliacarte» es una especie de cuchillo [un «corta-papeles»]? Sé que se trata de «qualcuno (o qualcosa) che taglia carte»'. Ahora bien, «qualcuno (o qualcosa) che taglia» es una paráfrasis de una composición prolexemática como *tagliatore* (*-trice*). En el compuesto *tagliacarte* se añade a esto el lexema *carte*: en nuestro tipo de composición se trata, por consiguiente, de la combinación de una composición prolexemática del tipo de *tagliatore* (*-trice*) con una composición lexemática («tagliatore, -trice» + *carte* → *tagliacarte*). El segundo elemento de la composición lexemática es la mayoría de las veces un sustantivo, pero no necesariamente: puede ser también un adjetivo (cf. it. *cascamorto*), un adverbio (cf. it. *Tirinnanzi*) o incluso un numeral (cf. esp. *matasiete*, it. *ammazzasette*). En cuanto a la función oracional implícita de este segundo elemento, ésta es a menudo la de un objeto directo, pero ello tampoco necesariamente: puede tratarse también de un nombre predicativo (*cascamorto*), de un agente (cf. it. *spazzavento*), de un complemento de lugar (cf. it. *saltimbanco*), de un complemento de tiempo (cf. it. *nasciinguerra*, fr. *réveille-matin*), etc. Y la particularidad del procedimiento material de nuestro tipo de composición reside en que, en la fase correspondiente a la composición lexemática, el compuesto prolexemático se reduce por la supresión de los posibles sufijos. También se suprimen a menudo, en la misma fase, las preposiciones que se emplearían en la sintaxis normal en la construcción de un compuesto prolexemático sustantivo con otro sustantivo; y, ello, ante todo, y regularmente, cuando el segundo elemento corresponde a una función oracional con la que el verbo implicado por la composición prolexemática se construye sin preposición (como, precisamente, en el caso de *tagliacarte*, *coupe-papier*, *cascamorto*, etc.), pero, en parte, también en otros casos: cf., por ejemplo, esp. *correfaldas* (aproximadamente: «alguien que corre t r a s [las] faldas»), it. *girasole* (aproximadamente: «un x che gira v e r s o il sole»), esp. *girasol*, fr. *réveille-matin*, fr. *marchepied*, it. *marciapiedi*.

En ciertos casos, sin embargo, la preposición se mantiene: cf. it. *saltimbanco, saltimbocca, nasciinguerra, Guardainvalle, Salimbene, Nascimbene*; fr. *saute-en-barque, meurt-de-faim*; rum. *împușcă-n-lună*.

4.1.2.   En virtud del análisis semántico debería resultar claro, asimismo, que el llamado «elemento verbal» de este tipo de composición no es un imperativo, ni ninguna otra forma verbal conjugada, sino una derivación regresiva que corresponde aproximadamente al respectivo tema verbal (y que coincide materialmente con el imperativo sólo en la medida en que también este se expresa a menudo por el tema verbal puro). El argumento de que, por ser este elemento una forma con significado pleno, no pudiera tratarse de un tema verbal, sino sólo de un forma conjugada, es totalmente falaz, ya que, por un lado, el término «tema verbal» se refiere sólo a la expresión material, y no al contenido, y, por otro, el contenido (que, por lo demás, no es el de un imperativo ni el de alguna otra forma verbal conjugada) no está dado por esta forma solamente, sino por esta forma Y por la construcción en la que aparece. En efecto, desde el punto de vista funcional, esta forma no es siquiera un verbo, sino un sustantivo: si se quiere, una especie de participio sustantivado. Este «participio» (de contenido) puede ser un participio activo transitivo (como en *tagliacarte* o *perdigiorno*), un participio causativo (como en *perditempo*: «qualcosa che fa perdere il tempo»), a veces incluso un participio pasivo (como en *spazzavento*, «luogo [che è] spazzato dal vento»).

4.2.   Ésta es también la interpretación más antiguamente atestiguada como interpretación libre de prevenciones y espontánea de nuestro tipo de composición por parte de los hablantes: A. Darmesteter, *Traité de la formation des mots composés dans la langue française comparée aux autres langues romanes et au latin*[2], París, 1894, págs. 189-190, aduce, en efecto, «traducciones» latinas como «qui bibit aquam» y «bibens aquam» para formaciones del francés medieval como *Boileau* (lo que, sin embargo, no significa que en estos compuestos el tema verbal pudiera representar un presente de indicativo o un participio presente como tales: se trata de interpretaciones del significado de estos compuestos e n s u c o n j u n t o, no de correspondencias de cada uno de sus elementos). Pero la interpretación que se acaba de dar resulta confirmada también por el funcionamiento efectivo de nuestro tipo de composición en las lenguas románicas. En efecto, en todos aquellos casos en que no existe un compuesto de este tipo, se emplean para las designaciones correspondientes compuestos prolexemáticos (o «nomina agentis» primarios) en construcción preposicional con un segundo elemento: cf., por ejemplo, esp. *tenedor de libros*, it. *ladro di cavalli* (que correspondería a un «*rubacavalli*»), it. *contachilometri, contagocce*, pero *contatore della luce* (*del gas*). Y aun cuando estos compuestos existen, pero el hablante no lo sabe, éste puede recurrir a compuestos prolexemáticos; así, en lugar de *cuentakilómetros* se puede decir sin más en español *contador de kilómetros*. Por otra parte, compuestos de nuestro tipo y compuestos prolexemáticos que les corresponden (o bien desarrollos con topicalización del agente, como *couverture*) existen a menudo paralelamente y son equivalentes o casi equivalentes en la designación. Una de mis alumnas, la Srta. Waltraut Huttenlocher, en su trabajo de licenciatura, *Die Wortzusammensetzungen vom Typ «cachenez» im heutigen Französisch* (1966), ha comprobado para el francés, entre otras, las siguientes equivalencias o cuasi-equivalencias (aunque con diferentes matices): *arracheur, arra-*

choir y *arrache-racine(s)*, *compteur de* y *compte-gouttes*
(*-tours*), *gratteur* (*de papier*) y *gratte-papier*, («escritor ma-
lo»), *porteur de* y *porte-drapeau* (*-enseigne, -étendard*, etc.),
mouilleur y *mouille-étiquettes, laveuse* y *lave-main* (*-vaisselle*),
brisant y *brise-lames, chaufferette* y *chauffe-pieds* (*-plats*),
séchoir y *sèche-cheveux, gardien* y *garde-chasse* (*-magasin,
-malade*, etc.), *ouvreur* y *ouvre-boîtes, couvercle* y *couvre-plat,
curette* y *cure-dent* (*-ongles, -oreille*), *couverture* y *couvre-
lit* (*-pied*[*s*]), *réveil* y *réveille-matin*. El alcance designativo
del compuesto prolexemático (o del desarrollo) es frecuentemente más amplio, y el de nuestro tipo de composición,
más reducido, dado que en éste interviene una limitación
adicional por medio del segundo elemento (cf., por ejemplo,
couverture frente a *couvre-lit*); pero a menudo estos pares
coinciden simplemente en la designación. En el uso lingüístico, es a veces más frecuente el compuesto prolexemático
(así, por ejemplo, en el caso de *arracheur, arrachoir*, frente
a *arrache-racine*[*s*], o de *réveil*, frente a *réveille-matin*); pero
otras veces ocurre lo contrario (así, en el caso de *garde-x*
frente a *gardien*), y en ciertos casos la frecuencia de dos de
estas formaciones equivalentes en la designación es aproximadamente la misma (por ejemplo, en el caso de *chaufferette* y *chauffe-plats*).

4.3. Como procedimiento de formación de palabras,
nuestro tipo de composición es, en el sistema lingüístico virtual (sistema de posibilidades), esencialmente idéntico en
toda la Romania. Diferencias notables se presentan, en cambio, en el sistema realizado y en la norma de las varias lenguas. Así, este tipo es poco productivo en rumano, donde,
además, está limitado casi exclusivamente a la designación
antonomástica (y a menudo peyorativa) de personas. En las
lenguas íbero-románicas, se añaden a este dominio designa-

tivo nombres de plantas y animales, nombres de profesiones, de instrumentos y herramientas, etc.; cf., para el español, P. M. Lloyd, *Verb-Complement Compounds in Spanish*, Tübingen, 1968, págs. 32-70. En español estos compuestos son muy numerosos como formaciones esporádicas, ocasionales, sobre todo populares y regionales: cf. la larga lista de Lloyd, *ob. cit.*, págs. 81-100 (que, sin embargo, contiene también otras formaciones, especialmente yuxtaposiciones). En cambio, son mucho menos numerosos en la norma de la lengua común, en particular en España, ya que en España la norma de la lengua común —frente al italiano, por ejemplo, pero también frente al español americano— prefiere a menudo otras formaciones para las mismas designaciones: cf., por ejemplo, *destornillador* — it. *cacciavite, desclavador* — esp. am. *sacaclavos*, y (junto a *sacacorchos*) *descorchador* — it. *cavatappi*, esp. am. *sacacorchos*. En francés, estos mismos compuestos son probablemente, en la norma de la lengua, mucho más numerosos que en español, pero —prescindiendo de unos pocos casos que constituyen, en su mayoría, fijaciones (como *passe-partout, gagne-petit, vaurien, fainéant, meurt-de-faim, marchepied*)— se presentan casi únicamente en la variante en que, como segundo elemento, aparece un nombre sustantivo con función de objeto directo (*rendez-vous, reve-nez-y, venez-y-voir* y otras formaciones similares, que a menudo se han aducido a este respecto, no pertenecen en realidad a este tipo). La mayoría de las posibilidades de nuestro tipo de composición se realizan, sin duda, en italiano.

4.4.   En consecuencia del análisis semántico se advierte también que nuestro tipo no es de ningún modo «exocéntrico», ni siquiera en el sentido en que puede ser lícito hablar de exocéntricos (o sea, con respecto a la designación), ya que lo designado «qualcuno o qualcosa») e s t á   p r e -

s e n t e en estos compuestos, precisamente, bajo forma de derivativo «cero» tras el tema verbal. En efecto, tal derivativo cero representa en este caso a aquellos instrumentos de formación que aparecen también materialmente en la correspondiente composición prolexemática (como en *taglia*-TORE, *corta*-DOR, *coup*-EUR).

4.5. Finalmente, cabe observar que los compuestos como alem. *Federhalter*, «portaplumas», it. *pescivendolo*, «pescadero», *fruttivendolo*, «frutero» («vendedor de fruta»), rum. *codobatură*, «aguzanieves», son, desde el punto de vista del contenido, totalmente análogos a nuestro tipo de composición, pues también constan de un compuesto prolexemático (*Halter*, *-vendolo*, *-batură*) en composición lexemática con otro elemento. La única diferencia —aparte de la configuración material— reside en que en este caso el compuesto prolexemático está limitado a la función de agente, mientras que nuestro tipo tiene también otras posibilidades. En este sentido, los compuestos como *Federhalter*, *pescivendolo*, *codobatură* constituyen un subtipo del tipo *coupe-papier*, *tagliacarte*. Por lo demás, uno de los nombres italianos de la «codobatură» es, precisamente, *batticoda*.

(*Perspektiven der Wortbildungsforschung. Beiträge zum Wuppertaler Wortbildungskolloquium 9.-10. 7.1976* [Homenaje a Hans Marchand], publ. por H. E. Brekle y D. Kastovsky, Bonn, 1977, págs. 48-61.)

ÍNDICE DE AUTORES

ÍNDICE GENERAL

BIBLIOTECA ROMÁNICA HISPÁNICA

Dirigida por: DÁMASO ALONSO

I. TRATADOS Y MONOGRAFÍAS

1. Walter von Wartburg: *La fragmentación lingüística de la Romania.* Segunda edición aumentada. 208 págs. 17 mapas.
2. René Wellek y Austin Warren: *Teoría literaria.* Con un prólogo de Dámaso Alonso. Cuarta edición. Reimpresión. 432 págs.
3. Wolfgang Kayser: *Interpretación y análisis de la obra literaria.* Cuarta edición revisada. Reimpresión. 594 págs.
4. E. Allison Peers: *Historia del movimiento romántico español.* Segunda edición. Reimpresión. 2 vols.
5. Amado Alonso: *De la pronunciación medieval a la moderna en español.* 2 vols.
9. René Wellek: *Historia de la crítica moderna (1750-1950).* 3 vols.
10. Kurt Baldinger: *La formación de los dominios lingüísticos en la Península Ibérica.* Segunda edición corregida y muy aumentada. 496 págs. 23 mapas.
11. S. Griswold Morley y Courtney Bruerton: *Cronología de las comedias de Lope de Vega.* 694 págs.
12. Antonio Martí: *La preceptiva retórica española en el Siglo de Oro.* Premio Nacional de Literatura. 346 págs.
13. Vítor Manuel de Aguiar e Silva: *Teoría de la literatura.* Reimpresión. 550 págs.
14. Hans Hörmann: *Psicología del lenguaje.* 496 págs.
15. Francisco R. Adrados: *Lingüística indoeuropea.* 2 vols.

II. ESTUDIOS Y ENSAYOS

1. Dámaso Alonso: *Poesía española (Ensayo de métodos y límites estilísticos).* Quinta edición. Reimpresión. 672 págs. 2 láminas.
2. Amado Alonso: *Estudios lingüísticos (Temas españoles).* Tercera edición. Reimpresión. 286 págs.
3. Dámaso Alonso y Carlos Bousoño: *Seis calas en la expresión literaria española (Prosa - Poesía - Teatro).* Cuarta edición. 446 págs.
4. Vicente García de Diego: *Lecciones de lingüística española (Conferencias pronunciadas en el Ateneo de Madrid).* Tercera edición. Reimpresión. 234 págs.
5. Joaquín Casalduero: *Vida y obra de Galdós (1843-1920).* Cuarta edición ampliada. 312 págs.

217. Helena Percas de Ponseti: *Cervantes y su concepto del arte (Estudio crítico de algunos aspectos y episodios del «Quijote»).* 2 vols.

218. Göran Hammarström: *Las unidades lingüísticas en el marco de la lingüística moderna.* 190 págs.

219. H. Salvador Martínez: *El «Poema de Almería» y la épica románica.* 478 págs.

220. Joaquín Casalduero: *Sentido y forma de «Los trabajos de Persiles y Sigismunda».* 236 págs.

221. Cesáreo Bandera: *Mímesis conflictiva (Ficción literaria y violencia en Cervantes y Calderón).* Prólogo de René Girard. 262 págs.

222. Vicente Cabrera: *Tres poetas a la luz de la metáfora: Salinas, Aleixandre y Guillén.* 228 págs.

223. Rafael Ferreres: *Verlaine y los modernistas españoles.* 272 págs.

224. Ludwig Schrader: *Sensación y sinestesia.* 528 págs.

225. Evelyn Picon Garfield: *¿Es Julio Cortázar un surrealista?* 266 págs.

226. Aniano Peña: *Américo Castro y su visión de España y de Cervantes.* 318 págs.

227. Leonard R. Palmer: *Introducción crítica a la lingüística descriptiva y comparada.* 586 págs.

228. Edgar Pauk: *Miguel Delibes: Desarrollo de un escritor (1947-1974).* 330 págs.

229. Mauricio Molho: *Sistemática del verbo español (Aspectos, modos, tiempos).* 2 vols.

230. José Luis Gómez-Martínez: *Américo Castro y el origen de los españoles: Historia de una polémica.* 242 págs.

231. Francisco García Sarriá: *Clarín y la herejía amorosa.* 302 págs.

232. Ceferino Santos-Escudero: *Símbolos y Dios en el último Juan Ramón Jiménez (El influjo oriental en «Dios deseado y deseante»).* 566 págs.

233. Martín C. Taylor: *Sensibilidad religiosa de Gabriela Mistral.* Preliminar de Juan Loveluck. 332 págs.

234. *De la teoría lingüística a la enseñanza de la lengua.* Publicada bajo la dirección de Jeanne Martinet. 262 págs.

235. Jürgen Trabant: *Semiología de la obra literaria (Glosemática y teoría de la literatura).* 370 págs.

236. Hugo Montes: *Ensayos estilísticos.* 186 págs.

237. P. Cerezo Galán: *Palabra en el tiempo (Poesía y filosofía en Antonio Machado).* 614 págs.

238. M. Durán y R. González Echevarría: *Calderón y la crítica: Historia y antología.* 2 vols.

239. Joaquín Artiles: *El «Libro de Apolonio», poema español del siglo XIII.* 222 págs.

240. Ciriaco Morón Arroyo: *Nuevas meditaciones del «Quijote».* 366 páginas.

241. Horst Geckeler: *Semántica estructural y teoría del campo léxico.* 390 págs.
242. José Luis L. Aranguren: *Estudios literarios.* 350 págs.
243. Mauricio Molho: *Cervantes: raíces folklóricas.* 358 págs.
244. Miguel Ángel Baamonde: *La vocación teatral de Antonio Machado.* 306 págs.
245. Germán Colón: *El léxico catalán en la Romania.* 542 págs.
246. Bernard Pottier: *Lingüística general (Teoría y descripción).* 426 páginas.
247. Emilio Carilla: *El libro de los «Misterios» («El lazarillo de ciegos caminantes»).* 190 págs.
248. José Almeida: *La crítica literaria de Fernando de Herrera.* 142 págs.
249. Louis Hjelmslev: *Sistema lingüístico y cambio lingüístico.* 262 págs.
250. Antonio Blanch: *La poesía pura española (Conexiones con la cultura francesa).* 354 págs.
251. Louis Hjelmslev: *Principios de gramática general.* 380 págs.
252. Rainer Hess: *El drama religioso románico como comedia religiosa y profunda (Siglos XV y XVI).* 334 págs.
253. Mario Wandruszka: *Nuestros idiomas: comparables e incomparables.* 2 vols.
254. Andrew P. Debicki: *Poetas hispanoamericanos contemporáneos (Punto de vista, perspectiva, experiencia).* 266 págs.
255. José Luis Tejada: *Rafael Alberti, entre la tradición y la vanguardia (Poesía primera: 1920-1926).* 650 págs.
256. Gudula List: *Introducción a la psicolingüística.* 198 págs.
257. Esperanza Gurza: *Lectura existencialista de «La Celestina».* 352. págs.
258. Gustavo Correa: *Realidad, ficción y símbolo en las novelas de Pérez Galdós (Ensayo de estética realista).* 308 págs.
259. Eugenio Coseriu: *Principios de semántica estructural.* 248 págs.
260. Othón Arróniz: *Teatros y escenarios del Siglo de Oro.* 272 págs.
261. Antonio Risco: *El Demiurgo y su mundo: Hacia un nuevo enfoque de la obra de Valle-Inclán.* 310 págs.
262. Brigitte Schlieben-Lange: *Iniciación a la sociolingüística.* 200 págs.
263. Rafael Lapesa: *Poetas y prosistas de ayer y de hoy (Veinte estudios de historia y crítica literarias).* 424 págs.
264. George Camamis: *Estudios sobre el cautiverio en el Siglo de Oro.* 262 págs.
265. Eugenio Coseriu: *Tradición y novedad en la ciencia del lenguaje (Estudios de historia de la lingüística).* 374 págs.
266. Robert P. Stockwell y Ronald K. S. Macaulay (eds.): *Cambio lingüístico. y teoría generativa.* 398 págs.
267. Emilia de Zuleta: *Arte y vida en la obra de Benjamín Jarnés.* 278 págs.
268. Susan Kirkpatrick: *Larra: el laberinto inextricable de un romántico liberal.* 298 págs.

III. MANUALES

36. Heinrich Lausberg: *Elementos de retórica literaria (Introduc. al estudio de la filología clásica, románica, inglesa y alemana).* 278 págs.
37. Hans Arens: *La lingüística (Sus textos y su evolución desde la antigüedad hasta nuestros días).* 2 vols.
38. Jeanne Martinet: *Claves para la semiología.* 238 págs.
39. Manuel Alvar: *El dialecto riojano.* 180 págs.
40. Georges Mounin: *La lingüística del siglo XX.* 264 págs.
41. Maurice Gross: *Modelos matemáticos en lingüística.* 246 págs.
42. Suzette Haden Elgin: *¿Qué es la lingüística?* 206 págs.
43. Oswald Szemerényi: *Introducción a la lingüística comparativa.* 432 págs.

IV. TEXTOS

1. Manuel C. Díaz y Díaz: *Antología del latín vulgar.* Segunda edición aumentada y revisada. Reimpresión. 240 págs.
2. M.ª Josefa Canellada: *Antología de textos fonéticos.* Con un pró-logo de Tomás Navarro. Segunda edición ampliada. 266 págs.
3. F. Sánchez Escribano y A. Porqueras Mayo: *Preceptiva dramá-tica española del Renacimiento y el Barroco.* Segunda edición muy ampliada. 408 págs.
4. Juan Ruiz: *Libro de Buen Amor.* Edición crítica de Joan Coromi-nas. Reimpresión. 670 págs.
6. *Todo Ben Quzmān.* Editado, interpretado, medido y explicado por Emilio García Gómez. 3 vols.
7. *Garcilaso de la Vega y sus comentaristas (Obras completas del poeta y textos íntegros de El Brocense, Herrera, Tamayo y Azara).* Edición de Antonio Gallego Morell. Segunda edición revisada y adicionada. 700 págs. 10 láminas.
8. *Poética de Aristóteles.* Edición trilingüe. Introducción, traduc-ción castellana, notas, apéndices e índice analítico por Valentín García Yebra. 542 págs.
9. Maxime Chevalier: *Cuentecillos tradicionales en la España del Siglo de Oro.* 426 págs.
10. Stephen Reckert: *Gil Vicente: Espíritu y letra (Estudio).* 484 págs.

V. DICCIONARIOS

1. Joan Corominas: *Diccionario crítico etimológico de la lengua castellana.* Reimpresión. 4 vols.
2. Joan Corominas: *Breve diccionario etimológico de la lengua cas-tellana.* Tercera edición muy revisada y mejorada. Reimpre-sión. 628 págs.

34. Luis Alberto Sánchez: *Escritores representativos de América.* Tercera serie. 3 vols.
35. Manuel Alvar: *Visión en claridad (Estudios sobre «Cánticos»).* 238 págs.
36. Jaime Alazraki: *Versiones. Inversiones. Reversiones (El espejo como modelo estructural del relato en los cuentos de Borges).* 156 págs.

VIII. DOCUMENTOS

2. José Martí: *Epistolario (Antología).* Introducción, selección, comentarios y notas por Manuel Pedro González. 648 págs.

IX. FACSÍMILES

1. Bartolomé José Gallardo: *Ensayo de una biblioteca española de libros raros y curiosos.* 4 vols.
2. Cayetano Alberto de la Barrera y Leirado: *Catálogo bibliográfico y biográfico del teatro antiguo español, desde sus orígenes hasta mediados del siglo XVIII.* XIII + 728 págs.
3. Juan Sempere y Guarinos: *Ensayo de una biblioteca española de los mejores escritores del reynado de Carlos III.* 3 vols.
4. José Amador de los Ríos: *Historia crítica de la literatura española.* 7 vols.
5. Julio Cejador y Frauca: *Historia de la lengua y literatura castellana (Comprendidos los autores hispanoamericanos).* 7 vols.

OBRAS DE OTRAS COLECCIONES

Dámaso Alonso: *Obras completas.*
Tomo I: *Estudios lingüísticos peninsulares.* 706 págs.
Tomo II: *Estudios y ensayos sobre literatura.* Primera parte: *Desde los orígenes románicos hasta finales del siglo XVI.* 1.090 págs.
Tomo III: *Estudios y ensayos sobre literatura.* Segunda parte: *Finales del siglo XVI, y siglo XVII.* 1.008 págs.
Tomo IV: *Estudios y ensayos sobre literatura.* Tercera parte: *Ensayos sobre literatura contemporánea.* 1.010 págs.
Tomo V: *Góngora y el gongorismo.* 792 págs.

Homenaje Universitario a Dámaso Alonso. Reunido por los estudiantes de Filología Románica. 358 págs.

Homenaje a Casalduero. 510 págs.

Homenaje a Antonio Tovar. 470 págs.

Studia Hispanica in Honoren R. Lapesa. Vol. I: 622 págs. Vol II: 634 págs. Vol III: 542 págs. 16 láminas.

Juan Luis Alborg: *Historia de la literatura española.*
Tomo I: *Edad Media y Renacimiento.* 2.ª edición. Reimpresión. 1.082 págs.
Tomo II: *Época Barroca.* 2.ª edición. Reimpresión. 996 págs.
Tomo III: *El siglo XVIII.* Reimpresión. 980 págs.

José Luis Martín: *Crítica estilística.* 410 págs.

Vicente García de Diego: *Gramática histórica española.* 3.ª edición revisada y aumentada con un índice completo de palabras. 624 págs.

Marina Mayoral: *Análisis de textos (Poesía y prosa españolas).* Segunda edición ampliada. 294 págs.

Wilhelm Grenzmann: *Problemas y figuras de la literatura contemporánea.* 388 págs.

Veikko Väänänen: *Introducción al latín vulgar.* Reimpresión. 414 págs.

Luis Díez del Corral: *La función del mito clásico en la literatura contemporánea.* 2.ª edición. 268 págs.

Étienne M. Gilson: *Lingüística y filosofía (Ensayos sobre las constantes filosóficas del lenguaje).* 334 págs.